ケース別

特殊な遺言条項　作成と手続のポイント

―補充事項・付言事項、祭祀承継等―

編著　山田 知司（公証人）

新日本法規

は　し　が　き

　公証人として遺言を作成していると、時々、普通とは少し違う希望や相談を受けることがあります。予想される財産や相続人・受遺者の変動、特殊な財産、死後の後始末、葬儀やお墓、残された遺族の生活・養育や介護、残されたペットの老後とお墓や供養、自分の作品やコレクションのことなどその内容は様々で、中には最初に聞いたときは頭の中に"？"（クエスチョンマーク）が出るようなものもあります。また、遺留分対策に関する相談はよくあるものですが、具体的な内容になると、家業だけは守りたい、特定の物だけは守りたい、特定の人の居住を保証したい等、遺言者ごとに様々です。

　財産や相続人が変動したら遺言を書き直せ、葬儀やお墓については祭祀承継以外は遺言事項ではないから遺言には書けない、ペットやコレクションは動産だから適宜相続する人を指定すればよい、遺留分は法律に定められているものなのでどうしようもない、と言ってしまえば法律的には正しいのですが、それでは遺言者の悩みは解決しません。また、遺言条項に書けないものは、付言に書いてしまえばよいではないかと言っても、付言は単なる希望や意見の表明であって法的効果はないため実現の保証はありません。

　遺言者の希望は、それぞれの抱えている事情から出ているもので、遺言者にとっては重要なものです。ですから、遺言に携わる者は、その希望と真剣に向き合い、できるだけ遺言者の希望が実現するように努力すべきであることはいうまでもありません。一見難しい希望であっても、法的構成を工夫すればこれを実現する方法がある場合もあります。しかし、その方法の多くは、遺言条項に書いてしまえばおしまいというのではなく、特定の要件や事前・事後の手続が必要であったり、誰かが遺言執行等として行わなければならなかったりするものも多いです。

このように、遺言者の特別な希望の実現には、法的構成、事前の準備、遺言条項、事後の実務など、様々な問題と手続が絡み合っており、それを見通し、手立てを講じておかなければならないことが多いように思います。ですから、遺言の支援をする者は、様々な遺言の条項だけでなく、遺言の実現を巡る様々な手続についての知識がなければなりません。

　本書は、遺言者の希望・相談から出発して、その実現のための手段、法的構成、事前準備や手続、遺言条項、遺言の執行までを通覧したものです。遺言者の希望に対して、結局「実現できる手段はなく、付言で書くしかありません」という答えとなったものもありますが、その場合には、少しでも事実上の効果が期待できるように付言の文例を示すことにしました。

　従来、様々な遺言条項を集めた書籍は多数刊行されていますが、遺言者の希望や相談から出発して実現までを通覧したものはあまりなかったように思います。これらの手段や手続は、遺言に関与する人達にそれぞれの専門分野に応じてノウハウとして保有されているもので、新しいアイデアというほどのものではありませんし、事例の数も少なく不十分な内容ですが、遺言者の特別な希望に出会ったときに解決の一助となれば幸いと思っています。本書は、主には弁護士、司法書士、行政書士、税理士等法的知識を持って遺言を支援する方々のご参考にしていただくことを念頭に置いたものですが、遺言に関心を持っておられる市民の皆様にも広くお役に立てていただければ幸いです。

　本書の刊行に当たっては、新日本法規出版株式会社の上杉裕一氏には多大なご尽力を頂きました。ここにお礼を申し上げる次第です。

　令和元年12月

　　　　　　　　　　　　　公証人　山田知司

編集者・執筆者一覧

〈編集者〉

山　田　知　司（公証人）

〈執筆者〉（五十音順）

稲　葉　一　生（公証人）

小　島　　浩（公証人）

清　水　研　一（公証人）

中　田　和　範（公証人）

林　　正　彦（公証人）

山　田　知　司（公証人）

略　語　表

＜法令の表記＞

　根拠となる法令の略記例及び略語は次のとおりです（〔　〕は本文中の略語を示します。）。

　　信託法第90条第1項第2号＝信託90①二

略　　語	法　令　名
民	民法
改正民	民法及び家事事件手続法の一部を改正する法律（平成30年法律第72号）による改正後の民法〔令和2年4月1日施行分〕
改正前民	民法及び家事事件手続法の一部を改正する法律（平成30年法律第72号）による改正前の民法
改正民（債権）	民法の一部を改正する法律（平成29年法律第44号）による改正後の民法〔令和2年4月1日施行〕
遺言準拠法	遺言の方式の準拠法に関する法律
一般法人	一般社団法人及び一般財団法人に関する法律
会社	会社法
家事	家事事件手続法
区画整理	土地区画整理法
経営承継〔中小企業承継円滑化法〕	中小企業における経営の承継の円滑化に関する法律
経営承継規	中小企業における経営の承継の円滑化に関する法律施行規則
〔献体法〕	医学及び歯学の教育のための献体に関する法律
戸籍	戸籍法
信託	信託法

臓器移植〔臓器移植法〕	臓器の移植に関する法律
租特	租税特別措置法
租特令	租税特別措置法施行令
〔廃棄物処理法〕	廃棄物の処理及び清掃に関する法律
不登	不動産登記法
法適用	法の適用に関する通則法
保険	保険法
墓地	墓地、埋葬等に関する法律

＜判例の表記＞

　根拠となる判例の略記例及び出典の略称は次のとおりです。

　最高裁判所平成29年4月6日判決、最高裁判所裁判集民事255号129頁＝最判平29・4・6裁判集民255・129

略　　称	出　　典
判時	判例時報
判タ	判例タイムズ
家月	家庭裁判月報
下民	下級裁判所民事裁判例集
金判	金融・商事判例
裁判集民	最高裁判所裁判集民事
新聞	法律新聞
民集	最高裁判所民事判例集
民録	大審院民事判決録
労民	労働関係民事裁判例集

目　　次

第１章　前提条件の変動への対応－補充事項－

ページ

【概　　説】………………………………………………………………3

（遺産の得喪・変動）

1　建物を取り壊して新築する可能性がある場合………………………7

2　不動産の売却・収用により代替資産を取得する可能性が
　ある場合………………………………………………………………13

3　社債・投資信託・定期預金の満期・乗換えがある場合…………18

4　将来、遺言者が成年被後見人になり、後見制度支援信託
　が開始されて、預金等が解約・売却される可能性を考える
　場合……………………………………………………………………22

5　親の遺産で遺産分割未了の財産がある場合………………………29

6　係争中の訴訟に係る権利・義務を相続させる場合………………33

7　他人名義のものであるが、本当は自分の財産であるため
　特定人に相続・遺贈する場合………………………………………37

8　他人の物の遺贈を希望する場合……………………………………40

9　自分名義であるが、本当は自分の財産ではないものがあ
　る場合…………………………………………………………………45

10　価額の変動があるものについて、相続時の価額により、
　取得額・割合を変動させたい場合…………………………………48

11　相続時までに特定の財産（不動産等）を取得していたか
　否かにより、他の不動産等の相続人を変える場合………………51

12　死亡退職金が支給される場合………………………………………54

2　　　目　　次

（相続人の変動）

13　主位的な相続人が死亡した場合に、他の者に相続させる
　　場合……………………………………………………………57

14　特定の相続人の関係者であるが、不特定（未懐妊）の相
　　手に対して相続・遺贈したい場合………………………………61

15　婚外子を認知する場合……………………………………………64

16　胎児が出生した場合・胎児が死産であることを想定する
　　場合……………………………………………………………68

17　長年行方不明の推定相続人がいる場合…………………………70

18　事情が変わって相続させるのに適切、又は不適切となる
　　ことを想定する場合………………………………………………75

19　受遺者が推定相続人になる場合…………………………………80

20　推定相続人を廃除する場合………………………………………84

21　停止条件付きで廃除する場合……………………………………88

22　廃除を取り消す場合………………………………………………92

23　相続欠格を宥恕する場合…………………………………………95

第2章　特殊な希望の実現等－付言事項等－

【概　説】………………………………………………………………101

（希望実現のための特殊な手法）

24　遺言信託の場合（不動産収入を相続人に給付する場合）………110

25　遺言代用信託の場合………………………………………………116

26　後継ぎ遺贈型信託の場合…………………………………………122

27　財団を設立する場合………………………………………………128

（遺留分についての配慮と対策）

28 遺留分に見合う相続をさせたい場合……………………………132

29 遺留分に対処するため生命保険を活用したい場合……………135

30 遺留分侵害額請求に対する負担の順序を定める場合…………139

31 相続人に障害者等がいる場合などで、当該相続人の今後
の生活に配慮したいが、そうすると他の相続人の遺留分を
侵害してしまう場合………………………………………………143

32 配偶者に自宅での居住を保障したいが、自宅以外に財産
がなく、他の相続人に相続させる財産がない場合……………148

33 遺留分に係る金銭債務の支払方法を指定する場合……………153

34 不動産を承継させる者に、遺留分に係る金銭債務の心配
をさせたくない場合………………………………………………158

35 他の親族の相続の際に多くの遺産を相続している（又は
する予定である）ので、自分の相続では相続させる必要が
ないと思う場合……………………………………………………161

36 遺留分侵害額請求の自粛を求める場合…………………………165

（趣味・愛玩具・ペット）

37 ペットの世話を託したい場合……………………………………168

38 ペットと同じ墓に入りたい場合…………………………………175

39 自分の死後もペットの墓の世話をしてほしい場合……………180

40 愛蔵品・思い入れのある品についての使用や保管を求め
たい場合……………………………………………………………183

41 収集品を同趣旨の団体に寄付したい場合………………………187

（親族・家族の介護・養育）

42 家族への介護等を求める場合……………………………………190

43 障害がある子の面倒を他の子に見てもらいたい場合…………197

44 軽度知的障害のある子に遺産を相続させるが、本人が財
産管理できるか不安があるので、対策をとりたい場合…………201

45 シングルマザー・ファザーで、未成年の子の監護、養育、
財産管理に問題がないようにしたい場合………………………207

46 特定の人物に（遺贈はしないが）死ぬまでその家での居
住を保証したい場合………………………………………………212

47 未成年者への遺贈財産を親権者に管理させたくない場合………219

（事業の承継）

48 会社や事業を承継させたい場合…………………………………223

49 会社や事業を後継者に承継させたいが、他の相続人の遺
留分を侵害することになる場合…………………………………229

50 会社の次の次の後継者についての考えを伝えたい場合…………235

（外国関係）

51 外国人の遺言の場合（韓国、中国、米国、その他の国）………239

52 海外資産についての遺言の場合…………………………………245

（その他の希望）

53 不動産か又は現金かどちらかを、受遺者の希望によって、
相続（遺贈）させたい場合………………………………………249

54 特別受益の持戻しを免除する場合………………………………252

55 不動産を売らないでほしいという希望がある場合………………255

56 先祖から受け継いだ不動産を子から孫へと順番に相続さ
せたい場合…………………………………………………………258

57 家訓を受け継ぐように指示する場合……………………………265

目　次　　5

58　遺言を作成するに至った趣旨等を説明する場合……………268

59　特定の団体又は法人に不動産を遺贈する場合………………272

60　身寄りがないので、遺体の引取り、葬儀、家財の処分な
　　どで周囲の人や遠い親戚に迷惑をかけたくない場合…………276

61　死因贈与を撤回する場合………………………………………282

62　受遺者の選定を遺言執行者に委託する場合…………………287

63　特定人（弁護士）に遺贈し、同人の選択した相手方に寄
　　付させる場合……………………………………………………291

第3章　祭祀承継等

【概　説】………………………………………………………………299

64　祭祀承継者の指定をする場合…………………………………301

65　祭祀承継財産について個々に承継者を定める場合…………304

66　祭祀の方法を定める場合………………………………………307

67　自分の法要について定める場合………………………………311

68　一定期間経過後、墓じまいをするかどうか判断を委ねる
　　場合………………………………………………………………316

69　特定の相続人を先祖代々の墓に入れたくない場合…………322

70　先祖代々の墓に入りたくない場合……………………………326

71　特定の人（例えば傍系の親族）も墓に入れたい場合………332

72　墓の世話をしてくれる人がいない、祭祀承継者がいない
　　場合………………………………………………………………337

73　葬儀や告別式を行わない希望がある場合……………………342

74　自分の信仰する宗教・宗派での葬儀を行ってもらいたい
　　場合………………………………………………………………344

75 散骨・樹木葬を希望する場合……………………………………348

76 身寄りがないため、お寺に永代供養してもらいたい場合………352

77 身体の献体を希望する場合………………………………………357

78 身体の臓器移植への提供を希望する場合………………………362

79 相続人同士の仲が悪いので葬儀等でのトラブルが心配な
　場合………………………………………………………………367

第 1 章

前提条件の変動への対応
－補充事項－

2

概　説

1　遺産や相続人の変動

（1）　遺言をすべき時期

　公証人として他人の遺言書を作成していると、しばしば時間との闘いになることがあります。入院中の病院に伺う約束をしていた方の親族から「当日までは持たないかもしれないとお医者さんから言われた。すぐ来てくれないか」との連絡を受けて急遽予定を変更して病院に駆けつけたり、約束の日の朝、昨夜亡くなったとの連絡を受け、無理をしてでももっと早い日程にすべきだったと後悔したりすることもあります。そうならないためには、なるべく早く元気なうちに遺言をしておくべきです。

（2）　遺産や相続人の変動の可能性

　ところが、早く元気なうちに遺言をすると、遺言から相続開始まで、かなりの期間があることになり、しかも、その期間がどれほどかの予測も難しくなります。そして遺言から相続開始までの期間が長ければ長いほど、つまり早く遺言をすればするほど遺言作成後に遺産や相続人が変動する可能性は高まります。第1章では、その変動に対応する方法を紹介します。

2　遺産の特定

（1）　特定の必要性

　特定の遺産を特定の相手に相続等（遺産分割の指定による取得・遺言）させるときは、その遺産を特定する必要があります。特定ができなければ相続等の目的物が不明となり、相続手続ができません。

　この特定に関し、以前は、預貯金について口座番号まで記載していないと遺言の執行ができないということがあったり、また、不動産の

特定の仕方について遺言上必要な記載についての議論があったりしました。しかし現在では、少なくとも公正証書遺言の場合には財産の特定性をめぐって金融機関や法務局で困ることはほぼなくなりました。

　しかし、預貯金について口座番号の特定がなされていない自筆証書遺言では、他の部分の記載とも相まって内容に疑問が生じたり、又は内容が分かりにくくなったりしていることもあり、そのような場合には、金融機関が遺言書による手続を受け付けてくれないことがあります。また、不動産について、登記簿（登記記録。以下同じ。）と異なる記載、例えば「○○町の土地」等の記載をすると、その土地が、相続登記をしようとする土地と同一であることを他の資料で証明する必要が生じ、困難が生じることがあります。

　そこで、不動産は登記簿どおりに、土地であれば所在地、地番、地目、地積などまで詳細に記載し、預貯金は金融機関の支店名、預貯金の種類や口座番号まで記載する方がそのような問題を避けられる可能性が高くなります。

（2）　特定と変動の葛藤

　遺産について特定をすることは望ましいのですが、すればするほど変動には対応できなくなります。例えば、定期預金は満期になり解約されると、そのお金を後から定期預金にしても、口座番号は変わってしまいます。不動産でも、建物は建て替えられることがありますし、土地も、土地収用や売却により、代替地が取得される可能性があります。建物を家屋番号等で登記簿のとおり特定したり、預貯金を口座番号で特定したりしていると、これらについての遺言は効力を失い、建替え後の建物や新しい口座番号の定期預金は、遺言記載の当該財産とは別の財産になるため、遺言者の意図とは異なる結果となります。

（3）　特定の程度と変動への対応

　不動産は、代替性がないので、きちんと特定するのが自然ですが、

第1章　前提条件の変動への対応　－補充事項－　　　5

預貯金等は、結局金銭的価値の問題なので、口座番号まで特定するか
どうかは、考えた方がよい場合も多くあります。確かに、①相続人等
から預かっている口座、株式等、実質的には相続人等のものである場
合、②賃貸不動産を別経理としていて、その賃料、積立金等のための
口座であるため、当該不動産と共に同じ相続人に渡したい場合等、特
定の口座や金融資産を特定人に承継させたい場合があり、そのときに
は、きちんと特定をすることになりますが、そうでないなら、変動す
る可能性の高いものについては、銀行の支店名までの記載に止める等、
変動する可能性の少ないものの限度で特定して書くことが大切なこと
もあります。

　また、あまり細かい物（自動車や貴金属など）を書くと、年月が経
ち手放していたり遺言書記載の物との同一性の判断が難しくなったり
しますので、遺言書の長期的な効力を考える場合は、あえて書かない
方がよい場合もあります。

3　遺産を承継する人の変動

　同様の変動は、遺産をもらう人についても発生する可能性がありま
す。

　特に、遺贈は、遺言者の死亡以前に受遺者が死亡したときは、効力が
なく（民994①）、「相続させる」旨の遺言も、それにより遺産を相続させ
るとした推定相続人が遺言者の死亡以前に死亡した場合には、特段の
事情のない限り効力を生じないとされており（最判平23・2・22民集65・2・
699）、法定相続に戻ってしまいますので、注意が必要です。また、事情が
変わって遺言で決めた相続・遺贈が適切でなくなることもあります。

4　遺言の書換え

　建物を建て替える、相続人が変わる等、大きな変動があった場合に

は、そのタイミングで遺言書を作り直すという対応も考えられます。ただし、遺言者が認知症等になり、その時点では遺言書の作り直しが困難となっていることもあり得ます。したがって、遺言に当たっては、予想される事態については、それが発生しても、意図した結果が変わらないように遺言書の書き方を工夫する必要があります。そこで、事情の変更にも耐えられるような遺言条項の作成が求められるのです。よく使われるのは、遺言者の死亡以前に受遺者、相続人が亡くなっていた場合の財産の分け方（予備的遺言）ですが、予想される事情に対応した様々なものがあります。遺言書作成に当たっては様々な方法を心得ておくべきです。

　また、遺言者がまだまだ元気で若いうちは、あえて大雑把に財産をまとめて書き、保険のような意味で遺言書を作成することで、長期間意図した結果を保てる遺言書とすることも考えられます。

第1章　前提条件の変動への対応 ―補充事項―　　　7

（遺産の得喪・変動）

1　建物を取り壊して新築する可能性がある場合

ケース　　　遺言者は、妻甲野花子と死に別れ、二人の
子供のうち長男甲野一郎と同居しています。遺言者は、長男
が遺言者の老後の生活を支援することになったので、自宅の
土地建物を長男に相続させ、二男甲野二郎には別の不動産を
相続させるつもりです。ただし、自宅の建物が老朽化してい
るため取り壊して建て替えることを考えています。遺言者の
有する不動産が変動した場合にも、自宅の土地建物を確実に
長男に相続させるためにはどのような遺言をしたらよいでし
ょうか。

作成例

第○条　遺言者は、遺言者が有する次の不動産を遺言者の長男甲
　　野一郎（昭和○○年○○月○○日生）に相続させる。
　　〈不動産の表示〉
　　(1)　土地　〔省略〕
　　(2)　建物　〔省略〕
2　遺言者は、相続開始時に、前項(1)記載の土地上に同項(2)の
　　建物以外の建物を有していたときは、同建物を長男甲野一郎に
　　相続させる。
第△条　長男甲野一郎は、前条の不動産を相続する負担として、

遺言者が前条第2項記載の不動産を入手するために金融機関か
　ら借り入れた住宅ローンの残債務を承継して全額債権者である
　同金融機関に支払うものとし、遺言者の二男甲野二郎（昭和〇
　〇年〇〇月〇〇日生）には負担させないものとする。

視　点

　遺言作成時と相続開始時では相続財産に変動が生じているのが常で
す。遺言者が、遺言作成後、相続させる予定の建物を建て替えたり、
買い替えたりすることも考えられます。このように不動産という重要
な相続財産に変動が生じた場合には、改めて財産内容を反映させた遺
言を作成することも考えられますが、その時には遺言者の遺言能力が
なくなっていることもあり得ます。そこで、本ケースのように、長男
に相続させようとする「自宅の土地建物」について、遺言作成後の建
替え等により変動が生じた場合でも確実に長男に相続させることがで
きるように、変動後の不動産が「自宅不動産の代替物件」である旨特
定して遺言に記載する工夫が必要です。

解　説

1　特定の不動産を特定の相続人に相続させる旨の遺言

　遺言者が、遺産のうちの特定の財産を特定の相続人に「相続させる」
旨の遺言をした場合、その遺言は、遺産の分割の方法を定めた遺言で
あり、当該遺言において相続による承継を当該相続人の受諾の意思表
示にかからせたなどの特段の事情のない限り、何らの行為を要せず、
遺言の効力の生じた時に直ちに当該遺産が当該相続人に相続により承

継されると解されています（最判平3・4・19民集45・4・477）。

　ですから、相続させる旨の遺言には、遺言の効力が発生した時点で、直ちに権利移転の効力が生じる程度に相続の対象物が特定されている必要があり、特定の不動産を特定の相続人に相続させる遺言では、当該不動産の登記事項証明書の記載内容を表記して特定することが多いと思います。

　また、遺言者が、遺言作成時から相続開始時までに、所有建物を取り壊して建て替えたり、買い替えたりして新たに取得した不動産も含め、全ての不動産を特定の相続人に相続させる場合であれば、「相続開始時に所有する不動産全てを○○○○に相続させる」旨の遺言でも対処できると思います。

2　遺言後に不動産の変動が予想される場合の対応

　ところで、本ケースで、遺言者は、その有する不動産のうち、その居住する自宅の土地建物を、遺言者の老後の生活を支援することになった同居中の長男に相続させようと考え、遺言作成後相続開始時までに自宅土地上の自宅建物を取り壊して新築するなど自宅不動産が変動した場合にも、変動後の自宅土地建物を長男に確実に相続させようと考えています。これは、小規模宅地等の特例の適用を念頭においてのことと思われます（小規模宅地等の特例制度とは、様々な態様に応じて様々な要件が定められていますが、本ケースに即して簡単に言えば、遺言者が相続開始直前に、住居として自宅建物を建てて住んでいた宅地を、その自宅建物に遺言者と同居していた長男が遺言者から相続した場合、相続税計算上その宅地の評価額が80%（事案により50%）減額される制度です（租特69の4）。）。

　そこで、本ケースで遺言者の希望に沿うように、自宅建物を取り壊して新築した後も、自宅土地及び新築建物を長男に相続させるために

は、変動後の不動産が長男に相続させようとした自宅不動産の代替物件である旨遺言に特定して記載する必要があります。その遺言の記載方法として、遺言作成時に長男に相続させようとした土地に変動はありませんから、**作成例第○条第2項**のような「相続開始時に自宅土地上に新たに建物を取得していたときは、同建物を長男に相続させる」旨の記載が考えられます。

変動後の遺言者の自宅土地建物についても、既述の要件を具備していれば小規模宅地等の特例が適用されることとなると思います。

自宅土地上の建物を建て替えた本ケースと異なり、遺言者が、遺言作成後相続開始までに自宅土地建物のいずれも売却して新たな自宅土地建物に買い替えた場合はどうでしょうか。この場合も、遺言者が、相続開始直前に、買い替えて新たに取得した土地建物に居住しており、相続人となる長男が同居していたような場合には、小規模宅地等の特例の適用要件を満たしますから、その適用要件を定めた租税特別措置法69条の4の規定を参考にして、

「第○条　遺言者は、遺言者が有する次の不動産を遺言者の長男甲野
　　　一郎（昭和○○年○○月○○日生）に相続させる。

　　　〈不動産の表示〉　　〔省略〕

　2　遺言者が、相続開始時までに、前項記載の不動産以外の住居の
　　　用に供する建物及びその敷地を有していたときは、その建物及び
　　　その敷地を長男甲野一郎に相続させる。」

旨記載するのも一方法と考えます。

なお、相続開始時に遺言者が老人ホーム等の施設に入所していた場合、「相続開始直前に、遺言者が居住していた」の要件を満たすかどうかは問題になります。しかし、遺言者が一定の要件を満たす場合（租特令40の2）や、遺言者と生計を一にする長男が遺言者自宅不動産に居住した場合には小規模宅地等の特例が適用される場合があるので、税理士等専門家に相談するのがよいでしょう。

3 改正民法（相続法）の留意点

なお、前記1記載のとおり、特定の相続人に特定の財産を相続させる旨の遺言により、当該財産は遺言の効力発生時に直ちに当該相続人に相続により承継され、遺言執行者は、不動産の所有権移転登記手続申請を行う権利義務はなく、受益相続人が行うとされ、また、相続によって取得した不動産又は共有持分権については登記なくして第三者に対抗できる（最判平14・6・10裁判集民206・445）とされてきました。しかし、平成30年法律72号（相続法）による改正後の民法899条の2第1項は、相続による権利の承継は、相続分を超える部分については登記を備えなければ第三者に対抗できない旨規定し、同法1014条2項は、遺言執行者は当該共同相続人が899条の2第1項に規定する対抗要件を備えるために必要な行為をすることができる旨規定しているので注意してください。

4 相続人への債務承継

遺言者が建物を新築等により取得するために住宅ローンの契約をする際は、団体信用生命保険特約（住宅ローン契約者が死亡又は高度障害状態になったときに、残りのローンが全額弁済される保証制度）が付されることが多いと思います。しかし、遺言者がこのような保険に加入していない、あるいはできなかったような場合には、相続開始後、相続人間で債務返済について紛争にならないためにも、遺言の効力発生時の住宅ローンの残債務の返済方法について、遺言者の意思を遺言で明確にしておくべきでしょう。

ところで、住宅ローンのような可分債務である金銭債務は、法律上当然に相続分に従い分割され、各相続人に帰属するとされています（最判昭34・6・19民集13・6・757）。しかし、本ケースのように、遺言者が、特定の相続人に特定の不動産を相続させる場合には、当該不動産を取

得するために負担した住宅ローン等の残債務については、作成例のように当該相続人に全額負担させる旨の遺言をするのが通常であると思われます。

このような遺言がなされた場合、特段の事情のない限り、相続人間では当該相続人が債務全額を承継することになります。しかしながら、債権者にはその効力は及ばず、債権者は、各相続人に対して法定相続分に応じて返済を請求することができますし、遺言の内容を承認して債務全額を承継した相続人に対して債務履行を請求することができるとされています（最判平21・3・24民集63・3・427）。平成30年相続法改正後の民法902条の2によって明文化されました。なお、債権者からの請求に応じて法定相続分に応じて債務弁済をした相続人は、債務全額を承継した相続人に対して求償することになります。

なお、本ケースで、遺言者が新築した建物の一部を賃貸住宅にしていた場合、相続によって遺言者の賃貸人たる地位は、当然に相続されます（最判昭44・7・17民集23・8・1610等）から、遺言に明記されていなくとも、賃借人に対して賃料請求権を取得する一方で、賃借人に対する敷金返還債務も負担することになります（前掲最判昭44・7・17）。

しかし、実務上は、「不動産を相続した相続人に賃貸借契約上の義務（敷金返還債務を含む）を承継させる。」などとして明記することも少なくありません（なお、賃貸人の地位の移転については、平成29年法律44号（債権法）による改正後の民法605条の3に明文化されたほか、敷金についても、同法622条の2に明文化されています。）。

第1章　前提条件の変動への対応　−補充事項−　　13

2　不動産の売却・収用により代替資産を取得する可能性がある場合

ケース　　遺言者は、妻と死に別れ、相続人として長男甲野一郎、二男甲野二郎及び長女甲野幸子がいます。自宅土地建物のほか数筆の土地と同土地上の建物を所有していますが、自宅土地建物は家を継ぐ長男に相続させ、その余の不動産は二男と長女に相続させようと考えています。ところが、自宅の土地建物は公共施設の建設計画地域内にあるので、遺言作成後相続開始までに公共事業のために土地建物を譲渡する見込みです。長男には譲渡により得た補償金等により新たに自宅用の土地建物を取得し、これを相続させたいと思っています。どのような遺言をするのがよいでしょうか。

作成例1　　公共施設のために譲渡する自宅不動産に代え、補償金等で居住用の不動産を取得した場合

第○条　遺言者は、遺言者が有する次の不動産を長男甲野一郎（昭和○○年○○月○○日生）に相続させる。
　　〈不動産の表示〉
　　(1)　土地　〔省略〕
　　(2)　建物　〔省略〕
2　遺言者は、相続開始までに、前項記載の不動産の収用等により取得した補償金等により、同不動産の代替資産として土地及び建物を取得していたときは、これらの土地及び建物を長男に相続させる。

14　　第1章　前提条件の変動への対応　－補充事項－

作成例2　土地区画整理地内の不動産の場合

第○条　遺言者は、遺言者が有する次の不動産を長男甲野一郎(昭
和○○年○○月○○日生）に相続させる。
〈不動産の表示〉
(1)　土地
　○○市○○土地区画整理組合の土地区画整理事業施行地内の
　次の土地
　（従前の土地）
　所在　○○市○○町○丁目
　地番　○番〔以下省略〕
　（仮換地の表示）
　所在　○○市○○土地区画整理組合の土地区画整理事業　○
　　　　街区○画地
　地積　○○．○㎡
(2)　建物
　所在　○○市○○町○番地
　（仮換地　○○市○○土地区画整理組合の土地区画整理事業
　　○街区○画地)
　家屋番号　〔以下省略〕

視　点

　自宅土地建物が公共施設の建設計画地域内にある場合、公共事業の
ために自宅土地建物を譲渡して得た補償金等で新たな居住用土地建物

第1章　前提条件の変動への対応　－補充事項－　　　15

を取得するなど、遺言作成時と相続開始時で相続財産である不動産が
変動することが想定されます。このような場合にも自宅土地建物の代
替物件である変動後の不動産を長男に相続させることができるよう、
変動後の不動産が自宅土地建物の代替物件であることを特定して遺言
に記載する工夫が必要です。

解　説

1　遺言者が補償金等で代替不動産を取得した場合

　本ケースのように、遺言者が、公共施設の建設計画地域内に入って
いる遺言者所有の自宅土地建物を公共事業のために譲渡して補償金等
を取得した場合は、補償金等を資金に充てて、代替資産として居住用
の土地建物を取得するのが通常ではないかと思います。

　遺言者が、自宅土地建物に対する補償金等で代替資産として新たに
居住用の土地建物を取得した場合には、代替資産の取得に充てられた
金額について、譲渡がなかったものとして譲渡取得の課税が繰り延べ
られるという収用等の譲渡益課税の特例措置があるからです（藤川眞
行『公共用地取得・補償の実務』264頁以下（ぎょうせい、2018）参照、租特33）。

　そこで、遺言者が、長男に相続させようとした自宅土地建物を譲渡
して得た補償金等を資金として、新たに取得した居住用の土地建物を
確実に長男に相続させるためには、新たに取得した土地建物が、公共
事業のために譲渡した自宅土地建物の代替物件であることを遺言に明
記して特定する必要があると思います。そして、その記載方法ですが、
補償金等で代替資産を取得した場合の課税の繰延措置を規定する租税
特別措置法33条の規定を参考にして、作成例1のような記載をするこ
とが考えられると思います。

　これに対し、遺言者が補償金等により代替資産を取得しなかった場

合には、この補償金等相当額を長男に相続させることも考えられます。その場合の遺言の記載例としては、**作成例1**の第2項に、「遺言者が、相続開始までに、前項記載の不動産の収用等による補償金等を取得した場合は、その相当額を長男に相続させる。」などと記載することも考えられると思います。なお、遺言者が補償金等により代替資産を購入しない場合にも特別控除が適用になる場合があり得るので、税理士等専門家に相談するのがよいでしょう。

2　土地区画整理事業の場合

　上記と異なり、遺言者の有する土地と同一のものとして新たな土地が割り当てられる土地区画整理法による土地区画整理事業の場合についても触れておきます。

　これは都市計画区域内の土地について、公共施設の整備改善及び宅地の利用の増進を図るために行われる土地の区画形質の変更及び公共施設の新設又は変更に関する事業です（区画整理2①）。土地区画整理事業では、換地処分として、遺言者が所有していた従前の宅地が、形状、面積、位置等の異なる別の宅地へ再配置されることがあります。換地処分がなされると、換地処分の公告がなされた日の翌日から、換地により再配置された宅地が従前所有していた宅地とみなされ、従前の宅地に対する権利は、上記公告があった日が終了した時に消滅します（区画整理104①）。また、土地区画整理事業は完成までに長期間を要することがあるので、換地処分に先立って仮換地の指定がなされることがあります（区画整理98①⑤）。

　仮換地とは、換地の予定地として指定される土地で、仮換地の指定がなされると、換地処分の公告がある日まで、従前の土地の所有者は、仮換地に対して従前の土地と同様に使用収益ができるようになりますが、従前の土地については使用収益ができなくなります（区画整理99①）。

第1章　前提条件の変動への対応　−補充事項−　　17

　また、仮換地の指定がなされた場合、遺言者は従前の宅地上の建物を仮換地に移動させるのが原則であり、移動された場合は建物の同一性が認められます。この場合、移動した建物の所在番地の変更登記をし、これを遺言に反映させておく必要があります。これに対し、移動が物理的又は法律的に不可能な場合は、従前の宅地上の建物を取り壊し、仮換地上に建物を新築することになります。この場合は、新築建物の所在番地は、「○○市○○町○番地（仮換地○土地区画整理事業地区内○街区○画地）」のように、建物が新築された区画整理前の土地の地番（底地）を記載し、換地の予定地番を括弧書きで記載するのが相当とされています（五十嵐徹『土地区画整理の登記手続』39〜44頁（日本加除出版、2014））。

　作成例2は、仮換地により再配置された、遺言者が所有していた土地と同一のものと見なされる土地及び再配置された土地上に新築建物を建てた場合に、登記情報を基に作成した遺言の記載例です。

3 社債・投資信託・定期預金の満期・乗換えがある場合

> **ケース**　遺言者は、〇〇証券の自己名義口座で保有している社債や投資信託受益権等の金融資産の全てを長男甲野一郎に、それ以外の預貯金等の金融資産全てを妻にそれぞれ相続させたいと考えています。しかし、今後も金融取引により、金融資産の内容が変動することが見込まれます。金融資産の変動にも対応できるようにするにはどのような遺言をしたらよいでしょうか。

作成例

第〇条　遺言者は、次の金融機関に対する預貯金を含め、次条に記載する金融資産を除く、遺言者の有する金融資産の全てを遺言者の妻甲野花子（昭和〇〇年〇〇月〇〇日生）に相続させる。

〈金融機関の表示〉　〔省略〕

第〇条　遺言者は、〇〇証券△△支店に対する遺言者名義の取引口座（口座番号〔省略〕）により保有する預り金、株式、公社債、投資信託受益権その他の金融資産のすべてを、長男甲野一郎（昭和〇〇年〇〇月〇〇日生）に相続させる。

第〇条　遺言者は、本遺言の遺言執行者として、次の者を指定する。

〔省略〕

第1章　前提条件の変動への対応　－補充事項－　　　19

視　点

　遺言者の有する金融資産は、定期預金が満期解約により普通預金へ組み入れられたり、社債、投資信託が償還期日に償還されたりするなど、遺言作成後の取引により相続開始までに変動するのが常です。金融資産については、遺言作成後の取引に伴う変動にも対応できるよう、ある程度包括的な遺言をすることを検討する必要があります。

解　説

1　金融資産を特定の相続人に相続させる旨の遺言

　金銭債権等の可分債権は、相続人が複数ある場合には相続分に応じて法律上当然に分割され、遺産分割の対象とならないと解されており（最判昭29・4・8民集8・4・819）、本ケースで妻に相続させると遺言された預貯金も同様に解されていました（最判平17・7・11裁判集民217・329等）。しかし、最近の判例変更により、共同相続された普通預金債権、通常貯金債権及び定期貯金債権は、いずれも相続開始と同時に当然に相続分に応じて分割されることはなく、遺産分割の対象となるとされています（最決平28・12・19民集70・8・2121、定期預金債権及び定期積金債権につき最判平29・4・6裁判集民255・129）。株式や委託者指図型投資信託受益権も同様に解されています（株式及び投資信託受益権につき最判平26・2・25民集68・2・173等）。

　そして、遺言者が、特定の遺産を特定の相続人に「相続させる」旨の遺言をした場合には、当該遺言において相続による承継を当該相続人の受諾の意思表示にかからせたなどの特段の事情のない限り、何らの行為を要せず、当該遺産は、遺言の効力が生じたときに直ちに相続

により当該相続人に承継される（最判平3・4・19民集45・4・477）と解されています。

　ですから、金融資産を複数有している遺言者が、預貯金等特定の金融資産を、共同相続人のうちの特定の相続人に相続させる場合には、当該相続人に当該金融資産を相続させる旨遺言をする必要がありますし、遺言の効力発生時に直ちに金融資産が当該相続人に承継されますから、承継される金融資産が特定できるように遺言に記載する必要があります。

2　預貯金債権を特定の相続人に相続させる旨の遺言

　実務的には、特定の相続人に預貯金を相続させる旨の遺言においては、金融機関（支店）名、口座の種類及び口座番号（ゆうちょ銀行の場合は記号及び番号）を記載して特定するのが一般的です（ただし、通常、具体的な預貯金残高を記載しません。）。

　しかしながら、実際には、遺言作成後も遺言者が種々の金融取引を行うことが考えられ、預貯金については、例えば定期預貯金の満期解約等により元利金が普通預貯金口座に組み入れられ、保有している預貯金が解約されて金利の良い他の金融機関の金融商品に乗り換えられるなど、遺言に記載した金融機関や、預貯金の種類、口座番号等が変わってしまうことも考えられます。遺言に記載された預貯金が遺言の効力発生時になければ遺言は撤回されたものとみなされますし（民1023②）、遺言作成後に新たに契約された預貯金は遺言外の財産となります。そこで、遺言作成後に金融資産の内容が変更した場合にも、変更後の金融資産を特定の相続人に相続させることができるように、作成例のようにある程度包括的な遺言を作成することを検討する必要があります。このような記載でも相続させる財産の特定上は問題ありません。

3　その他の金融資産の遺言への記載方法

　本ケースで遺言者が長男に相続させると遺言したように、遺言者が証券会社（支店）に開設した取引口座により保有する社債や投資信託受益権等を特定の相続人に相続させる旨の遺言においては、証券会社（支店）名、口座番号のほか、社債については発行会社、社債の種類、金額等で、投資信託については、名称、受託者名等を遺言に記載して相続させる財産を特定することになると思います。

　しかしながら、実際的には、遺言者において、遺言作成後、証券会社の口座を通じて、社債や投資信託等の償還期に償還金を受領した上、他の商品の取引を行うなど、資産内容が変動することも少なくないため、当初から作成例のようにある程度包括的な遺言をすることも考えられると思います。

4　改正民法（相続法）の留意点

　なお、平成30年法律72号による改正後の民法において、「特定財産承継遺言」（遺産の分割の方法の指定として遺産に属する特定の財産を共同相続人の一人又は数人に承継させる旨の遺言）があったときは、遺言執行者は、相続人の相続分を超える部分について対抗要件を備えるために必要な行為をする権限を有することが明記された（民1014②）ほか、特定の財産が預貯金である場合には、預金又は貯金の払戻しの請求及びその預金又は貯金に係る契約の解約申入れをする権限も明記されています（民1014③本文）。

　遺言の執行を容易、確実にするため、本ケースのような遺言でも遺言執行者を指定するのが相当です。

22　　第1章　前提条件の変動への対応 ―補充事項―

4　将来、遺言者が成年被後見人になり、後見制度支援信託が開始されて、預金等が解約・売却される可能性を考える場合

> **ケース**　　遺言者は、銀行に対する預貯金や証券会社の取引口座により保有している株式等の金融資産を、妻と長男に相続させる遺言を作成したいのですが、〇〇銀行××支店口座番号〇〇の口座は、現在米国にいる長男甲野一郎からの実質的な預り金なので、この分だけは長男に返す必要があります。将来、自分が成年被後見人となり、自分の財産に後見制度支援信託が設定されることも想定して作成するとしたら、どのような遺言を作成したらよいでしょうか。

作成例1　　相続させたい預貯金が解約されていた場合は、解約時の口座残高と同額の金額を相続させる旨の遺言の場合

第1条　遺言者は、〇〇銀行××支店口座番号〇〇の口座に係る預貯金等の金融資産を、遺言者の長男甲野一郎（昭和〇〇年〇〇月〇〇日生）に相続させる。

第2条　仮に、前記〇〇銀行××支店口座番号〇〇の口座が解約されていたときは、遺言者は、解約時点における同口座の残高と同額の金額を前記甲野一郎に相続させる。

第3条　遺言者は、前条までに記載した財産を除き、遺言執行者をして、遺言者が有する金融機関に対する預貯金、投資信託受益権、株式、公社債等及びこれに付随する債権等を含む金融資

第1章　前提条件の変動への対応　－補充事項－　　23

　　　産の全てについて、払戻しを受けさせ、換価処分をさせた上、
　　　遺言者の一切の債務及びこの遺言の執行費用（遺言執行者に対
　　　する報酬を含む）の支払に充てさせた残金につき、遺言者の妻
　　　甲野花子（昭和〇〇年〇〇月〇〇日生）及び長男甲野一郎にそ
　　　れぞれ2分の1ずつ相続させる。
　第4条　遺言者は、この遺言の遺言執行者として次の者を指定す
　　　る。
　　　〔省略〕
　2　遺言執行者は、〔中略〕並びに預貯金等の金融資産の名義変更、
　　　解約、払戻し、第〇条記載の金融資産の換価処分、債務の弁済
　　　をする権限、〔中略〕その他この遺言の執行に必要な一切の行為
　　　をする権限を有する。

作成例2　相続させたい預貯金が解約されていた場合は、概算で定めた一定の金額を相続させる旨の遺言の場合

　第1条　〔作成例1と同じ〕
　第2条　仮に、前記〇〇銀行××支店口座番号〇〇の口座が解約
　　　されていたときは、遺言者は、前記甲野一郎に、金〇〇万円を
　　　相続させる。
　第3条、第4条　〔作成例1と同じ〕

視　点

①　成年後見制度においては、成年被後見人の財産の適切な管理等の

ために後見制度支援信託が利用されることがあります。同信託が利用される場合には、同信託を提供する金融機関と信託契約を締結するため、遺言者が現に保有する預貯金が解約され、あるいは売却されて、換価金をもって新たな信託契約が締結されるなど、遺言者が遺言時に有した金融資産が相続開始時に変動していることが考えられます。そこで、将来の金融資産の変動に対応できる遺言の内容を考える必要があります。

② 特定の預貯金等を特定の人に相続・遺贈したいときは、解約された場合には解約時の金額を相続・遺贈するとしておけば、ほぼ同じ結果となります。ただし、解約後は変動がありませんし、また、あまり期間が経ってしまうと、解約時の金額が分からなくなってしまうので、遺言執行者が解約時に金額を把握できるように遺言の内容を教えておく必要があります。

③ 変動の可能性が低い場合には、割り切って、概算で金額を決めておき、それを相続・遺贈するというのも一つの考え方のように思います。

解　説

1　成年後見制度における後見制度支援信託

　成年後見制度は、精神上の障害により事理を弁識する能力を欠く常況にある者（成年被後見人）に対し、家庭裁判所が、本人（成年被後見人）の権利を守る援助者（成年後見人）を付して、成年被後見人を支援する制度です（民7・8）。

　成年後見制度における後見制度支援信託は、成年被後見人の財産のうち、日常的な支払をするのに必要な金銭を預貯金として成年後見人が管理し、通常使用しない金銭を信託銀行等に信託する仕組みです。

第1章　前提条件の変動への対応　－補充事項－　　25

　この信託では、信託契約の締結、信託財産の払戻し、解約には、家庭
裁判所が発行する指示書を得る必要があり、本人の財産が適切に管
理・利用されるようになる一方で、後見人の不正を防止して本人の財
産を適切に保護できることから導入されました。

　後見制度支援信託を利用して信託銀行等に信託できる財産は、現金、
解約した預貯金、受領した保険金等の金銭に限られるとされています。
株式等の金融商品も換価により対象財産となることは可能ですが、本
人の財産の現状を大きく変更することになるため、個別案件ごとに売
却・換金するかどうか判断されることになります（藤井聖悟ほか「静岡家
庭裁判所における後見制度支援信託の利用状況と後見支援預金の利用状況」実践
　成年後見78号20頁以下）。

　ですから、成年被後見人となった遺言者の成年後見人及び家庭裁判
所が、遺言者の生活状況や預貯金等の財産状況を踏まえて、後見制度
支援信託の利用に適していると判断したときは、遺言者が現に金融機
関に保有している預貯金が解約され、金融商品が売却されるなどして、
後見制度支援信託を提供する信託銀行等と信託契約を締結することに
なります。

2　後見制度支援信託の適用による金融資産の内容の変動への対応

　このように、成年被後見人となった遺言者について、その財産に後
見制度支援信託が利用されることになると、信託契約を締結するため
に遺言者が現に有する預貯金が解約され、あるいは、株式等の金融商
品が売却されることになります。ですから、遺言者が、遺言者名義の
預貯金について、銀行（支店）名、口座番号等を記載し、あるいは、
金融商品について、株式の会社名や証券会社（支店）名等を記載して
相続人に相続させる旨の遺言をしていた場合は、遺言に記載した預貯

金等が遺言の対象外となり、遺言が撤回されたとみなされることになってしまいます（民1023②）。

　本人の財産に関する遺言が存在する場合は、財産処分に関する本人の意思を尊重する必要があることから、遺言の具体的内容によっては支援信託の利用に適さないと判断される場合があるとの指摘もありますが（杉山文洋ほか「大阪家庭裁判所における「後見制度支援預金」の利用状況等」実践 成年後見78号15頁）、遺言があっても支援信託の利用が相当と判断される場合があると思われますし、成年後見人において、本人が遺言を作成していることに気づかないこともあり得ますから、遺言を作成していても後見制度支援信託が利用されることはあり得ると思います。

　そこで、後見制度支援信託の適用による金融資産の内容の変動に対応できるようにすることを考える必要が出てきます。

　そもそも、預貯金は、金銭的価値が問題になることが普通であり、遺言者から、特定の金融資産について、他の金融資産とは区別して特定の相続人に承継させたいという希望が出るのは、①相続人等から預かっている口座、株式等、実質的には相続人等のものである場合、②賃貸不動産を別経理としていて、その賃料、積立金等のための口座であるため、当該不動産と共に同じ相続人に渡したい場合等、特殊な場合であろうと思われます。そのような場合でも、結局は、金銭的な価値を交付するのですから、例えば、①であれば、**作成例1**のように記載すれば、口座の解約時点と同額の現金を相続・遺贈することができます。この場合、他の預貯金の残高が不足することがあっても、資金を調達してその金額を支払うことになります（民996ただし書）。②の場合でも、これに準じて記載すればよいでしょう。ただし、その金額が不明になることを防ぐ手立てを講じる必要があるなど、複雑になることがあります。このようなことまで考えると、遺言者が、特定の金融

資産を特定の相続人に相続させたい理由をよく聴取し、その理由によっては、金額の問題として割り切って記載するのも一つの考え方です（作成例2）。

3　金融資産の換価清算型の遺言

　ところで、預貯金債権は、相続開始と同時に当然に相続分に応じて分割されることなく、遺産分割の対象となると解されており（最判平28・12・19民集70・8・2121）、株式・投資信託受益権（最判平26・2・25民集68・2・173等）も同様に解されています。そこで、特定の相続人に相続させたい理由のない金融資産については、一般には、作成例1・作成例2の第3条・第4条のように、遺言執行者を選任し、遺言執行者をして金融資産を換価し、債務を弁済した残金をもって分配させるとするのが適切な方法でしょう。

4　後見支援預金制度

　最近は、後見制度支援信託に並立・代替する仕組みとして、後見支援預金の取扱いも始まっています。この後見支援預金は、後見制度支援信託を取り扱う信託銀行等が少ないことなどを背景に、平成29年3月に閣議決定された「成年後見制度利用促進基本計画」の中に「不正防止を徹底するとともに利用しやすさとの調和を図り、安心して成年後見制度を利用できる環境の整備」が掲げられたのを契機に、後見制度支援信託に並立・代替する新たな仕組みとして、地域密着型金融機関を中心に取扱いが始まったもので、本人の預貯金を日常的な生活に使用することを想定した口座と、通常使用しないものを家庭裁判所の指示書に基づき別口座で管理する仕組みです（平田晃史「「成年後見における預貯金管理に関する勉強会報告書」の概要」実践　成年後見78号3頁以下、白原敏光「後見支援預金のしくみと実情(1)近畿産業信用組合の取組み」実践　成年

後見78号30頁以下、内海順太「後見支援預金のしくみと実情(2)静岡中央銀行の取組み」実践　成年後見78号39頁以下)。

　後見支援預金においても、遺言者が現に有している預貯金を解約するなどして、後見支援預金の取扱金融機関に新たな口座を開設する必要があり、遺言者が遺言に記載した財産が遺言の対象外となり得ることがありますから、遺言を作成する場合は、後見制度支援信託の場合と同様に留意する必要があります。

第1章　前提条件の変動への対応　−補充事項−　　　29

5　親の遺産で遺産分割未了の財産がある場合

ケース　　遺言者は、亡くなった親の遺産を兄弟と相続しましたが、まだ遺産分割はなされていません。遺言者は、自分の遺産だけでなく親から相続した遺産分割前の遺産も、長男甲野一郎に相続させようと考えています。どのような遺言を作成すればよいでしょうか。

作成例 1　　相続分を相続させる遺言の場合

第○条　遺言者は、遺言者の亡父○○○○の遺産について遺言者が有する相続分を、遺言者の長男甲野一郎（平成○○年○○月○○日生）に相続させる。

作成例 2　　特定の遺産の共有持分権を相続させる遺言の場合

第○条　遺言者は、遺言者の亡父○○○○の遺産である次の不動産に対する遺言者の遺産共有持分全部を、長男甲野一郎（平成○○年○○月○○日生）に相続させる。
　〈不動産の表示〉　〔省略〕

30　　　第1章　前提条件の変動への対応　－補充事項－

視　点

　遺言者が、親から相続した遺産を相続人に相続させる遺言として、①相続分を相続させる遺言と②特定の遺産の共有持分権を相続させる遺言が考えられます。それぞれの遺言の意味や効果、メリットデメリットを踏まえて遺言を作成する必要があります。

解　説

1　相続財産の共有

　被相続人に相続人が複数あるとき、相続財産は共同相続人の相続分に応じた持分で共有となります（民898・899）。この遺産共有状態は、相続開始後、遺産分割によって個々の財産の各共同相続人への帰属が遡及的に確定するまで続きます（民909本文）。この共有の性質は、基本的には民法249条以下に規定する共有と性質を異にするものではなく、共同相続人が取得する遺産の共有持分権も、実体上の権利であって遺産分割の対象となるとされています（最判昭30・5・31民集9・6・793、最決平17・10・11民集59・8・2243、最判平25・11・29民集67・8・1736）。ですから、本ケースのように、遺言者が、遺産分割前の親の遺産に対して他の共同相続人と遺産共有している共有持分権も、遺言者の遺言の対象となります。

2　作成例1について

　遺言者が、親の遺産に対する遺言者の遺産共有持分権を特定の相続人に相続させる旨の遺言をする方法として、第1に遺言者が有する親の財産に対する「相続分」を相続させる旨の遺言をする方法（作成例1）と、第2に遺産分割前の個別財産について遺言者の「共有持分権」を相

続させる旨の遺言をする方法（作成例２）とが考えられます。

　第1の方法は、民法905条に規定する相続分、すなわち積極財産及び消極財産を含む包括的な遺産全体に対する割合的持分、包括的な相続人たる地位としての「相続分」（谷口知平＝久貴忠彦編『新版注釈民法(27)相続(2)〔補訂版〕』280頁〔有地亨・二宮周平〕（有斐閣、2013）、最判平13・7・10民集55・5・955）を相続させる旨の遺言です。この遺言の場合は、「相続分」を相続した遺言者の相続人が、遺言者の親の遺産の遺産分割に参加することになります。

　遺言者が遺言作成後遺言の効力発生前に、親の遺産の遺産分割を終えて遺言者が取得する財産が確定した場合は、遺言者が取得した財産が不動産等重要な財産である場合等には、遺言者の財産内容を反映させた遺言を改めて作成するのが相当であると思います。

　親の遺産の遺産分割により、特定の不動産等、取得する財産が具体的に予測できる場合は、相続分を相続させる遺言をする際に、「遺言者が、亡父から下記不動産を取得していた場合は、これを○○○○に相続させる。」等の条項を付加しておくことも考えられるとされています（日本公証人連合会編著『新版　証書の作成と文例　遺言編〔改訂版〕』34頁（立花書房、2013））。ただし、取得予定であることから特定の財産を遺言に記載したのに、遺産分割の結果当該財産を取得しなかった場合は、当該財産に対する遺言は撤回したとみなされ（民1023②）、逆に遺言に記載した財産を超えて取得した場合は、遺言の対象外となるおそれがあるので注意が必要です（日本公証人連合会編著・前掲34頁）。

3　作成例２について

　第2の方法は、遺産分割前の親の遺産中の個別の財産について、遺言者が有する共有持分権を特定の相続人に相続させる旨の遺言です。

　作成例２がこの遺言の例ですが、この場合、「相続させる」旨の遺言

により、遺産分割協議を経ることなく遺言者の当該不動産に対する遺産共有持分権が特定の相続人に承継されることになります（最判平3・4・19民集45・4・477）。したがって、特定の相続人に移転した遺言者の当該不動産に対する共有持分権は、当該不動産に対する相続共有状態から離れ、当該不動産には遺産共有持分権と他の共有持分権が併存することとなります。このような共有関係を解消する方法として裁判上採るべき手続は民法258条に基づく共有物分割訴訟であり、共有物分割の判決によって遺産共有持分権者に分与された財産は遺産分割の対象となり、この財産の共有関係の解消は民法907条に基づく遺産分割によることになる（最判昭50・11・7民集29・10・1525、最判平25・11・29民集67・8・1736）など、手続が複雑になり遺産分割による解決が図りにくくなるおそれがあることに注意する必要があります。

なお、未分割の遺産であることに触れずに、「下記不動産（遺言者の有する持分全部）」などと記載しても差し支えなく、このような記載ならば、遺言の効力発生時までに当該不動産に対する遺言者の持分が変動した場合にも対応できるとされています（日本公証人連合会編著・前掲35頁）。

第1章　前提条件の変動への対応　－補充事項－　　33

6　係争中の訴訟に係る権利・義務を相続させる場合

ケース　　以下のそれぞれの場合、どのような遺言を
したらよいでしょうか。

①　遺言者は、交通事故の被害に遭い重傷を負いました。加
　　害者側の保険会社と保険金額で合意できず、訴訟を提起し
　　て係争中ですが、訴訟に係る損害賠償請求権を妻甲野花子
　　に相続させたいと思います。

②　遺言者は、自転車事故で被害者乙山三郎を負傷させまし
　　た。過失の割合、損害額で合意できず、訴訟を提起され係
　　争中です。訴訟に係る損害賠償義務を妻甲山幸子に承継さ
　　せるつもりです。

作成例 1　　〔ケースの①〕係る中の訴訟に係る権利を相続
　　　　　　　させる場合

第○条　遺言者は、遺言者を原告と、○○保険会社を被告とする、
　　下記交通事故に起因する訴訟係属中の損害賠償請求事件（○○
　　地方裁判所平成○年（ワ）第○○号）に係る損害賠償請求権を、
　　遺言者の妻甲野花子（昭和○○年○○月○○日生）に相続させ
　　る。
　　〈交通事故の表示〉　　〔省略〕
第○条　妻は、前条の相続を受ける負担として、遺言者が前条記
　　載の損害賠償請求事件の判決確定前に死亡したときは、その訴
　　訟を受け継がなければならない。

34　　第1章　前提条件の変動への対応　－補充事項－

作成例2　〔ケースの②〕係争中の訴訟に係る義務を承継させる場合

第〇条　遺言者は、遺言者の有する次の財産を妻甲山幸子（昭和
　〇〇年〇〇月〇〇日生）に相続させる。
　〈財産の表示〉　〔省略〕
第〇条　遺言者は、前条の相続をさせる負担として、遺言者を被
　告と、乙山三郎を原告とする、下記自転車事故に起因する訴訟
　係属中の損害賠償請求事件（〇〇地方裁判所平成〇年（ワ）第
　〇〇号）に係る損害賠償支払義務を、妻に承継・負担させる。
　〈事故の表示〉　〔省略〕
2　妻は、前条の相続を受ける負担として、遺言者が前条記載の
　損害賠償請求事件の判決確定前に死亡したときは、その訴訟を
　受け継がなければならない。

視　　点

　係争中の訴訟に係る権利・義務も相続の対象となりますが、遺言には、いかなる権利・義務を承継させるのかが特定できるように記載する必要があります。

解　　説

1　はじめに

　被相続人が相続開始時に有する権利義務は、一身専属的なものを除いて相続開始の時から相続人に承継されますから（民896）、係争中の訴

訟に係る権利・義務も被相続人の一身専属的なものでない限り相続の対象となります。

2 訴訟に係る権利の相続

　まず訴訟に係る権利についてですが、被相続人に相続人が複数いる場合、相続の効力発生時に相続財産は共同相続人の相続分に応じた共有となり（民896・898・899）、遺産分割により、相続開始時にさかのぼって各相続人がそれぞれ財産を取得することになります（民909）。これに対し、可分債権である金銭債権は、遺産分割手続の対象外となり、相続開始と同時に当然に各共同相続人の相続分に応じて分割され、各共同相続人がその相続分に応じて権利を取得とすると解されています（最判昭29・4・8民集8・4・819）。なお、かねて可分債権として同様に解されていた預貯金債権等も、現在では遺産分割の対象となるとされています（最決平28・12・19民集70・8・2121）。

　ところで、被相続人が、特定の遺産を特定の相続人に相続させる旨の遺言をした場合は、遺産の分割の方法を定めた遺言であり、当該遺言において相続による承継を当該相続人の受諾の意思表示にかからせたなどの特段の事情のない限り、何らの行為を要せずして、被相続人の死亡の時（遺言の効力発生時）に直ちに当該遺産が当該相続人に相続により承継されると解されています（最判平3・4・19民集45・4・477）。ですから、遺言者が、可分債権である金銭債権（損害賠償請求権）を、相続分にかかわらず全て妻に相続させようと考える本ケースの①の場合は、その旨遺言に記載する必要があります。作成例1のように当事者と事件番号等訴訟に係る事件を特定したほか、訴訟に係る損害賠償請求権の発生理由も記載すると、相続の対象となる権利がより特定できると思います。

　また、本ケースの①では訴訟係属中に原告である被相続人が死亡し

た場合、訴訟物である損害賠償請求権を相続する妻が、訴訟を引き継がなければなりません（民事訴訟法124①一）。したがって、遺言中に、妻に訴訟を引き継がせる旨記載する必要はないとも言えますが、作成例1のように記載しておけば、訴訟手続がスムーズに承継されるのではないかと思います。

3　訴訟に係る義務の相続

　次に訴訟に係る義務（債務）ですが、被相続人に相続人が複数いる場合、可分債務である金銭債務は、法律上当然分割され、各共同相続人がその相続分に応じて承継すると解されています（最判昭34・6・19民集13・6・757）。しかし、実務的には、金銭債務であっても、特定の相続人に対し、承継させる債務に見合う遺産を相続させた上、その負担として一定の金銭債務を全て負担させる遺言をすることが多いと思います。作成例2は、訴訟係争中の金銭債務全額を妻に承継させる遺言例です。このような遺言がなされた場合でも、特段の事情のない限り、相続人間では当該相続人が債務全額を負担することになりますが、債権者にはこのような遺言の効力は及ばず、債権者は各相続人に対して法定相続分に応じて支払を請求できますし、遺言の内容どおり、義務の全てを承継した相続人に全額履行を求めることもできるとされています（最判平21・3・24民集63・3・427）。この点は、平成30年相続法改正後の民法902条の2によって明文化されました。

　また、訴訟の受け継ぎについては、既述のとおりです。

第1章　前提条件の変動への対応　－補充事項－　　37

7　他人名義のものであるが、本当は自分の財産であるため特定人に相続・遺贈する場合

ケース　　遺言者は、本当は自分が有していると思っているある財産を、特定の人にいわゆる「相続させる遺言」又は遺贈したいと考えていますが、現在のところその財産は、他人名義のままになっています。

　この場合に、遺言にはどのような記載をすればよいのでしょうか。

作成例

第〇条　遺言者は、遺言者がその相続開始の時に有する下記不動産を、遺言者の長男〇〇〇〇（昭和〇〇年〇〇月〇〇日生）に相続させる。なお、同不動産の登記記録上の所有名義人は遺言者の長女□□□□であるが、同人は令和〇〇年〇〇月〇〇日に死亡し、遺言者が唯一の相続人として、同不動産を相続し、同不動産は遺言者の所有に属する。

記

〈不動産の表示〉

〇〇〇〇〇〇〇〇

〇〇〇〇〇〇〇〇

〇〇〇〇〇〇〇〇

登記記録上の所有名義人　□□□□

視　点

　遺言者が、ある財産につき、特定の人にいわゆる「相続させる遺言」又は遺贈により権利を移転したいと思う場合には、遺言の時点において当該財産が誰の名義になっているかに留意し、自分が有していると考えているのに他人名義である場合には、それに即した遺言内容にすることが望ましいといえます。

解　説

　上記作成例は、遺言者の子が、配偶者がなく子供のいない状態で死亡したため、遺言者の子が所有していた不動産について、直系尊属である遺言者（同人の配偶者は既に死亡か離別）が、唯一の第二順位の法定相続人として子の財産を相続したが（民889①一）、死亡後、遺言時まで比較的短期間であることなどから、相続登記がいまだ完了していない場合などに遺言を行う場合の作成例です。このような場合に、同相続登記の完了を待ってから遺言をすることも考えられますが、遺言者が高齢又は病弱等の場合には、遺言者の真意を生かした遺言をするため、遺言書の作成を急がなければならないケースもあります。

　このように、遺言の対象財産の名義人と実際の所有者ないし保有者が異なる場合としては、対象財産が不動産の場合の他にも、株式の場合や預貯金等の場合もありますし、また、形式的な名義人と実際の所有者又は保有者が異なる原因としては、相続人が相続登記をしないまま放置している場合の他、遺産分割協議が成立しているもののそれに従った名義変更が未了の場合や遺言者が意図的に他人名義で財産を保有している場合等様々な場合があり得ます。このような場合に、単に

第1章　前提条件の変動への対応　－補充事項－　　39

「遺言者は、下記の財産を○○○○に相続させる（遺贈する）。記〔以下省略〕」とするだけの遺言を作成すると、遺言者が名義人と真の所有者（保有者）との食い違いを認識しないまま、他人名義の財産について自分の有する財産と考えて遺言したのか、それとも、食い違いを認識した上で、自分の有する財産と考えて遺言したのか、はたまた、実例としては少ないでしょうが、名実共に他人の財産と認識した上で遺言したのかについて疑義が生じかねませんので、将来の遺言執行が円滑に行われるようにするためにも（民996ただし書）、作成例のように、なお書きにより、遺言者の認識しているところを明記しておくことが望ましい遺言のあり方といえましょう。

　なお、遺贈する（相続させる）とされた対象財産が、遺言者の死亡時に遺言者の相続財産に属しなかったときは、原則として当該遺贈部分は効力を生じませんが（民996本文）、同条ただし書によれば、「ただし、その権利が相続財産に属するかどうかにかかわらず、これを遺贈の目的としたものと認められるときは、この限りでない。」とされていますので、遺言書作成に際しては、この点に関する遺言者の真意の把握とそれに沿った条項の作成が重要といえましょう。

40　　第1章　前提条件の変動への対応 ―補充事項―

8　他人の物の遺贈を希望する場合

ケース　遺言者は、近々土地（株）を買い受けて孫に遺贈したいと考えていました。そこで、仮に自分の死亡時までに取得できていなかったとしても、これを遺贈の目的とすることを希望していますが、どのような遺言にすべきでしょうか。

作成例1　一般的な例

第〇条　遺言者は、次の不動産を、遺言者の死亡時において遺言者の相続財産に属すると属さないとにかかわらず、これを遺言者の孫〇〇〇〇（昭和〇〇年〇〇月〇〇日生）に遺贈する。
〈不動産の表示〉　〔省略〕

作成例2　遺贈義務者の義務内容を示す場合（不動産）

第〇条　遺言者は、〇〇〇〇（昭和〇〇年〇〇月〇〇日生）名義の次の不動産を、遺言者の孫〇〇〇〇（昭和〇〇年〇〇月〇〇日生）に遺贈する。遺言者が生前に当該不動産を取得することができなかったときは、遺言者の相続人〇〇〇〇（昭和〇〇年〇〇月〇〇日生）は、当該不動産を取得してその所有権を〇〇〇〇に移転すること。
〈不動産の表示〉　〔省略〕

第1章　前提条件の変動への対応　－補充事項－　　41

作成例3　遺贈義務者の義務内容を示す場合（株式）

第○条　遺言者は、○○株式会社の株式1,000株を、遺言者の孫○○○○（昭和○○年○○月○○日生）に遺贈する。仮に、遺言者の死亡時において株数が足りないときは、遺言執行者は、遺言者の相続人その他から不足分を調達すること。この場合、遺言者の相続人らは、これに協力しなければならない。

視　点

① 　このような遺言をする理由としては、特定の不動産や同族会社の株式を孫等に承継させたいが、その不動産は他人名義になっており、売買の交渉や予約の状態で、取得する見込みはあるが確実ではない、又は何らかの事情でまだ名義変更ができないという場合や、金員をそのまま孫等の受遺者に遺贈すると、孫等がすぐに浪費してしまう可能性があるので、簡単に換金できない不動産や同族会社の株式等の形で遺贈して維持するようにさせたい、などということが考えられます。

② 　他人の物を遺贈の対象とすることはかなりイレギュラーなことと考えられますので、遺言書には、この点に関する遺言者の意思が明確に表現されることが重要です。

解　説

1　他人の権利の遺贈

遺贈は、目的である権利が遺言者の死亡時において相続財産に属し

なかったときは、その効力を生じないところ（民996本文）、当該権利が相続財産に属しているか否かにかかわらず、これを遺贈の目的としたものと認められるときは、その遺贈は有効とされています（民996ただし書）。したがって、遺言者が上記のケースのような意思を有しているのであれば、これを遺言書に明確に記載することが求められます。

　作成例１はそのような意思を明示したもの、作成例２及び作成例３は遺贈の目的物が不動産又は株式の場合に、遺贈義務者の義務内容を示したものです。

２　遺贈義務者の義務の内容

　相続財産に属しない権利の遺贈が民法996条ただし書によって有効であるときは、遺贈義務者は、その権利を取得して、これを受遺者に移転する義務を負います（民997①）。もし、これを取得することができないか又はこれを取得することについて過分の費用を要するときは、その価額を弁償しなければなりません（民997②本文）。ただし、遺言者が、その遺言に別段の意思を表示したときは、その意思に従うことになります（民997②ただし書）。

　ここでいう「別段の意思表示」とは、権利を取得することができない場合の価額弁償義務の免除・代替物の給付、過分の費用をかけての遺贈義務の履行などが考えられます。

　そのうち、価額弁償義務を免除する場合の作成例は、

「第○条　遺言者は、次の不動産を、遺言者の死亡時において遺言者の相続財産に属すると属さないとにかかわらず、これを遺言者の孫○○○○に遺贈する。

　　〈不動産の表示〉　〔省略〕

　２　遺贈義務者が前項の不動産を取得することができないときは、遺贈義務者の価額弁償義務を免除する。」

などとなります。

3　遺贈義務者の義務の範囲

　上記のとおり、相続財産に属しない権利の遺贈が有効である場合、遺贈義務者は、その権利を取得してこれを受遺者に移転する義務を負いますが、相続財産に属しない権利の遺贈は、遺言者の意思のままに無制限に認められるのではなく、相続人（遺贈義務者）は、相続財産の価額の限度内で責任を負うと考えるのが妥当でしょう（中川善之助＝加藤永一編『新版注釈民法(28)相続(3)[補訂版]』247頁〔阿部徹〕（有斐閣、2002））。

4　遺贈義務者の所有物件が遺贈の目的となっている場合

　さらに、遺贈義務者である相続人の所有物件が遺贈の目的となっている場合、相続人は、当然に遺贈義務を免れるわけではないものの、所有者としてその物件を受遺者に引き渡すか否かについては自由に判断できると解されます（中川＝加藤編・前掲247頁）。もっとも、当該物件を引き渡さないことにしたときは、受遺者に対する価額弁償義務が生じることになります（民997②本文）。

5　遺贈の目的物の不存在

　遺贈の目的物が、遺言当時はもちろん、遺贈の効力発生時（相続開始時）に物理的に存在しないときは、遺贈は原始的不能により無効と解されます。したがって、遺贈義務者が価額弁償義務を負うこともありません。

　もっとも、遺贈の効力発生時（相続開始時）に存在していた権利が、遺贈義務者がこれを取得する前に消滅した場合の取扱いについては、説が分かれています。

　権利者の譲渡拒否が権利の消滅の前であれば、受遺者は価額弁償の

請求をすることができるのに、遺贈義務者と権利者との譲渡交渉が長引いているうちに権利が消滅したときは、受遺者は価額弁償の請求をすることができなくなって不公平である、との理由により、遺贈義務者の価額弁償義務を肯定する立場（中川善之助編『註釈相続法（下）』118頁〔加藤一郎〕（有斐閣、1955））と、譲渡交渉中に権利が消滅したのであれば、遺贈は無効であって、遺贈義務者の価額弁償義務は発生しないとする立場（中川＝加藤編・前掲249頁）があります。

第1章　前提条件の変動への対応　－補充事項－　　　45

9　自分名義であるが、本当は自分の財産ではないものがある場合

ケース　　遺言者名義の財産（株、不動産）がありますが、本当は、自分の財産ではない場合、遺言にはどのように記載すべきでしょうか。

作成例

【付言】

・○○株式会社の株式○○株は、私の名義になっていますが、同社の社長に頼まれて名義を貸しただけですので、私の財産ではありません。会社と相談して、名義変更の手続をしてください。

・私の所有名義となっている○○の不動産については、実質的には「○○会」の所有ですが、同会が法人格を有しないため、代表者の私名義で登記したものですので、私の財産ではありません。後日、新代表者が選任された場合は、その選任日をもって委任の終了を原因に所有権移転登記手続をすることになります。

視　点

　遺言者名義であるが、本当は遺言者の財産ではないものがある場合として、以下のようなケースが考えられます。

① 遺言者が名義貸しをして株式の名義人となっている場合

　　遺言者は、名義を貸していただけで株式に対する権利は持っておらず（後述の最高裁判例参照）、遺言者本人もそのことを理解しているので、これまで会社に対して株主としての権利主張をしたこともないのが通常でしょう。しかし、これを単に遺言から除外するだけですと、遺言者の死後、事情を知らない相続人は、当該株式について遺言者が真に権利を有していたと考えて、会社に対し、相続に伴う名義変更や配当金の要求などの株主としての権利行使をし、会社とトラブルになる可能性があります。

② 遺言者が権利能力なき社団が実質的に所有する財産について所有名義人になっている場合

　　この場合も、遺言者個人が権利能力なき社団の代表者として所有名義人になっているのに、これを単に遺言から除外するだけですと、事情を知らない相続人との間でトラブルになりかねません。

　いずれについても、付言事項として説明をしておくべきものと考えられます。なお、株式の名義貸しについては、できるかぎり、生前に名義変更の手続をしておくべきでしょう。

解　説

1　株式の名義人となっている場合

　小規模な同族企業では、親族や従業員などの名義を借りた「名義株」が少なくありません。この場合、名義貸与者と名義借用者が存在しますが、株式の真正な権利者がどちらなのかについて、判例は、「他人の承諾を得てその名義を用い株式を引受けた場合においては、名義人すなわち名義貸与者ではなく、実質上の引受人すなわち名義借用者がその株主となるものと解するのが相当である」としています（最判昭42・

11・17民集21・9・2448)。

　株主ではないその名義貸与者に相続が生じた場合、前記のとおり、相続人と会社間でトラブルになる可能性がありますので、付言事項として、この点を説明しておき、併せて、名義変更手続をとるように指示しておくのが妥当でしょう。

2　実質的所有者が権利能力なき社団の場合

　権利能力なき社団が実質的に所有する不動産について代表者個人名義で登記されている場合、当該不動産は代表者個人の所有物ではないので、代表者が死亡したとしても、その相続財産の一部とはなりません。事実を知らない相続人が不審を抱いてトラブルになることがないように、付言事項として、その旨を明示して経緯等を説明し、後日、新代表者が選任された場合は、その選任日をもって委任の終了を原因に所有権移転登記手続をすることになる旨を示しておくのが妥当でしょう。

10 価額の変動があるものについて、相続時の価額により、取得額・割合を変動させたい場合

> **ケース** 相続時までに遺言者の所有不動産の価額が変動することが予想されます。相続人に均等に財産を取得させるためには、遺言にどのように記載すべきでしょうか。

作成例

第○条 遺言者は、遺言者の有する不動産①を、遺言者の長男甲野太郎（昭和○○年○○月○○日生）に相続させる。

第○条 遺言者は、遺言者の有する不動産②を、遺言者の二男甲野次郎（昭和○○年○○月○○日生）に相続させる。

第○条 遺言者は、遺言者の有する預貯金を、前記甲野太郎及び甲野次郎に、不動産①及び②の各相続税評価額を勘案して、両名が取得する不動産の同価額と預貯金の合計額が等分となる割合により、それぞれ相続させる。端数の処理については、遺言執行者に一任する。

視 点

相続財産の価額の変動が予想される場合、相続開始時における当該財産の評価方法を定めておき、その評価額に応じて配分割合を決定する方法が考えられます。

第1章　前提条件の変動への対応　－補充事項－　　49

遺言執行者を指定しておくのが妥当でしょう。

解　説

1　相続財産の価額の変動への対応

　預貯金等経済的価値のみが問題となる相続財産については、その相続人等への配分は、比率だけで決めればよく、それぞれの価額の変動は問題となりません。しかし、例えば、「長男には会社（自社の株式）を、二男には不動産を、長女には預貯金を相続させ、しかも、平等に配分したい」という希望の場合、遺言時に平等になるように配分したつもりでも、時間の経過により各遺産の価額が変動して平等ではなくなる可能性があります。これを避けるためには、相続開始時におけるそれぞれの財産の評価方法を決めておき、その評価額を前提とした分配割合を決定することになります。そして、過不足があるときは預貯金等の金銭の分配により調整するのがよいでしょう。

2　評価方法の選択

　不動産にせよ非上場株式にせよ、その厳密な時価の評価は容易ではありませんし、鑑定をしても、鑑定人により評価額が異なることも少なくないため、あまり厳密な時価評価を追求すると時間も費用もかかる上に紛争を誘発するおそれもあります。したがって、評価方法は、一義的で明確で、かつ容易なものにするのが適切なことが多いでしょう。簡便な方法としては、財産評価基本通達による相続税評価額によることが考えられます。

　しかし、相続税評価額は、一般には時価（取引実勢価格）より低く、例えば、土地の評価（路線価及び評価倍率）は地価公示価格等を基として算定した価格の80％程度で、建物の評価は固定資産税評価額によ

るとされていますが、これは時価の60％程度であるといわれています。そこで、それを利用して、例えば、土地の場合は、相続税評価額を0.8で割ると、大体の時価が出てくることになるので、このような考え方を利用して評価方法を指定する方法も考えられます。

3　時価の評価が難しい財産

　取引相場のない非上場株式の相続税評価額の算定については、財産評価基本通達により、純資産価額方式、類似業種比準価額方式、配当還元方式のいずれかの方法を用いますが、非上場株式の時価の評価は、評価する人の考え方によって大きく異なることがあり、相続税評価額と時価との概略の関係も明確でないことが少なくありません。このように、概略の時価の決定も容易でない財産もあるので、むやみに厳密さを追求することを避けて、割り切って相続税評価額で評価するということもあり得るでしょう。

第1章　前提条件の変動への対応　－補充事項－　　51

11　相続時までに特定の財産（不動産等）を取得していたか否かにより、他の不動産等の相続人を変える場合

ケース　　　遺言者は、遺言者が現在住んでいる土地建物①を長男甲野太郎に相続させたいと思っていますが、将来、親から土地建物②を取得することができれば、同所に転居し、これを長男に相続させ、①については二男甲野次郎に相続させることを考えています。遺言にはどのように記載すべきでしょうか。

作成例

第○条　遺言者は、遺言者の有する不動産①を、遺言者の長男甲野太郎（昭和○○年○○月○○日生）に相続させる。

第○条　遺言者は、○○○○から不動産②の所有権を取得していたときは、これを前記甲野太郎に相続させ、前条により同人に相続させるとした不動産①を、遺言者の二男甲野次郎（昭和○○年○○月○○日生）に相続させる。

視　点

親などの親族から特定の不動産を相続や遺贈により取得する見込みがあり、その場合は、他の不動産の相続人を変更したいなどと考えて

いる場合の作成例です。

停止条件付遺言の一種と考えられます。

解　説

1　停止条件付遺言とは

遺言の内容に条件を付することが許される場合（認知など身分上の事項については、条件を付することができない場合が多いと考えられます。）には、停止条件付遺言をすることができます（民985②）（条件とした事実が発生したときに効力が発生するものがこれに当たります。これに対し、条件とした事実が発生したときに効力が失われるものが解除条件付遺言です。）。

なお、条件とは、将来発生するかどうかが不確定な事実をいいます。

2　条件の成就・不成就について

停止条件付遺言がなされた場合、遺言者の死亡以前に条件が成就すると、無条件の遺言となり（民131①）、条件の不成就が確定すると、条件に関する部分は無効の遺言となります（民131②）。

本ケースでは、「（遺言者が）○○○○から不動産②の所有権を取得していたとき」が停止条件となっており、遺言者の死亡以前に、遺言者が不動産②の所有権を取得していれば、条件の成就により無条件の遺言となり、不動産②は長男の甲野太郎に、不動産①は二男の甲野次郎に相続させるとした条項がそのまま有効となります。一方、不動産①を長男の甲野太郎に相続させるとした条項は、黙示的に、「（遺言者が）○○○○から不動産②の所有権を取得していたとき」が解除条件となっている趣旨と解されますから、遺言者の死亡以前に、遺言者が不動産②の所有権を取得していれば、無効の遺言となります（民131①）。

3 相続開始後に条件が成就する場合

なお、条件としては、相続開始後に成就する可能性があるものも当然考えられます。例えば、「将来、甥の甲野五郎が結婚したときは、遺言者の有する不動産Aを同人に遺贈する。」などという遺言です。この場合、遺言者死亡（相続開始）の時点から甲野五郎が結婚するまでの間、不動産Aは、法定相続人に遺産共有の状態で帰属しますが、遺言者の意思としては、その間不動産Aについて分割を禁止する趣旨を伴うものと考えられます。もっとも、遺言で分割を禁止できる期間の上限は相続開始時から5年間ですので（民908後段）、遺言者死亡（相続開始）の時点から、甲野五郎が結婚しないまま、5年が経過したときの法律関係には解釈上問題があり、そのような遺言の有効性自体に疑義が生じます。条件成就の時期が相続開始後5年を超える可能性がある場合は、例えば、「相続開始後5年以内に甥の甲野五郎が結婚したときは」などと、条件成就の期間を限定するなどの工夫が必要と考えられます。

54 第1章 前提条件の変動への対応 —補充事項—

12 死亡退職金が支給される場合

> **ケース** 遺言者は、私企業に在職していますが、在職中に死亡した場合、死亡退職金が支給されることになっており、これを妻に取得させたいと思っています。そのような遺言は可能でしょうか。

作成例

第〇条 遺言者は、遺言者が〇〇株式会社に在職中に死亡した場合に支給される死亡退職金を、遺言者の妻甲野花子（昭和〇〇年〇〇月〇〇日生）に相続させる。

視　点

① 遺言の作成に当たっては、死亡退職金が相続財産になるかどうかを十分確認する必要があります。

② 私企業においては、死亡退職金の受給権者の範囲及び順位等があらかじめ就業規則や労働協約の退職金規程（公務員の場合は法律や条例）に具体的に規定されていることが多いでしょう。その場合は、死亡退職金は遺族の固有の権利となり、相続財産とはなりません。勤務先の就業規則等にそのような規定があるかどうかを調査して規定内容を確認してください。

③ 作成例は、就業規則等に死亡退職金を支給する旨の規定はあるも

のの、受給権者に関する具体的な規定がなく、死亡退職金の受給権が相続財産になると解されるケースでのものです。

解　説

1　死亡退職金の相続財産性

　死亡退職金の法的性質については、賃金の後払いとする説や、遺族の生活保障として給付されるとする説、恩恵的な贈与とする説などがありますが、画一的な性格付けは困難であり、退職金規程の存否及び内容などを考慮して、その相続財産性を判断することになります。

　民間企業の多くは、労働基準法施行規則42条ないし45条に定める遺族補償の受給に関する規定に即して、第一順位者を配偶者（内縁を含みます。）とし、配偶者がいないときは、子、父母等で労働者の死亡当時、その収入によって生計を維持し又は生計を一にしていた者等とする退職金規程を設けており、国家公務員退職手当法もほぼ同様の規定を設けています。

　このような場合、遺族は、死亡退職者の相続人としてではなく、退職金規程の定めにより自己固有の権利として退職金を直接取得することになります（最判昭55・11・27民集34・6・815）。したがって、死亡退職金は相続財産ではなく、遺言の対象にはなりません。また、遺言で死亡退職金の受取人を指定することもできません。

　さらに、死亡退職金規程がない財団法人の理事長が死亡した事案で、同財団がその妻に支給した死亡退職金が、相続財産に属さず、妻個人に属するとした判例があります（最判昭62・3・3裁判集民150・305）。

　一連の判例の傾向に照らしますと、判例は原則として死亡退職金の相続財産性を否定しているように考えられます。

2 遺言による受給者の指定ができる場合

なお、労働基準法施行規則43条2項は、配偶者がない場合で、子、父母等で労働者の死亡当時、その収入によって生計を維持し又は生計を一にしていた者もいない場合は、労働者が遺言で同条1項に規定する労働者の子等のうちから受給者を指定できる旨を定めています。民間企業の退職金規程の中には、これを準用するものがあり、この場合は、遺言で受給者を指定することが可能であり、これを肯定した裁判例があります（東京地判平元・7・20労民40・4＝5・458）。

第1章　前提条件の変動への対応　－補充事項－　　57

（相続人の変動）

13　主位的な相続人が死亡した場合に、他の者に相続させる場合

ケース

　　遺言者は、死亡する場合に備えて、遺言によりその所有する不動産を病弱な長女に遺してやりたいと考えていますが、自分はまだ健康であるため、場合によっては遺言者より先に長女が死亡してしまうことを心配しています。

　そうした場合に、遺言者としては、不動産を遺言者の長男ではなく、長女の子に遺してやりたいのですが、どのような条項にすればよいのでしょうか。

作成例

第○条　遺言者は、遺言者がその相続開始の時に所有する甲不動産を遺言者の長女○○○○（昭和○○年○○月○○日生）に相続させる。

第○条　遺言者は、長女○○○○が遺言者より先に又は遺言者と同時に死亡したときは、その相続開始時に所有する甲不動産を、長女○○○○の子□□□□（平成○○年○○月○○日生）に相続させる。

58 第1章　前提条件の変動への対応　－補充事項－

視　点

　作成例は、本ケースにおける遺言者の意向に沿って、遺言者の推定相続人である長女に対する「相続させる」旨の主位的遺言（本位的遺言ともいわれます。）と、遺言者の死亡以前に長女が死亡したことを停止条件とする遺言者の代襲相続人である長女の子に対する停止条件付遺言の一種としての予備的遺言（補充遺言ともいわれます。）とを組み合わせたものです。

解　説

1　遺贈と「相続させる」旨の遺言

　遺言者が、財産を遺贈するとした受遺者が「遺言者の死亡以前に死亡したときは、当該遺贈は効力を生じない」ことについては明文の規定がありますが（民994①）、遺言者により推定相続人に対する「相続させる」旨の遺言（最高裁平成3年4月19日判決（民集45・4・477）により、遺贈とすべき特段の事情がなければ「遺産分割の方法の指定」と解され、特段の事情がない限り何らの行為を要せずに当該遺産は遺言者死亡時に直ちに相続により受益相続人に承継されるとされる遺言）がされたときに、受益相続人が遺言者の死亡以前に死亡した場合の同遺言の効力について定めた明文の規定はありません。なお、上記条文において「遺言者の死亡前に死亡したとき」ではなく「遺言者の死亡以前に死亡したとき」とされているのは、遺言者より「先に」死亡したときのほか、遺言者と「同時に」死亡したときも含まれることを意味しています。

2　予備的遺言の重要性

　高齢で健康な遺言者が高齢で病弱な推定相続人に対して「相続させる」旨の遺言により、遺言者の死亡後、相続人間による遺産分割等の手続を要することなく、遺産を承継させたいと希望するケースもあります。そうした場合に、遺言者が、遺産を受益相続人に「相続させる」旨の遺言をした後、同相続人が遺言者の死亡以前に死亡したとき、当該遺言の効力をどのように見るべきかについて、かつては、実務上も学説上も遺贈と同様に効力を生じないとする説（したがって当該遺産については遺産分割対象財産となるとする代襲相続否定説）と代襲相続人に対する相続させる遺言として有効であるという説（代襲相続肯定説）とに分かれていました。しかし、最高裁は、「相続させる」旨の遺言により遺産を相続させるものとされた推定相続人が遺言者の死亡以前に死亡した場合における当該遺言の効力に関して「遺産を特定の推定相続人に単独で相続させる旨の遺産分割の方法を指定する「相続させる」旨の遺言は、当該遺言により遺産を相続させるものとされた推定相続人が遺言者の死亡以前に死亡した場合には、当該「相続させる」旨の遺言に係る条項と遺言書の他の記載との関係、遺言書作成当時の事情及び遺言者の置かれていた状況などから、遺言者が、上記の場合には、当該推定相続人の代襲者その他の者に遺産を相続させる旨の意思を有していたとみるべき特段の事情のない限り、その効力を生ずることはない」旨を判示し（最判平23・2・22民集65・2・699）、代襲相続否定説を原則的に採用することを示しました。したがって、本ケースのように、遺言者として、受益相続人が遺言者より以前に死亡した場合には、その代襲相続人に遺産を相続させたいと考えており、かつ、そうした事態の発生もある程度予想されるような場合には、遺言者の死亡後同遺言書に関して上記判示における特段の事情の有無を巡って紛争を生じないように、同遺言書の中において、**作成例**のような予備

60 第1章 前提条件の変動への対応 －補充事項－

的遺言をして遺言者の真意を明確にしておくことが重要です。また、これまで、公証実務上もそうした予備的遺言はよく行われているところです。

3 予備的遺言の相手方

また、本ケースでは、一例として予備的遺言における受益相続人は遺言者の代襲相続人である孫一名とされていますが、実務上は予備的遺言における受益相続人が複数名の場合もあり、そのような場合には、予備的遺言の条項として「遺言者は、長女○○○○が遺言者より先に又は遺言者と同時に死亡したときは、その相続開始時に所有する甲不動産を、長女○○○○の子□□□□（平成○○年○○月○○日生）及び子△△△△（平成○○年○○月○○日生）に各2分の1の持分割合で相続させる。」などとすることが考えられますし、予備的遺言の受益相続人に変動が予想される場合には「遺言者は、長女○○○○が遺言者より先に又は遺言者と同時に死亡したときは、その相続開始時に所有する甲不動産を、長女○○○○の法定相続人である長女の子らに各法定相続分に応じた持分割合で相続させる。」などとすることが考えられます（なお、この条項によれば、長女の法定相続人である長女の夫は受益者としないことになりますが、同人を受益者にしたい場合には、前記「長女○○○○の法定相続人である長女の子らに」の部分を「長女○○○○の法定相続人に」と変更した上で、遺言者の推定相続人でない長女の夫に対しては「遺贈する」という文言、例えば前記「相続させる。」の部分を「相続させる（ただし、法定相続人でない者の場合は遺贈する。）。」と記載するなどすべきでしょう。）。

第1章　前提条件の変動への対応　－補充事項－　　61

14　特定の相続人の関係者であるが、不特定（未懐妊）の相手に対して相続・遺贈したい場合

ケース　　遺言者は悪性疾患で闘病中です。遺言者には長男と長女がおり、長男の子二人には既に教育資金非課税制度を使ってそれぞれ1,500万円を贈与しています。それとのバランス上、少し前に結婚した長女に子が生まれた場合にも遺贈をしたいと考えていますが、どのようにすればよいでしょうか。

作成例

第○条（予備的遺言）

　　遺言者の相続開始時において、遺言者の長女○○○○（平成○○年○○月○○日生）において懐胎しているか、又は子がいるかの一方又は両方である場合、遺言者は、同胎児及び子の全員に対し、それぞれ金1,500万円ずつを遺贈する。

視　　点

① 「もし～～であった場合には」という条件を設定したい場合には、予備的遺言とします。

② 胎児は母によって特定します。

解　説

1　まだ存在しない人への相続・遺贈

　相続、遺贈の相手方は相続開始時に存在する人（胎児も含みます。）でなければなりません。しかし、遺言時には存在しなくても、相続開始時に存在すればよいので、懐妊や出生を想定した遺言が必要な場合があります。このような場合、予備的遺言として、「懐胎している」「生まれている」等の条件付の遺贈をすることができます。

2　まだ存在しない人の特定方法

　遺言時にまだ存在しない人の場合は、相続開始時に①胎児である場合と②出生している場合の両方の可能性を考える必要があります。胎児の場合は母（本作成例では長女）を特定することによって胎児を特定します。また、子の場合は、親を特定することで子を特定することができます。その他、「長女○○○○の直系卑属たる推定相続人」（子及び子の代襲相続人）、「長女○○○○の法定相続人」等の表現が使われることもあります。

3　相続開始と懐胎の前後関係

　胎児は、相続については既に生まれたものとみなされ、受遺者となることもできます（民886①・965）。ただ、相続開始後に懐胎した場合には、相続開始時の「胎児」ではないので、受遺者にもなれません。相続開始と懐胎の前後関係が微妙なケースもあり得ますので、遺言者に説明しておくことが必要です。

4　教育資金の贈与

　本遺言者は生前贈与として、教育資金非課税制度を使っています。

同制度は、直系卑属への教育資金贈与の贈与税が非課税となる制度であり（租特70の2の2①③）、作成例の条項による遺贈の場合は相続税課税の問題となりますから、既にした長男の子二人への贈与とは完全に同一にはなりません。こうした税制面を認識してもらった上で、孫を平等に扱いたいという遺言者の心情（それが相続人達の円満な親族関係に寄与します。）に沿って条項を作成することになります。

5 「子がいる」との表現

「子がいる」場合という表現の場合、実子とは限らず、養子も含まれます。長女は少し前に結婚したばかりなので、本ケースの場合にはあまり問題になりませんが、長女の年齢や遺言から相続開始までの想定される年月によっては、養子の場合も考えておくことが必要です。

64　　　第1章　前提条件の変動への対応 －補充事項－

15　婚外子を認知する場合

> **ケース**　遺言者は、ある女性（丙川花子）との間に子（丙川太郎）ができましたが、丙川花子とは婚姻していません。事情があって今は認知していないのですが、遺言で認知できますか。

作成例1　通常の場合

第1条　遺言者は、丙川太郎（本籍：○○県○○市○○町○丁目○番地の○、住所：○○県○○市○○町○丁目○番○号、生年月日：平成○○年○○月○○日）を認知する。

第2条　遺言者は、本遺言第1条の遺言執行者として、前記丙川太郎の母　丙川花子（本籍：○○県○○市○○町○丁目○番地の○、生年月日：昭和○○年○○月○○日）を指定する。

作成例2　胎児を認知する場合

第1条　遺言者は、丙川花子（本籍：○○県○○市○○町○丁目○番地の○、生年月日：昭和○○年○○月○○日）が本遺言時に現に懐胎している子を認知する。

第2条　遺言者は、本遺言第1条の遺言執行者として、前記丙川花子を指定する。

第1章　前提条件の変動への対応　－補充事項－　　65

視　点

① 認知は、遺言によりすることもできます。遺言による場合は、㋐遺言に「認知する」ことを明記しておくこと、㋑認知する子を特定・明記しておくことが必要です。胎児については、**作成例2**のように特定します。

② 遺言による認知も届出が必要ですので、そのために、遺言執行者を指定しておくべきです。

解　説

1　認　知

（1）　父の認知

嫡出でない子（婚姻外で生まれた子）について、血縁上の父が戸籍上の父となるためには、認知が必要です（民779）。ただし、認知を受ける子が、他の人の嫡出子推定を受けず、誰からも認知を受けていない場合に限ります。

認知は、戸籍法上の届出（市区町村役場への届出）のほか、遺言によりすることもできます（民781）。認知は、胎児に対してもできます（民783①）。胎児の出生後に遺言者が死亡した場合には、その出生した子に対する認知として有効になります。**作成例2**は、胎児を認知するときの文例です。また、死亡した子でも、子に直系卑属がいるときに限り認知することができます（民783②）。

成年の子の認知は、子の承諾が必要で（民782）、胎児の認知は、胎児の母親の承諾が必要です（民783①）。これらの承諾は、遺言者の死亡後に行われても有効です。子が胎児ではなく未成年の場合には、承諾は必要ありません。

(2) 母の認知

母子関係は、嫡出でない子であっても、原則として、分娩の事実により当然に発生するので、認知を必要としません。ですから、母親が認知する必要があるのは、棄児など懐胎・分娩の事実が立証できない場合に例外的に行われる余地があるだけです。母親の認知も、要件、手続等は父親と同様です。

2 認知の届出

遺言による認知は、遺言の効力発生（遺言者の死亡）により認知の効果が生じますが、遺言執行者がその就職の日から10日以内に戸籍法に定める届出をしなければなりませんから（戸籍64）、遺言執行者を決めておくべきです。遺言執行者がいないときには、家庭裁判所に遺言執行者選任の申立てをすることになります。

3 認知の効果

認知された子は、当然に、嫡出子と同様の相続権を取得します。

手　続

遺言による認知は、遺言の効力発生（遺言者の死亡）により効果が生じますが、遺言執行者が戸籍法に定める届出をしなければなりません。

遺言による認知の届出は、父の本籍地又は住所地、認知される子の本籍地（ただし、胎児認知の場合は届出先は母の本籍地）の市区町村役場に届け出るもので、①認知届書（届出人（遺言執行者）の署名・押印が必要）、②遺言執行者の印鑑、③本籍地以外で届出をするときは、父又は認知される子の戸籍謄本、④遺言書の謄本、⑤承諾が必要な者

第1章　前提条件の変動への対応　－補充事項－　　67

がいる場合はその者の承諾書、⑥届出人（遺言執行者）の本人確認書類（運転免許証、パスポート、マイナンバーカード等の顔写真付の公的身分証明書等）が必要です。詳しくは、届け出る市区町村役場に問い合わせてください。

参考判例

○母子関係は、原則として母の認知をまたず分娩の事実によって当然に発生する。

（最判昭37・4・27民集16・7・1247）

16　胎児が出生した場合・胎児が死産であることを想定する場合

> **ケース**　遺言者の妻甲野花子は妊娠しているのですが、その胎児にも相続させたいと思います。その際に注意することはありますか。

作成例

第1条　遺言者は、遺言者の有する下記財産を、遺言者の妻甲野花子（昭和○○年○○月○○日生）が懐胎している胎児に相続させる。胎児が複数である場合には、均等の割合で相続させる。
記
××銀行○○支店との取引に係る預金債権全部
第2条　第1条記載の胎児が死体で生まれたときは、第1条に基づき同胎児に相続させるとした財産は、生きて生まれた他の胎児に相続させ、生きて生まれた胎児がいないときは、前記甲野花子に相続させる。

視　点

① 胎児に対しても相続・遺贈の遺言をすることができます。胎児は母によって特定します。
② 胎児が双生児等の場合には、その配慮も必要です。

第1章　前提条件の変動への対応　—補充事項—　　69

③　胎児が死産であったときは、同胎児に対する遺言は効力がないので、その場合の対処も決めておく必要があります。

解　説

1　胎児と相続

胎児は、相続については、既に生まれたものとみなされます（民886①）。ですから、胎児に対して相続させ、又は遺贈することは可能です。その際、胎児は、母を遺言者との続柄、生年月日、住所等によって特定することにより特定します。

2　多胎の場合

現在では、胎児が多胎であるかどうかが早い段階から分かっていることが多いのですが、これが遺言者に分かっていない場合には、それを考慮した遺言も考える必要があります（作成例第1条第2文）。

3　死産の場合

胎児が死体で生まれたとき（死産のとき）は、民法886条1項の規定は適用されません（民886②）。そのため、死産の場合を想定した遺言もしておくべきです（作成例第2条）。「死体で生まれた」というのは法律の条文に即した表現ですが、遺言者が抵抗を感じる場合には、「生きて生まれなかったときは」、「死産であった」等、他の表現でもかまいません。

4　胎児認知

胎児の母と婚姻しておらず、胎児認知もしていないときは、遺言で胎児認知をすることが考えられます。そのときは、前掲ケース15の作成例2を参照してください。

第1章　前提条件の変動への対応　－補充事項－

17　長年行方不明の推定相続人がいる場合

> **ケース**　遺言者には、相続人として長男甲野一郎、
> 二男甲野次郎がいますが、甲野一郎は、何年も前に蒸発して
> しまい、行方不明です。自宅は甲野次郎に承継させるつもり
> ですが、甲野一郎も、将来消息が分かる可能性もあります。
> このような場合どのようにしたらよいでしょうか。

作成例1　行方不明者に相続させない場合

第〇条　遺言者は、遺言者の有する財産全部を遺言者の二男甲野
　　　次郎（昭和〇〇年〇〇月〇〇日生）に相続させる。

作成例2　行方不明者にも一部の財産を相続させる場合

第〇条　遺言者は、遺言者の有する以下の財産を遺言者の二男甲
　　　野次郎（昭和〇〇年〇〇月〇〇日生）に相続させる。
　　　(1)　〔省略〕
　　　(2)　〔省略〕
第△条　遺言者は、遺言者の長男甲野一郎（昭和△△年△△月△
　　　△日生）に以下の財産を相続させる。
　　　(1)　〔省略〕
　　　(2)　〔省略〕

第1章　前提条件の変動への対応　−補充事項−　　　71

> 第◇条　前記甲野一郎が遺言者の相続開始以前に死亡していたと
> 　きは、遺言者は、第△条により前記甲野一郎に相続させるとし
> 　た財産を、○○○○（昭和○○年○○月○○日生）に相続させ
> 　る。

視　点

　行方不明者に相続させない場合は、全ての遺産について承継する者
を遺言で決めておくべきです。行方不明者に相続させたい場合は、普
通に相続させるべき財産を特定して遺言しますが、行方不明者が死亡
している場合を想定した予備的遺言をしておくべきです。

解　説

1　行方不明の相続人について

(1)　行方不明の相続人と遺言の必要性

　相続人の中に行方不明者がいる場合、被相続人は遺言をすべきです。
そうでないと、遺産相続の際に、その相続人を探し出すか、不在者財
産管理人選任の手続をするか、又は失踪宣告の手続をする必要が出て
きます。すなわち、相続人である以上、行方不明の者も、遺言がない
場合には、法定相続分を自動的に取得することになります。そうする
と、不動産の相続登記、預貯金等の引出・口座解約等全てについて、
当該行方不明の相続人と共同してしなければならず、困ってしまいま
す。行方不明の相続人を探し出せない場合には、その者のために不在
者財産管理人の選任を家庭裁判所に申し立てて（民25①、家事145・別表1
�555）、選任された不在者財産管理人との間で遺産分割をするか（裁判所

の許可が必要です。)、又は家庭裁判所に失踪宣告を申し立てて（民30、家事148・別表1⑤⑥）、失踪宣告の審判により死亡したものと扱われるようにすることになります。

(2)　不在者財産管理人

不在者財産管理人とは、行方不明の相続人に代わって財産を管理する人です。不在者財産管理人は、財産目録を作成して家庭裁判所に報告書を提出するなど、あくまでも財産管理を行うことが責務であり、遺産分割協議に参加するためには、裁判所の許可が必要です。また遺産分割協議が終了しても、行方不明の人が現れるか死亡が確認されるまで不在者財産管理人としての責務があります。

(3)　失踪宣告

行方不明者は、普通の行方不明の場合（通常失踪）は行方不明になったときから7年間、災害や遭難などの危難で生死不明の場合（危難失踪）は危難が去ってから1年間経過したときは、申立てにより失踪宣告がされると、通常失踪は行方不明となってから7年経過した時、危難失踪は危難が去った時に、法律上において、死亡したものとみなされます（民30・31）。

2　行方不明者に相続させない場合

行方不明者に相続させたくない場合には、遺贈又は「相続させる」遺言により、全ての財産について、当該行方不明者以外の者に承継させることにしておくべきです。一部でも遺言の対象となっていない財産があると、その財産について前記1と同様の手続が必要となります。

3　行方不明者に相続させなかった後の展開

(1)　遺言執行者のすべきこと

遺言執行者は、遅滞なく、相続財産の目録を作成して相続人に交付

しなければなりません（民1011）。行方不明者で、遺言により相続するものがないとしても、通知をする（通知をする努力をする）必要はあります。行方を知るために戸籍や戸籍の附票を調査する必要はありますが、それ以上の調査まで行う必要はないと思われますし、不在者財産管理人の選任も不要です。

(2) 行方不明者の遺留分

行方不明者に相続させなかった場合、遺留分がなければ問題はないのですが、遺留分のある相続人であった場合、行方不明者が後に現れたときは、遺留分侵害額請求をする可能性があります。権利行使の時効は、相続開始及び遺留分を侵害する贈与又は遺贈があったことを知った時から1年、又は、相続開始の時から10年です（民1048）。

4 行方不明者にも相続させたい場合

行方不明者にも財産を相続させたい場合は、普通に、相続させたい財産について、遺贈又は相続させる遺言をすれば足ります。ただし、行方不明者が既に亡くなっていることが判明するか、又は失踪宣告を受けることになる（遺言者より先に亡くなっている）可能性を想定して、予備的遺言をしておくべきです。予備的遺言がないときは、遺言の対象外の遺産となり、遺産分割が必要となります。

5 行方不明者に相続させた後の展開

(1) 遺言執行者のすべきこと

遺言により相続する財産がない場合と同様、行方不明者に通知、財産を交付する努力をする必要があります。また、行方不明者が生死不明のままで、失踪宣告を受けていないときは、交付すべき財産について、管理・処分等する必要があるときは、不在者財産管理人選任の手続をとり、選任されたる不在者財産管理人に引き渡します。

(2) 最終的な帰結

　行方不明者が現れた場合は問題ありません。行方不明者が失踪宣告を受けた場合、多くの場合、遺言者より先に亡くなっていることになると思われます。その場合は、対象財産は予備的遺言により帰属が決まります。失踪宣告を申し立てるかどうかは、利害関係人、主として他の相続人の判断に委ねるべきであろうと思われます。

第1章　前提条件の変動への対応　－補充事項－　　75

18　事情が変わって相続させるのに適切、又は不適切となることを想定する場合

ケース　　遺言者は、○○市で病院を経営する医療法人○○会の理事長です。近い親族には適切な後継者がおらず、孫の甲野和夫が有望ですが、まだ高校生で、医師になるかどうか、医師になったとして病院を継ぐ気があるかどうかは不確実です。甲野和夫が医師として病院に関与していくのなら、医療法人を引き継げるように法人の持分を甲野和夫に引き継がせたいのですが、病院を継がないのであれば、持分を子供達のうち、病院に理解のある者（長女と二男）に平等に相続させた上で、誰か志のある人に譲渡するなどさせ、病院が地域医療に貢献し続けられるようにしたいと思っています。どのようにすればよいでしょうか。

作成例

第1条　遺言者は、医療法人○○会（主たる事務所：○○県○○市○○町○丁目○番○号）の遺言者の持分（以下「本件持分」という。）について、その分割を相続開始の時から5年間禁止する。

2　遺言者は、相続開始の時から5年後において、遺言者の孫甲野和夫（平成○○年○○月○○日生、住所：○○県○○市○○町○丁目○番○号）が大学の医学部医学科に入学しているときは、本件持分を上記甲野和夫に遺贈する。

3　遺言者は、相続開始の時から5年後に、上記甲野和夫が大学の

医学部医学科に入学していないとき、又は遺贈を放棄したときは、本件持分を遺言者の長女甲野花子及び二男乙山夏夫に均等の割合で相続させる。

第2条　第1条にかかわらず、前記甲野和夫が医師国家試験に合格したときは、遺言者は、本件持分を前記甲野和夫に遺贈する。

【付言】

〇〇会の病院については、甲野和夫が医師になり、病院を継続していく気持ちがあるのであれば、引き継がせるために医療法人の持分を遺贈します。しかし、和夫が、医師にならなかったり、病院を引き継ぐ気持ちがなくて遺贈を放棄するなら、花子と夏夫に、法人の持分を引き継がせますから、二人は、誰か志のある人に譲渡するなどして、病院が引き続き地域医療に貢献できるようにしてください。

視　点

① 医師国家試験合格や医学部医学科入学を停止条件とする遺言をすることができます。条件は明確なものでなければなりません。

② 停止条件が成就する前に遺贈の対象物が遺産分割されてしまわないように、5年を上限として遺産分割を禁止することができます。

③ 停止条件が成就しなかったときの対象物の相続関係を遺言しておく方が望ましいです。

解　説

1　条件付の遺言

遺言にも、一般の法律行為と同様に、条件（停止条件、解除条件）

第1章　前提条件の変動への対応 －補充事項－　　　77

を付けることができます。特定の遺言の条項に停止条件を付けると、その条件が成就した時に効果が生じ、解除条件を付けると、その条件が成就した時に効果が消滅します。遺言は、遺言者の死亡の時から効力が発生するのが原則ですが、条件を付けることによって、このように効果の発生の有無や時期を制限することができます。例えば、特定の遺産（A）について相続人（甲）を指定して相続させることとし、仮に甲が遺言者の死亡以前に死亡していたことを条件として、別の者（乙）にAを相続させる遺言（いわゆる予備的遺言）、不動産を相続等により取得していたことを条件として、特定の相続人にその不動産を相続させる遺言などは、よく見られます。

　遺言に条件を付ける場合には、条件付であることを明確にしなければなりません。条件付であるかどうかが争われた例としては、**後記参考判例**を参照してください。

　また、条件は、成就したかどうかが客観的に判断できるものでなければなりません。例えば、「真面目に働いているときは」「親を大切にしているときは」「生活に困っているときは」などは、評価する人によって違ってくるので効力が認められません。また、いつまでに条件が成就していればよいのかも意識しておく必要があります。例えば、（相続人甲に）「子供がいるときは」という条件は、普通は相続開始時に子供がいるときという意味に理解されますので、それと異なる時点を指定するときは、その時点を明示する必要があります。**作成例第1条第2項**は、時点を明示して、停止条件付の遺言をした例です。

2　遺産分割の禁止

　相続開始の時点で停止条件が成就するか否かが未定の場合、他に特段の遺言がない場合には、全法定相続人の遺産共有となり、法定相続人による遺産分割の対象となります。しかし、遺産分割をして甲野和

夫以外の者に確定的に取得させてしまうと、条件が成就すれば甲野和夫に取得させたいとした遺言が無意味になります。そこで、一定の期間遺産分割を禁止し、条件成就の成否を待つ方法があります。遺産分割禁止期間は、5年を超えることはできません（民908）。

　本件では、甲野和夫が医学を志しても、○○会の病院に関与することに決めるかどうかは本人の気持ちによることですので、遺言者としては、本当は将来設計も考えるようになる医師国家試験合格を停止条件としたいものです。しかし、遺産分割の禁止期間が5年であるため、相続開始時点によっては、甲野和夫が5年以内に医師になれない可能性があるので、医学部医学科入学を停止条件とし、それまでの遺産分割を禁止しました（作成例第1条第1項・第2項）。医学部医学科入学で直ちに停止条件成就とせず、相続開始後5年後に条件成就か否かを決めることにしたのは、停止条件成就の時期をなるべく遅くして、甲野和夫に遺贈を受ける（＝病院に関与する）かどうかを考える時間を与えるためです。

　一方で、相続開始時点によっては、5年以内に医師国家試験合格の可能性がないわけではないので、そのときにも停止条件成就としました（作成例第2条）。

3　停止条件が成就しないときの対処

　停止条件が成就しないことが確定した場合、他に特段の遺言がない場合には、全法定相続人の遺産共有となります。それが困る場合には、停止条件不成就の場合の遺産の帰属を決めておく必要があります（作成例第1条第3項）。

参考判例

○犯罪の嫌疑のため勾留されたことを理由として相続人を廃除する旨の遺

第1章　前提条件の変動への対応 －補充事項－　　79

言は、刑の確定の時に効力を生ずる停止条件付遺言であるとされた事例。
　（東京控判大3・5・7新聞956・25）

○遺言が停止条件付きのものであるかどうかは、遺言の要式性から考えて
　証書の記載内容自体のみに即して判断すべきものであると解すべきとこ
　ろ、本件遺言が被告に非行のあることを停止条件としているとは認めら
　れないとされた事例。
　（富山地判昭34・11・20下民10・11・2457）

○「妻Yに私の全財産を相続させる。尚、左記について、お願いする。〔中
　略〕Yと先妻の子Xとの養子縁組を行うこと。これは、Y死亡後の財産
　相続を円滑に行うことを期待するものである」との遺言について、Yと
　Xとの間の養子縁組を停止条件としたものではないとされた事例。
　（東京地判平15・11・27（平14（ワ）12335））

80　　第1章　前提条件の変動への対応 －補充事項－

19　受遺者が推定相続人になる場合

> **ケース**　遺言者には配偶者も子もなく、親も亡くなっていて相続人は姉の乙山花子だけですが、花子も老齢なので、遺産を甥の乙山次郎に託したいと思います。乙山次郎は相続人ではないので、遺産を遺贈することになりますが、姉の花子が遺言者より先に亡くなった場合、甥の次郎が相続人になりますので、そのときに相続人として相続させる工夫はできるでしょうか。

作成例

> 第○条　遺言者は、遺言者の甥乙山次郎（昭和○○年○○月○○日生、住所：○○県○○市○○町○丁目○番○号）に遺言者の財産全部を遺贈する。
> 第○条　遺言者の相続開始時において、本遺言の受遺者が相続人であるときは、前条までの「遺贈する」を「相続させる」と読み替える。
> 第○条　遺言者は、本遺言の遺言執行者として、前記乙山次郎を指定する。

視　点

①　遺贈と「相続させる」遺言は効果が違います。効果の違いを認識

第1章　前提条件の変動への対応　－補充事項－　　　81

しましょう。ただし、平成30年の民法（相続法）改正により、遺贈
と「相続させる」の違いは小さくなっています。

② 　遺贈の場合は、遺言執行者を指定しておくことが重要となります。

③ 　遺贈を「相続させる」に読み替える条項を置くことで、相続人と
なっていた場合には相続させることができます。

解　　説

1　遺贈と「相続させる」遺言

　遺言では、特定の人に「遺贈する」と記載する場合と「相続させる」
と記載する場合とがあります。遺贈とは、遺言により遺言者の財産（一
部又は全部）を無償で譲与することをいい（民964）、特定の財産を譲与
する特定遺贈と、財産を包括的に譲与する包括遺贈があります。これ
に対し、特定の遺産を特定の人に「相続させる」遺言は、原則として、
遺産分割の方法の指定（特定財産承継遺言）であり、何らの行為を要
せずして、当該遺産は、被相続人の死亡の時に直ちに相続により承継
されます（最判平3・4・19民集45・4・477）。

　このことから、遺贈と「相続させる」遺言は、次の点が異なります。

① 　遺贈は、対抗要件を備えるには、遺言執行者（又は相続人）の行
為が必要であり、例えば不動産については、遺言執行者（遺言執行
者がいない場合は相続人）と受遺者との共同申請で所有権移転登記
をする必要があるのに対し、「相続させる」遺言による場合は、不動
産の相続登記手続等は、当該相続人が単独ですることもできる点

② 　取得を第三者に対抗するためには、遺贈の場合は全て対抗要件が
必要であるが、「相続させる」遺言による取得は、法定相続分を超え
る権利の承継についてのみ対抗要件が必要である点（民899の2）

③　遺贈は誰に対してもできるが、「相続させる」遺言の対象は相続人に限る点

④　借地権や借家権の遺贈には賃貸人の承諾が必要であるが、「相続させる」遺言なら不要である点

　上記①、②の点からすれば、遺贈の場合は、遺言執行者を指定しておくことが重要となります。そして、遺言執行者がある場合は、相続人が遺言に反して相続財産を処分しても無効とされますので（ただし、善意の第三者には対抗できず、相続人・被相続人の債権者からの差押え等の権利行使も妨げられません（民1013）。）、遺言執行者の指定は、この点でも意味があります。

　なお、公正証書遺言で「相続させる」遺言が多用されるようになったのは、以前は、遺贈の場合と比べて不動産の登録免許税が安かったことと、遺贈と異なり対抗要件を備えていなくても取得を第三者に対抗できた点（最判平14・6・10判時1791・59）が大きな理由でしたが、現在では、登録免許税は、「相続させる」でも「遺贈する」でも同じですし（相続人か否かによる違いはあります。）、前述のとおり「相続させる」遺言でも法定相続分を超える分は対抗要件が必要ですので、違いは少なくなっています。

2　「遺贈する」遺言を「相続させる」遺言に読み替えさせるメリット

　前記1の①②④のとおり、遺贈に比べて「相続させる」遺言の効果は強力です。そのため、遺言実務では、相続人に対して遺産を承継させたいときは「相続させる」遺言とし、遺産を承継させたい相手が相続人でない場合に遺贈とするのが普通です。そして、例えば孫、甥姪等先順位の相続人がいるために遺言時には相続人ではない者に遺産を承継させたいときには、作成例のような読み替え規定を置き、相続開

第1章　前提条件の変動への対応　－補充事項－　　83

始時に相続人となっていたときは、「相続させる」遺言とする工夫がされるのです。

参考判例

○特定の遺産を特定の相続人に「相続させる」趣旨の遺言は、遺言書の記載から、その趣旨が遺贈であることが明らかであるか又は遺贈と解すべき特段の事情のない限り、当該遺産を当該相続人をして単独で相続させる遺産分割の方法が指定されたものと解すべきである。特定の遺産を特定の相続人に「相続させる」趣旨の遺言があった場合には、当該遺言において相続による承継を当該相続人の意思表示にかからせたなどの特段の事情のない限り、何らの行為を要せずして、当該遺産は、被相続人の死亡の時に直ちに相続により承継される。

（最判平3・4・19民集45・4・477）

○「相続させる」趣旨の遺言による不動産の権利の取得は、登記なくして第三者に対抗することができる。

（最判平14・6・10判時1791・59）

20 推定相続人を廃除する場合

ケース　遺言者には、上から順に、長女、長男及び二男の三人の子がおり、夫が死亡した後は、夫から相続した土地建物において長男夫婦及び孫二人と一緒に生活していましたが、長男が自分に対して暴言を浴びせて侮辱したり、暴行を加えたりしたため、現在ではそこを離れて二男一家と同居しています。遺言により長男を相続人から廃除することができると聞きましたが、どのような遺言を書いたらよいのでしょうか。

作成例

第〇条　遺言者の長男〇〇〇〇（昭和〇〇年〇〇月〇〇日生）は、遺言者が長男〇〇〇〇の家族に無償で別紙〔省略〕記載の土地建物を使用させていたにもかかわらず、平成〇〇年頃から遺言者に対し、繰り返し「…………」などと遺言者の人間性を踏みにじるような侮辱的暴言を浴びせたり、「…………」などと怒鳴ったり、…………といった暴行を加えるなど虐待を続けたので、遺言者は、長男〇〇〇〇を推定相続人から廃除する。

第〇条　遺言者は、この遺言の遺言執行者として下記の者を指定する。

記

〔以下省略〕

第1章　前提条件の変動への対応 －補充事項－　　85

視　点

①　遺言者は、遺言により遺留分を有する推定相続人を廃除できる場合もありますが（民892・893）、上記のようなケースにおいて単に「長男○○○○には遺言者の遺産を一切相続させない」などと記載しただけでは、長男の相続分を零と指定する遺言との区別がはっきりしないこともありますから、遺言の解釈を巡って疑義が生じないように「推定相続人から廃除する。」と明記することが望ましいといえます。

②　また、遺言による推定相続人廃除の場合は、遺言者の死亡後遅滞なく遺言執行者が家庭裁判所に推定相続人の廃除の審判を申し立てなければならないこととされていますから（民893）、遺言者としては遺言執行者を定めておくのがよいでしょう。

解　説

被相続人は、遺留分を有する推定相続人（したがって、被相続人の兄弟姉妹及びその子らは廃除の対象者からは除かれます。）が、被相続人に対して虐待をし、若しくはこれに重大な侮辱を加えたとき、又は推定相続人にその他の著しい非行があったときは、その推定相続人の廃除を家庭裁判所に請求することができますが（民892、家事39・別表1⑧⑥）、上記作成例のように同廃除の意思表示を遺言で行うこともでき、その場合には、遺言者の死亡後遅滞なく、遺言執行者が相続開始地を管轄する家庭裁判所に審判の申立てをしなければならないこととされています（家事189①）。遺言書には、遺言者の廃除の意思が明確になっていれば足り、必ずしも廃除事由の記載を要するものではないといわれる

ともありますが、廃除が認められれば当該推定相続人は遺留分侵害額請求権（民1046①）を行使できなくなることもあり、推定相続人の行為が廃除事由に該当するかどうかは、被相続人との相続的家族的協同生活関係を破壊せしめるほどの行為かどうかといった点を中心として、当事者の生活歴、生活関係、行為の発生原因や程度及び責任の所在に加えてその行為が偶発的なものかそれとも継続的なものか、被相続人の受けた精神的財産的苦痛の程度といった事情をも勘案した総合的な判断を要するものですから、廃除事由が相当程度具体的かつ説得的なものでなければ裁判所による肯定的な判断を得ることは困難と思われます。また、遺言において廃除の意思が表明されていても遺言執行者の指定がされていないと、遺言者の死亡後、利害関係人が家庭裁判所に対して遺言執行者の選任の請求をすることになりますが、事情を把握しないまま選任された遺言執行者としては、廃除の審判の申立て及びその後の進行に際して任務遂行上困難を来すことが予想されます。したがって、推定相続人の廃除を真剣に考えている遺言者としては、遺言書において、廃除原因の要点を簡潔に記載した上で、遺言執行者を選任するとともに、公証人の面前における宣誓認証の方法を併用することなどにより、後日の家庭裁判所における審判に備えて廃除の事由を具体的に明らかにするとともに書面や写真等の証拠も保存しておくことも考えられます。

参考判例

○民法892条の廃除原因たる「推定相続人にその他の著しい非行があつたとき」のいう推定相続人の非行とは、結局、相続的協同関係と目される家族的生活関係を破壊するような非行という意味と解されるから、まず相続人の非行は、被相続人に対するものであることを要し、他人に対するも

第1章　前提条件の変動への対応　－補充事項－　　　87

のである場合には、それが被相続人に何らかの財産的、精神的損害を与
え、ひいては、相続的協同関係を壊すおそれのあるようなものであるこ
とを要する。

（東京家審昭46・11・19判タ289・402）

21 停止条件付きで廃除する場合

> **ケース**　遺言者の長男甲野一郎は、子供の頃から家庭内暴力に及び、成人後も日常的に遺言者夫婦に暴力を振るい、罵詈雑言を浴びせて金を要求する生活を送っています。最近、遺言者に暴力を振るって大怪我を負わせ、その傷害事件で○○地方裁判所に起訴され現在公判中です。長男が有罪裁判を受け、裁判が確定したら、この機会に長男を相続人から廃除するつもりです。どのような遺言をしたらよいでしょうか。

> **作成例**

> 第○条　遺言者の長男甲野一郎（昭和○○年○○月○○日生）は、日常的に遺言者に暴力を振るい、罵詈雑言を浴びせて金銭を要求するなど、遺言者に対して虐待や重大な侮辱を続けていた中、令和○○年○○月○○日にも、遺言者に暴力を振るって負傷させ、遺言者に対する傷害罪で、令和○○年○○月○○日、○○地方裁判所に公判請求された。遺言者は、長男に対する当該事件の有罪判決が確定したことを停止条件として、長男甲野一郎を推定相続人から廃除する。
> 第○条　遺言者は、この遺言の遺言執行者として次の者を指定する。
> 　〔省略〕

第1章　前提条件の変動への対応 —補充事項—　　89

視　点

　遺言者が、遺言により推定相続人の廃除の意思表示をする場合、停止条件を付することができると解されます。遺言による相続人の廃除は、遺言の効力発生後に遺言執行者が家庭裁判所に廃除の申立てを行いますから、遺言で遺言執行者を指定するとともに、条件については、遺言執行者において、遺言者が付した停止条件を把握し、条件が成就したかどうかを容易かつ的確に判断できるように、具体的に記載する必要があります。

解　説

1　停止条件付き廃除

　遺留分を有する推定相続人が、被相続人に対して虐待をし、重大な侮辱を加え、その他著しい非行があったときには、被相続人は、生前に家庭裁判所に当該推定相続人の廃除の請求をすることができますし、遺言で推定相続人の廃除の意思表示をすることもできます（民892・893）。

　同じ相続人たる地位を失う場合でも、相続欠格の場合は、相続欠格事由に該当する行為を行った相続人は、法律上当然に相続人の地位を失うのに対し（民891）、推定相続人の廃除の場合は、推定相続人が被相続人に対して廃除事由に該当する行為を行ったとしても、法律上当然には相続人たる地位を失わず、被相続人が生前に家庭裁判所に対して当該推定相続人の廃除の請求をするか（民892）、被相続人が遺言で廃除の意思表示をし、遺言の効力発生後に遺言執行者が家庭裁判所に廃除の請求をして（民893）、家庭裁判所の審判を経る必要があります（家事188①・別表1⑧）。

このように、推定相続人の廃除は、被相続人の意思に基づき推定相続人の相続権を剥奪する制度と解されますから（最決昭55・7・10裁判集民130・205）、推定相続人から廃除事由に該当する行為を受けている被相続人が、廃除の請求を、本ケースのように廃除事由に該当する行為に対する判決の確定後に行おうと考えるのであれば、このような停止条件付き廃除の意思表示も可能と考えられます。

2　遺言による廃除の意思表示

　ところで、遺言で廃除の意思表示がなされているかどうかは、遺言の解釈の問題であり、遺言書に遺言者の廃除の意思が明確になっていれば足り、必ずしも廃除事由の記載を要するものではなく、また、遺言書に廃除の文言が記載されていなくても、遺言書からその趣旨を読み取ることができる場合には、遺言の解釈として遺言による推定相続人廃除の意思表示があるものと解されています（梶村太市ほか編『家事事件手続書式体系Ⅰ［第2版］』445頁（青林書院、2018）、日本公証人連合会編著『新版　証書の作成と文例　遺言編［改訂版］』164頁（立花書房、2013）、最判昭58・3・18裁判集民138・277）。

　しかし、遺言執行者が廃除手続を適切に行うことができるように、遺言により廃除の意思表示をする場合には、作成例のように、推定相続人の廃除の意思を明記し、廃除事由についても具体的な内容を記載する必要があると思います。例えば、「今度長男が○○したときは、長男を相続人から廃除する。」というような記載をした場合、「○○した」が「刑事事件で有罪判決を受けて確定した」なら明確ですが、「非行をした」「反社会的行為をした」等の抽象的な記載では、遺言執行者において停止条件が成就したかどうかを容易かつ的確に判断することができず、廃除請求するか否かの判断も困難になりかねないので避けた方がよいでしょう。

第1章　前提条件の変動への対応　－補充事項－　　91

　なお、既述のとおり、被相続人が遺言により廃除の意思表示をした
ときは、遺言執行者が、遺言が効力を生じた後、遅滞なく、家庭裁判
所に廃除の請求をしなければなりません（民893）から、遺言で廃除の
意思表示をする場合には、遺言執行者を指定しておく必要があります。

3　廃除の要件

　推定相続人の廃除は、さほど簡単に認められるものではなく、特に、
他人に対して迷惑をかけているという場合には、それがなぜ遺言者に
よる廃除につながるのかが分かる必要があります（東京家審昭46・11・19
判タ289・402）。したがって、その点について、明確な説明をしておいた
り、証拠を残したりしておく必要があります。

参考判例

○犯罪の嫌疑のため勾留されたことを理由として相続人を廃除する旨の遺
　言は、刑の確定の時に効力を生ずる停止条件付遺言であるとされた事例。
　（東京控判大3・5・7新聞956・25）
○民法892条の廃除原因たる「推定相続人にその他の著しい非行があつたと
　き」のいう推定相続人の非行とは、結局、相続的協同関係と目される家族
　的生活関係を破壊するような非行という意味と解されるから、まず相続
　人の非行は、被相続人に対するものであることを要し、他人に対するも
　のである場合には、それが被相続人に何らかの財産的、精神的損害を与
　え、ひいては、相続的協同関係を壊すおそれのあるようなものであるこ
　とを要する。
　（東京家審昭46・11・19判タ289・402）

22　廃除を取り消す場合

> **ケース**　遺言者は、かねてから日常的に長男甲野一郎から暴力を受けてきたので、家庭裁判所の廃除の審判を受け、長男を推定相続人から廃除しました。しかし、その後、長男は生活態度を改めて真面目に働き、遺言者に暴力を振るうこともなくなったので、遺言で長男の廃除を取り消したいと思います。どのような遺言をしたらよいですか。

作成例

第〇条　遺言者は、遺言者の長男甲野一郎（昭和〇〇年〇〇月〇〇日生）についての推定相続人の廃除（〇〇家庭裁判所平成〇〇年(家)第〇〇号推定相続人廃除申立事件）を取り消す。

第〇条　遺言者は、長男に次の財産を相続させる。

　〈財産の表示〉　〔省略〕

第〇条　遺言者は、この遺言の遺言執行者として次の者を指定する。

　〔省略〕

視　点

　推定相続人廃除の制度は、被相続人の意思に基づき、推定相続人の相続人たる地位を失わせる制度ですから、被相続人が廃除を取り消そ

第1章　前提条件の変動への対応　－補充事項－　　　93

うと思えば、理由を挙げることなくいつでも遺言で取り消すことがで
きます。ただし、遺言による廃除の取消しは、遺言の効力発生後、遺
言執行者が遅滞なく家庭裁判所へ申し立てなければなりませんから、
遺言執行者を指定しておく必要があります。

解　説

1　廃除の取消し

　被相続人は、いつでも、推定相続人の廃除の取消しを家庭裁判所に
請求することができますし（民894①、家事別表1⑧⑦）、遺言で推定相続人
の廃除の取消しの意思表示をすることもできます。遺言の場合は、遺
言執行者が、遅滞なく廃除の取消しを家庭裁判所に請求しなければな
りません（民894②・893）。

　なお、遺言による廃除の取消しは、生前廃除の効力を取り消すもの
であり、前の遺言による廃除の意思表示を後の遺言で取り消すのは遺
言の撤回です（民1022）。

　一度遺言による廃除の審判が確定した後、その遺言を撤回する旨の
遺言が発見されたときは、前の遺言は撤回されて無効ですが、審判確
定による廃除の効果の取消しは審判によることが必要ですから、改め
て遺言による推定相続人の廃除の取消しの申立てが必要となります
（梶村太市ほか編『家事事件手続書式体系Ⅰ［第2版］』451頁（青林書院、2018））。

2　遺言による廃除の取消しの意思表示

　廃除取消しの請求には、被相続人の廃除取消しの意思表示があれば
足り、廃除原因が消滅したなど特別な事由は必要ありません。家庭裁
判所への申立てが必要とされているのは、廃除が家庭裁判所への申立
てが必要とされていることに対応するとともに、手続の慎重を期し、

取消しの請求が被相続人の真意に基づくものか否かを家庭裁判所において審理し権利関係を明確にするためとされています（梶村ほか編・前掲451頁）。この点について、取消しの申立書には、遺言者の死亡後、取消しが真意に基づくものかどうかを容易に判断できるよう、遺言者のいう廃除を取り消す理由を記載しておくのがよいとの指摘がなされています（日本公証人連合会編著『新版　証書の作成と文例　遺言編［改訂版］』166頁（立花書房、2013））。

　遺言に廃除取消しの文言が明確にない場合でも、全体の遺言文言及び作成経緯などからして、廃除を取り消す意思が認められれば廃除取消申立ては可能と考えられます。

　また、遺言による廃除取消しの際、一定の条件を付する場合は、遺言執行者において条件が成就したことを的確に把握し、廃除取消請求を適切に行うことができるように、条件内容を具体的に記載する必要があります。

3　遺言による廃除の取消しの意思表示の留意点

　遺言による廃除の取消しの意思表示に基づく廃除取消請求の審判が確定した場合、被廃除者は、被相続人の死亡の時にさかのぼって相続人の地位を回復します（民894②・893）。審判の確定前に、被廃除者を除く共同相続人間で遺産分割を済ませてしまうと、審判確定後に分割協議をやり直す必要があるなど法律関係が複雑になりかねません。遺言者が被廃除者に相続させようと考えている特定の財産があるのであれば、遺言において、廃除取消しの意思表示をするとともに、被廃除者に相続させようと考える特定の財産を明記しておくのが相当であると思います。

第1章　前提条件の変動への対応　－補充事項－　　　95

23　相続欠格を宥恕する場合

> **ケース**　　遺言者の長男甲野一郎は、子供の頃に交通
> 事故で身体が不自由になり、これを馬鹿にする二男甲野次郎
> とは成人後も不仲です。最近、二人は家で酒を飲んだ際に喧
> 嘩となり、酔った二男から「お前が死んだら、遺産は全部俺
> が使う。はよ死ね。」などと言われて腹を立てた長男は、二男
> を殴って負傷させたほか、遺言者の自筆証書遺言を持ち出し、
> 「遺産は渡さない。」などと怒鳴ってライターで燃やしてし
> まいました。遺言者は、二男にも非があること、長男が反省
> していること、長男はかねてから真面目に家業を手伝って遺
> 言者を助けていたが、今後もそうすると誓っていることなど
> から、長男にも財産を相続させたいと思います。どのような
> 遺言をすればよいですか。

作成例

第〇条　遺言者の長男甲野一郎（昭和〇〇年〇〇月〇〇日生）は、
　平成〇〇年〇〇月〇〇日、二男甲野次郎（昭和〇〇年〇〇月〇
　〇日生）と相続をめぐる口論の末、遺言者の自筆証書遺言に火
　を付け、燃やして破棄し、相続欠格事由に該当した。しかし、
　二男にも非がある一方、長男は永年家業を手伝って助けてくれ
　た上、今回の自己の行為を反省し、今後も遺言者を助ける旨約
　束している等の事情もあるので、遺言者は長男の相続欠格を宥
　恕する。

96 　　第1章　前提条件の変動への対応 ―補充事項―

第○条　遺言者は、遺言者の有する以下の財産を長男に相続させ
る。
〔省略〕

視　　点

　民法には相続欠格の宥恕に関する規定はありませんが、これを積極
に解する学説、裁判例はあります。遺言で相続欠格を宥恕する場合は、
その意思を明記するとともに、遺言者の真意であることが明らかにな
るように、理由も具体的簡潔に記載しておくべきと思います。

解　　説

1　相続欠格制度

　相続欠格制度は、相続人廃除の制度と同様、相続人の非行を理由に
相続人の相続権を剥奪する制度です。欠格事由は、①被相続人又は先
順位若しくは同順位相続人を故意に殺害若しくは殺害しようとしたた
め刑に処せられたこと、②被相続人の殺害されたことを知りながら告
訴告発しなかったこと、③詐欺強迫によって被相続人の相続に関する
遺言行為を妨害したこと、④詐欺強迫により、被相続人に遺言行為を
させたこと、⑤被相続人の相続に関する遺言書を偽造変造破棄又は隠
匿したことです（民891）。

　廃除と異なり、上記の欠格事由に該当する相続人は、何らの手続を
経ることなく、法律上当然に相続権を失い（民891）、受遺者になること
もできません（民965）。

　ところで、上記⑤の遺言書の破棄又は隠匿に関しては、相続人が相

続に関する被相続人の遺言書を破棄又は隠匿した場合において、相続人のかかる行為が相続に関して不当な利益を目的とするものでなかったときは、欠格事由に該当せず、行為者は相続欠格者に当たらないとされています（最判平9・1・28民集51・1・184）。しかし、本ケースで、長男は、相続人間の相続に関する争いに起因して被相続人の遺言書を破棄したと認められるので、長男に相続欠格事由を否定するのは困難です。

2 被相続人による相続欠格の宥恕

　既述のとおり、相続人に欠格事由が認められる場合、当該相続人は法律上当然に相続人の地位を失います。しかしながら、個々の事案では、相続人が欠格事由に該当する行為を行ったことに同情すべき事情があり、相続人の普段の言動や行為後の言動等に照らしても、被相続人において、相続権を失った当該相続人に遺産を相続させたいと考えるのももっともと認められる場合があると思います。

　被相続人が宥恕の意思表示をすることで、欠格事由に該当する行為を行った相続人の欠格の効果を消滅させることができるかについては、民法に規定がないことから消極説もあります。しかし、宥恕を正面から承認し、少なくともその可能性を指摘する学説が多数説であるとされています（中川善之助＝泉久雄編『新版注釈民法(26)相続(1)』313頁〔加藤永一〕（有斐閣、1992））。

　裁判例でも、酔余、弟に挑発され、ナイフで弟を殺害して服役した兄について、その相続権が争われた事案で、両名の実父である被相続人が、事件には弟にも非があること、家業を手伝う等これまでの兄の生活態度等の事情から兄を宥恕し、裁判で、寛大な刑を求め、出所後の兄の生活を保障することを約束していた等の事実関係の下では、被相続人が兄を宥恕し、相続人としての資格を有することを認める旨の

意思表示をしたものと推認されるとして兄に相続権を認めた例があります（広島家呉支審平22・10・5家月63・5・62）。

　相続欠格の宥恕を認める見解からは、宥恕があれば、相続開始の時に欠格者でなかったものとして取り扱われるとされています（中川＝泉編・前掲315頁）。

　作成例は、被相続人による相続欠格の宥恕により、相続欠格の効果を消滅させる効果を認める前提での遺言例です。被相続人が遺言で欠格の宥恕をする場合は、その宥恕の意思表示が真意であること、その意思表示が合理的かつ相当であることが明らかになるように、宥恕の意思表示を明示するとともに、その理由を具体的簡潔に記載しておくべきと考えます。

第 2 章

特殊な希望の実現等
－付言事項等－

100

概　説

1　特殊な希望の実現手段

　遺言は、遺言者がその死後を託するものですので、遺言者の生活や家族関係等により、様々な希望が出てきます。しかも、遺言は死後に実現されるものですので、遺言者はその場に立ち会って実現できるようにコントロールすることはできません。そのため、遺言の作成に関与する者は、どのような条項であれば法的効力（強制力）が認められるかをよく理解し、これを駆使して、遺言者の希望が実現できるようにしなければなりません。

　第2章では、葬儀や祭祀以外の希望について、実現する方法を紹介するとともに、法的拘束力を伴わせることが難しい事柄については適切な付言の文例を示します。併せて、実現方法の一つである信託（遺言信託、遺言代用信託、家族信託等）についても、「遺言」としてすることにこだわらずに紹介します。

2　遺言事項

　遺言は、遺言事項（遺言できると法律に限定列挙されていること）についてしたものにだけ法的効力が認められます。遺言事項は、①認知（民781②）、②遺贈（民964）、③配偶者居住権を遺贈した場合の存続期間の定め（改正民1030）、④未成年者の後見人指定（民839）、⑤未成年者の後見監督人指定（民848）、⑥相続人廃除と廃除の取消し（民893・894②）、⑦相続分の指定や指定の委託（民902）、⑧遺産分割方法の指定や指定の委託（民908）、⑨遺産分割の禁止（民908）、⑩相続人の担保責任（民914）、⑪遺言執行者の指定、指定の委託（民1006）、⑫祭祀主宰者の指定（民897①）、⑬持戻免除（民903③）、⑭信託の設定（信託3二）、⑮保険金受取人の変更（保険44）、⑯一般財団法人の設立（一般法人152②）があり、この他

に⑰相続欠格（民891）の宥恕ができるとする説が有力です（広島家呉支審平22・10・5家月63・5・62、中川善之助＝泉久雄編『新版注釈民法(26)相続(1)』313頁（有斐閣、1992））。

3　付言事項

(1)　付言事項の意味と目的

遺言事項ではないことを遺言書に書いても、法的効力（強制力）がないだけで、それを書いてはいけないというものではありません。このように法的効力のない記載は「付言事項」と呼ばれています。付言事項は、遺言としての法的効力はありませんが、手紙（メッセージ）としての意味はあり、その記載内容が相続人等に伝わり、それが相続人等の行動に影響を及ぼせば、事実上の効果をもたらすことになります。

遺言書は、相続紛争の予防を目的に作るものですから、法的効力を期待するのが本来ですが、法的効力のない付言事項が相続人等に一定の効果を及ぼして事実として紛争の予防ができるなら、遺言書に付言事項を書くことは意味があります。

(2)　付言事項を書く場所

付言事項を遺言書のどこに書くかについて制限はありませんが、遺言事項（法的効力がある部分）を第○条などの条文を付して本文として記載した後に、【付言】として記載する例が多いようです。これは、法的効力がある遺言書本文と区別して、法的効力のない希望であることを明確にする趣旨と思われます。この両者の区別を明確にしておくことは、遺言者にとっても、法的効力の有無を明確に意識する効果がありますし、相続人にとっても、法的効力の有無を誤解して無駄な紛争を生じることを防ぐ効果があります。また、最悪の場合、本文の中に付言事項を書いたことによってその条項が無効とされるだけではな

第2章　特殊な希望の実現等　－付言事項等－　　103

く、他の条項にも悪影響を与えるおそれもあります。したがって、付言事項はなるべく本文とは明確に区別して書く方がよいものです。

　(3)　付言の内容

　付言事項の記載内容については、制限はなく、何を書いてもかまいませんし、書き方も自由です。ただし、付言事項を書くのは、相続人の気持ちに働きかけて、相続紛争を予防し、遺言者の意思を円満に実現しようとするものですから、その目的にかなったことを書くべきです。つまり、相続人の納得がいくように作用する内容、書き方でなければ意味がなく、相続人が読んで、「よく考えてしてくれたことだから仕方ないな」、「事を荒立てずに我慢した方がよいな」などと感じてその付言に従おうという気持ちになるように考えるべきです。ただし、具体的にどのような書き方が適切かは、遺言者と相続人との人間関係、相続人の性格、経済状態、その他様々な要因により変わりますので、それをよく考えて、書くことになります。

　(4)　付言の具体例

　第2章の多くの項目は、付言として書くこともできます。本書では、できるだけ法的効果を持たせることができる条項を紹介していますが、遺言条項として書くのは適切でないもの、例えば生前に別の契約や手段を講じておくべきものについては、当該契約や手段を紹介した上で、付言の書き方も紹介しました。また、法的効果を得る方法があっても、付言として書いた方が適切なことが多いものについては、付言の書き方も紹介しています。

　付言としてよく書かれる内容として、次のようなものがあります。

　　ア　遺言を作成するに至った趣旨、理由を補足、説明する。例えば、一見不平等に見える遺産の配分の理由や、遺留分の侵害ではないことについて計算根拠を示して説明する等。

　ケース58はその例ですが、他にも下記のような例が考えられます。

①の例は、特別受益となる生前贈与があることを述べて、遺産の配分が公平であることを説明するものです。このように具体的に記載しておくと、遺言の対象外の遺産分割や、遺留分侵害の有無が問題になったときに、大きな影響を与えることになるでしょう。もし、それにより不利になる相続人が異議を唱えることが予想されるなら、単に付言として記載するだけではなく、証拠資料の保存まで考えておく必要があります。

① 「長女△△には、自宅（××マンション○号室）を買う際、平成○○年○○月○○日に金1,500万円を□□銀行の△△の口座に振り込んで贈与しています。この遺言では、その分を考えて遺産を配分したものです。」

② 「この遺言では、二男の次郎に他の者より多くの財産を渡しますが、これは次郎には妻子もおらず、病気のことも心配なので、生活に困らないようにしたいからです。太郎と和子は、私の気持ちを汲んで、次郎をサポートしてあげてください。お願いします。」

　イ　遺留分侵害額請求の自粛を求める。自粛を求めるには理由が必要ですので、結局は遺言を作成した理由を説明することにもなります。

ケース35、ケース36の付言がこれに当たります。その他にも、以下のような例があります。

① 遺言者が、子がいるのに妻に全部を相続させる遺言について「お母さんの生活の安定を考えて財産はお母さんに相続させます。今回、子供たちには直接の財産分けはありませんが、いずれお母さんから遺産が行くことになるので、了承してください。」

② 会社を引き継ぐ者に大半の遺産を承継させることについて、「長男○○が引き継いでくれた会社の存続を盤石なものとするために、長男に自宅、会社の敷地と賃貸不動産を渡します。お父さんが一生

第2章 特殊な希望の実現等 －付言事項等－　　105

をかけて作った会社のために長男に財産を相続させることを長女△△には理解してほしいです。その代わり、長男○○は、長女△△に対しては、生涯、生活に不自由しないよう、経済的にサポートしてください。兄妹助け合いながら仲良く生きてほしいです。」

③　遺産の大部分を占める不動産を特定の者に遺贈することについて、「××市にある不動産は、○○家が先祖代々所有してきたものです。これらの不動産は、××市に住む○○家の者に相続させる目的でこの遺言を作成します。よって、上記の趣旨により不動産以外の私の遺産については、長女△△に相続させるのだから、この遺言について遺留分侵害額請求をしないようにお願いします。」

　　ウ　遺産を承継する者に、承継後の資産の使い方を指示する。

ケース40、ケース55の例がそれに当たります。その他に、ケース56の例の一種として、次のような例が考えられます。

「○○家の不動産は、長女△△さんに相続させますが、これは○○家の財産で、△△さんには子供がいないのですから、亡くなった後は、孫（△△さんの姪）の□□さんに行くように遺言してください。△△さんが婿の××さんに先立つようなことがあれば、××さんが最後まで使えるようにしてください。宝石装飾品及び和服その他形見分けは、△△さんが死亡した後孫の□□さんに譲ってください。」

　　エ　財産的価値の乏しい愛蔵品等についての保管方法を指示する。

ウに似ていますが、遺言者にとっては主観的価値があるものの、財産的価値は乏しいものがあります。このようなものは、普通は形見分けとして関係者の間で適宜分配されたり、処分されたりしています。もし、遺言の中に「その他一切の財産は○○に相続させる。」との記載があれば、理論的にはそれに含まれる解釈が成り立ち、形見分けとの関係で疑問が生じることもあります。また、これを相続した者も、簡

単に処分してよいかどうか迷う場合もあります。このような場合に備えた指示をするものです。ケース40はその例ですが、他にも以下のものが考えられます。

① 「私の○○のコレクションは、価値があるとは思えないので、適当に処分しておいてください。」

② 「アクセサリー類は、姪達で、気に入った物があったらもらってください。要らない物は処分してください。」

③ 「○○は、古くて実用的でもないですが、先祖から伝来した物なので、これだけは次代に伝えていってください。他の物は処分してかまいません。」

　　オ　自分の生き方や思いを伝える。

　純粋に自分の生き方や思いを伝えるだけならば、相続人等宛ての手紙やエンディングノートに書いても同じことになります。ただ、遺言に書くことにより、相続人等が重く受け止めるということはあり、そこに意味が見出されているように思います。

　　カ　家訓を受け継ぐように指示する。

　前記オの一種になりますが、ケース57の例などがあります。

　　キ　生前の厚誼についての感謝

① 「私は、妻や子供たちのお陰で幸せな一生でした。家族の皆には本当に感謝しています。ありがとうございました。特に永年苦楽を共にしてきた妻には感謝の気持ちで一杯です。」

② 「姪の甲野花子さんには、特に、私の兄甲野太郎が他界してから以前にも増して私のことを気遣い優しくしてくれ、感謝しています。せめてものお礼として、私の財産全てを甲野花子さんに遺贈しますので、快く受け取ってください。甲野花子さんと家族の皆さんが幸せな生活を送られるようにお祈りしています。」

　　ク　自分の葬儀や法事についての希望

　（第3章で記載）

第2章 特殊な希望の実現等 —付言事項等— 107

(5) 付言を書く際の注意

ア 遺言条項に条件を付けたのではないかと誤解されるようなことは書くべきではありません。付言は法的強制力のないものとして書かれます。(4)イ②の付言に続いて「長男○○が長女△△のサポートをしないなら、法定相続分のとおりにするつもりです。」と書いたとすると、遺言に解除条件を付けたようにも見え、争いが生じる原因になります。付言として書く以上、あくまでも希望であることを認識して、誤解がないように書くべきです。

イ 相続人に対する感情的な非難、人格攻撃

遺言は、全ての相続人が読むことになりますし、遺言執行の必要上、手続関係者等多数の目にも触れます。したがって、遺言にあまりにも感情的な記載をすると、他の相続人を始め大勢の前で当該相続人を感情的に非難したのと同じことになり、反発を招いて紛争を深刻化させかねません。また、(4)アのとおり、遺留分や廃除のための資料として具体的な証拠が必要なことはありますが、それは遺言書とは別の物として保管して、多数の他人の目に触れないようにしておいた方がよいでしょう。

ウ 遺言は死後に効力が生じることを忘れない。

遺言書は、生前に開示すると書換えや本人を巻き込んだ軋轢が生じかねないので、普通は死後に開示されるものです。したがって、自分の尊厳死宣言、臓器移植等については、生前の問題であり、これを遺言書に書くと、生前に開示する必要が生じ、遺言の他の内容まで開示されてしまうので、別の書面にすべきです。また、葬儀等についての希望を書いた場合には、内容を知らないまま葬儀が行われることのないように、信頼できる人に内容を開示しておき、遺言どおりの葬儀等ができるようにしておくべきです。

4 信 託

信託は、遺言事項ですが、遺言によらずに、生前に契約によってす

108　　第２章　特殊な希望の実現等 －付言事項等－

ることもできます。そして、委託者の死亡の時に受益権を取得する旨
の定めをすれば、当該取得者に遺贈したのと同様の結果となり、遺言
の代わりとなります（遺言代用信託（信託90参照））。これを利用して、
遺言者の様々な希望を実現するために、特に受託者を親族とするいわ
ゆる家族信託を活用する方法が考えられます。ただし、信託法理は新
しい分野であって未解明な部分も多く、適切な制度設計をしておかな
いと、思わぬ課税を受けたり、契約が無効になったりする等のトラブ
ルを招く可能性もあるので、関係者・関係機関と十分協議の上、慎重
に考慮することが必要です。

　信託に適したものとしては、以下のような場合があります。

① 　親Ａが、子Ｂについて、障害がある等の理由で財産管理ができな
　い場合の手当（ケース43）について、親Ａが、信頼できる者（他の
　子Ｃ）に財産を信託して定期的な給付をしてもらい、第一次受益者
　を親として、受け取った資金を子Ｂのために使い、親の死後には子
　Ｂを第二次受益者として、Ｂが生活に困らないようにする場合。親
　なき後支援信託などと呼ばれる。配偶者の生活を確保したい場合
　（ケース42）にも応用可能。

② 　後妻Ｅと先妻の子Ｄの利益調整（ケース32など）として、親Ａが
　自宅を信頼できる者（場合により先妻の子Ｄ）に信託した上で、Ａ
　の死後は後妻Ｅを受益者とし、Ｅの死後は先妻の子Ｄを次の受益者
　として、実質的に親ＡからＥへ、ＥからＤへと引き継がせる場合。

③ 　②の応用として、不動産等を子から孫へと順番に渡していきたい
　場合（ケース56）について、適切な受託者に対して②と同様に不動
　産を信託した上で、子を受益者、孫を次の受益者とする場合。

④ 　委託者の死亡の時に、指定する者が受益権を取得する旨の定めを
　することにより実質的な遺贈とするが、遺言と異なり、信託は、契
　約により解約禁止とすることができるため、実質的に後の遺言で撤

回できないようにしたのと同じ効果を持たせる場合。例えば、オーナー経営者Aが全株を所有するF社の事業承継において、後継者Gを受託者、受益者を委託者AとしてF社株を信託し、信託財産である株式の議決権行使の指図権をAが行使し、Aの死亡により、Gが残余財産取得者として株式を取得することとし、その変更には受託者Gの承諾を要するとしておくと、Aの生前はAが実質的な経営者となり、Aの死後はGが株式の遺贈を受けたと同じ結果となるが、Aは、この信託を撤回できないので、Gも安心してF社の業務に精励できる。

⑤　F社のオーナー経営者Aが、会社を後継者Gに承継させたいが、他の相続人の遺留分を侵害することになる場合（ケース49）において、Gを受託者として株式を信託し、A死亡後の受益者をAの共同相続人とすれば、受益者は配当は受けるが、株式の議決権等はGが行使することになるので、遺留分を侵害することなくGの会社経営には支障がないようにできる。

⑥　死後事務委任をし、その受任者を受託者とし、法事等の処理費用を法事等の担当者（祭祀承継者等）に給付することを信託する場合。

（希望実現のための特殊な手法）

24　遺言信託の場合（不動産収入を相続人に給付する場合）

> **ケース**　遺言者は、自宅の他に、賃貸用共同住宅を持っています。長女甲野梅子は先天性の心臓病の持病があり、一生就労することはできません。遺言者の死亡した後に、長女梅子には、生活の本拠として自宅を譲り、賃貸用共同住宅からの賃料収入で生活できるようにしてやりたいと考えています。長男甲野一郎に賃貸用共同住宅を管理させ、その収益から長女梅子に生活費を渡すことにし、長女梅子の亡き後、自宅と賃貸用共同住宅等は、長男一郎又はその子に渡しておきたいのですが、どのような方法がありますか。

作成例

> 第1条　遺言者は、遺言者の有する財産につき、下記のとおり信託を設定する。
> 　1　（信託目的）
> 　　本信託は、別紙目録〔省略〕記載の財産を信託財産として管理運用及び処分等を行い、受益者が一生涯、安定した生活を送れるように、生活・介護・療養・納税等に必要な金銭を給付するなどして、受益者の幸福な生活及び福祉を確保することを目的とするものである。

2 （信託財産）

本信託の信託財産及びその管理・活用・処分等は次のとおりである。

(1) 自宅　受益者の居住用不動産として管理する。

(2) 賃貸用共同住宅　賃貸用不動産として管理運用し、安定的な収益を図り、必要に応じて処分する。

(3) ○○銀行△△支店の遺言者名義の預金等全部の残高相当額

3 （受託者）

(1) 当初受託者は、長男甲野一郎（昭和○○年○○月○○日生）とする。

(2) 長男甲野一郎に信託法第56条第1項の事由が生じ、その任務が終了したときは、長男甲野一郎の長男である甲野洋一郎を第二次受託者と定める。

4 （受益者）

この信託の受益者は、長女甲野梅子（昭和○○年○○月○○日生）とする。

5 （信託期間）

この信託は、長女甲野梅子の死亡の時までとする。

6 （登記等）

受託者は、別紙目録記載の不動産について、本信託効力発生後直ちに信託による所有権移転及び信託の登記手続をし、引渡しを受け、管理を開始するものとする。預金等については、受託者名義の信託口口座で管理し、その他の信託財産についても信託に必要な名義変更等を行う。

7 （管理・運用等）

受託者は、次のとおり信託財産の管理・運用・処分等を行う。

(1) 自宅については居住用不動産として管理運用する。

(2) 賃貸用共同住宅については、第三者に賃貸し、現に賃貸

中の賃貸人たる地位を承継する。

(3) 信託不動産の保存、管理、運用に関する必要な処置を行う。

(4) 受託者は、賃貸用共同住宅の管理等について、管理受託会社等に委任することができる。

(5) 信託目的に照らし相当と認める信託財産の処分、新たな不動産の購入・建築そのための借入れをする。

(6) 受託者は、信託財産目録及び信託財産に関する収支報告書、信託財産の内容等を作成し、毎年6月及び12月に受益者に報告する。

8 (受益者に対する給付)

受託者は、受益者に対し、自宅を居住用として使用させるほか、賃貸用共同住宅の収益から公租公課、保険料、維持管理費等の諸経費を控除し、その中から、受託者が相当と認める額の生活・介護費等を支払うものとする。

9 (清算受託者)

この信託の清算受託者は、本信託終了時の受託者とする。

10 (帰属権利者)

(1) 残余財産の帰属権利者は、次のとおりとする。
長男甲野一郎

(2) 本信託終了時に、長男甲野一郎が死亡していた場合は、同人に帰属させるとした財産は、甲野洋一郎に帰属させる。

第2条 遺言者は、遺言者の有する別紙〔省略〕記載の信託財産を除くその余の一切の財産を、遺言者の長男甲野一郎に相続させる。

第3条 遺言者の未払債務、葬儀、一周忌までの法要関係の費用、本遺言の執行費用、報酬は、遺言者の現金及び預金等からこれを支払うものとする。

第2章　特殊な希望の実現等 －付言事項等－　　113

> 第4条　遺言者は、この遺言執行者として、長男甲野一郎を指定
> 　　する。
> 2　遺言執行者は、第1条記載の信託設定手続並びにこの遺言に
> 　　基づく不動産に関する登記手続及び預貯金等の金融資産の名義
> 　　変更、解約、払戻しのほか、貸金庫の開扉・解約その他この遺
> 　　言の執行に必要な一切の行為をする権限を有する。
> 3　遺言執行者は、必要なときには、第三者にその任務の一部を
> 　　委任することができる。

視　点

① 遺言により信託を設定する場合に、留意すべき効力や具体的な条
　項の定め方があります。
② 遺言により信託を設定したときには、遺言執行者を定める必要が
　あり、遺言執行者は遺言による信託開始までの手続をすることにな
　ります。

解　説

1　遺言信託とは

　遺言信託とは、遺言により設定される信託のことをいいます。信託
銀行で取り扱っている遺言関係の業務について称されている「遺言信
託」とは異なります。遺言信託は、受託者に対し、財産の譲渡等の処
分をする旨、並びに受託者が一定の目的に従い財産の管理又は処分そ
の他の当該目的を達成するために必要な行為をすべき旨の遺言をする
方法によって設定され（信託3二）、当該遺言の効力の発生によって効力
が生じます（信託4②）。

2 遺言信託と負担付遺贈の違い

　遺言信託は、遺言によって効力が生じるので、信託の目的・内容を確定しておかなければなりません。本ケースは、遺言者の亡き後、信託により、自宅と賃貸用共同住宅を長男に預け、その収益等から、病弱な長女の居住及び生活資金を確保させるというものです。負担付遺贈によっても、これと同じ趣旨の遺言をすることができますが、信託に比べ、負担を実行しない場合に、その対処が非常に難しいといえます。

3 遺言信託の作成上のポイント

　遺言信託について、以下、作成例第1条の第1項から第10項まで順に作成上のポイントを説明しておきます。

① 　第1項の信託目的は、この信託を運用管理する上での指針に当たりますから、具体的に記載しておきます。

② 　第2項の信託財産は、各信託財産を特定し、その運用・活用等を記載しておきます。

③ 　第3項の受託者は、委託者がいない状態で始まる遺言信託では特に重要です。信託がその通り実行されるかどうかは受託者次第ともいえなくもありません。もっとも、指定した受託者が信託を引き受けないときや受託者の定めのないときは、裁判所が受託者を選任します（信託6①）。また、信託期間は長期に及びますので、第一次受託者の死亡、判断能力の低下等に備えて、第二次受託者を定めておきます。

④ 　第4項の受益者は、信託の目的に沿って定めます。信託の目的、期間等によって第二次受益者を予定することもあります。

⑤ 　第5項の信託期間は、同じく信託の目的に沿って定めます。

⑥ 　第6項の登記等は、受託者に信託財産を管理させ、かつ第三者に対抗できるよう必要な登記等の措置を速やかにとります。

第2章　特殊な希望の実現等　－付言事項等－　　115

⑦　第7項の管理・運用等は、受託者に委ねる信託財産の管理・処分等の内容になります。

⑧　第8項の受益者に対する給付は、受託者から受益者に対し、受益権として支給する内容です。毎月の生活費として月額○万円以上を支給することと定めておくこともあります。

⑨　第9項の清算受託者は、通常は信託終了時の受託者を予定します。

⑩　第10項の帰属権利者は、最終的に残っている財産を承継する者になります。

4　遺言執行者の指定

　作成例第2条から第4条までは、信託財産を除く財産の分け方、遺言執行者の指定、その権限を定めたものです。遺言執行者には、当初受託者と定めている甲野一郎を指定しています。遺言執行者は、遺言信託で定められた当初受託者に就任するかどうかを確認することになりますが（信託5①）、こうすることにより、その手間を省くことになります。この遺言信託をスムーズに実行するには、遺言者は、遺言を作成する際、当初受託者と十分打ち合わせて、その了解を得た上で行うようにしておきます。

　そうしておかないと、遺言者の死後、速やかに信託財産の管理ができなくなるおそれがあります。

5　これ以外の遺言信託について

　遺言者の亡き後、妻の生活資金の給付のみを目的として遺言信託をするような場合には、受託者を信託銀行として、毎月一定額の給付をするよう定めるというものもあります。ほかにも、永代供養料を目的とした遺言信託等もあります。

116　　第2章　特殊な希望の実現等 －付言事項等－

25　遺言代用信託の場合

ケース　甲野太郎には、妻甲野花子と子供二人がいます。預金のほか、自宅と賃貸用共同住宅1棟を所有しています。最近、甲野太郎は、脳梗塞で倒れ後遺症で歩くことも不自由になり、不動産の管理等は年々難しくなってきました。長男一郎に自宅と賃貸用共同住宅の管理を任せて、自分は自宅に居住し、賃貸用共同住宅の収益から自分と妻の生活費を受け取りたいと思います。自分と妻が亡くなった後には、自宅は長男一郎に、賃貸用共同住宅と預金等は長男一郎と長女山野桃子に均等に分けてやるつもりです。どうすればよいでしょうか。

作成例　信託契約書

信託契約書

第1条（信託目的）

　　委託者兼受益者甲野太郎は、本日、受託者甲野一郎に対し、別紙信託財産目録〔省略〕記載の不動産（自宅及び賃貸用共同住宅、以下「信託不動産」という。）及び現金〇万円並びに預金債権を信託財産として、管理運用及び処分を行い、受益者（当初受益者甲野太郎、第二次受益者甲野花子）の生活・介護等に必要な資金等を給付して、同人の幸福な生活及び福祉を確保するとともに資産を円滑円満に承継させることを目的として信託し、受託者甲野一郎はこれを引き受けた。

第2章　特殊な希望の実現等　－付言事項等－　　117

第2条（信託期間）

　　本信託の期間は、本日から甲野太郎又は甲野花子のどちらか
が後れて死亡した日までとする。

第3条（受託者）

1　本信託の当初受託者は、甲野一郎とする。

2　信託法第56条第1項の事由により甲野一郎の任務が終了した
　ときは、甲野一郎の長男である甲野洋一郎を第二次受託者とす
　る。

第4条（受益者）

1　本信託の当初受益者は、甲野太郎とする。

2　甲野太郎が死亡したときは、甲野花子は、第二次受益者とし
　て受益権を取得する。

第5条（登記等）

　　甲野太郎及び甲野一郎は、別紙信託財産目録記載の不動産に
ついて、本信託の効力発生後直ちに信託による所有権移転及び
信託の登記手続をし、金銭については別紙〔省略〕の信託口口
座で管理し、その他の信託財産についても信託に必要な名義変
更等を行う。

第6条（管理・運用等）

　　受託者は、次のとおり信託財産の管理・運用・処分等を行う。

（1）　自宅については居住用不動産として管理運用する。

（2）　賃貸用共同住宅については、第三者に賃貸し、現に賃貸中
　　の賃貸人たる地位を承継する。

（3）　信託不動産の保存、管理、運用に関する処置を行う。

（4）　受託者は、賃貸用共同住宅の管理等について、管理受託会
　　社等に委任することができる。

（5）　信託目的に照らし相当と認める信託財産の処分、新たな

不動産の購入・建築、そのための借入れをする。

(6)　受託者は、信託財産目録及び信託財産に関する収支報告書、信託財産の内容等を作成し、毎年1月に受益者に報告する。

第7条（受益者に対する給付）

　受託者は、受益者に対し、自宅を居住用として使用させるほか、賃貸用共同住宅の収益から公租公課、保険料、維持管理費等の諸経費を控除し、その中から、受託者が相当と認める額の生活・介護費等を支払うものとする。

第8条（清算受託者）

　この信託の清算受託者は、本信託終了時の受託者とする。

第9条（帰属権利者）

1　残余財産の帰属権利者は、次のとおりとする。

(1)　自宅不動産の帰属権利者は、甲野一郎

(2)　自宅不動産を除くその余の財産については、甲野一郎及び山野桃子に各2分の1ずつ帰属させる。

2　本信託終了時に、甲野一郎又は山野桃子が死亡していた場合は、死亡した者に帰属させるとした財産は、同人の相続人に法定相続割合に従って帰属させる。

視　点

　本ケースは、自己の死亡時の財産処分を遺言によって行う代わりに、いわゆる遺言代用信託によって、遺言と同様の目的を達成しようとするものです。遺言代用信託については、①委託者の死亡時に受益者となるべき者として指定された者が受益権を取得するもの（信託90①一）、②委託者の死亡時以後に受益者が信託財産に係る給付を受けるもの

（信託90①二）とがあります。**作成例**は、①によっています。この違い
は、上記①は委託者死亡まで当初受益者である委託者を除いて受益者
は存在していないのに対し、②は、受益者は信託契約の効力発生と同
時に条件付の受益権を取得している点にあります。

解　説

1　遺言代用信託とは

　遺言代用信託は、遺言者が高齢等で資産管理が難しくなったときに、
信頼できる人に資産管理を任せるとともに、委託者兼受益者である遺
言者の死亡等により信託を終了させ、残余財産を子らに帰属させると
いうものです。ほとんどのケースでは、家族間で信託契約が締結され、
受託者には、相続人である委託者の子が就いています。

2　遺言代用信託の長所

　遺言代用信託では、遺言に比べて、①信頼できる受託者に対し、資
産管理を託すことができ、被相続人の判断能力の低下に備え、その負
担を軽減できる、②大概のケースでは、信託終了時の財産の帰属を明
示することで、相続人間の無用な詮索、疑義をなくし、相続人間で相
続財産、被相続人の介護等について理解を得ることができ、協力を得
やすく、相続争いを事前に解消できるものと考えられます。

　なお、信託契約書は、ほとんどの場合、公証人が作成する公正証書
によって行われています。公正証書によって作成される理由は、遺言
と同様の目的を達成する重要な契約書であること、それ故、公証人に
よる甲野太郎の意思能力の確認、契約内容について矛盾や違反等のな
いことの審査、契約内容の合意がされたことの確認のほか、公証役場
において信託契約書の安全確実な長期保存を図られること等にありま
す。

3　具体的条項のポイント

作成例は、遺言代用信託の資産管理・承継型になりますが、そのポイントを各条文に沿って説明します。

①　第1条の信託目的は、これにより信託の指針、特に受益者に対する給付や信託財産の処分・換価等についての方針、限界等を判断するよりどころとなるので、できる限り具体的に記載します。

②　第2条の信託期間は、通常、委託者の死亡の日か、その後にしています。

③　第3条の受託者は、家族信託の場合には、多くは相続人のうち身近な者がなります。家族内で相談しておくと、前記のとおり、協力を得やすくなります。

④　第4条の受益者は、信託目的に沿って、次順位の受益者を指定しておきます。本ケースでは、妻甲野花子の生活・介護に備えて同人を指定しています。

⑤　第5条の登記等は、受託者の倒産等による差押え等を受けないように、信託財産と受託者の財産を分離し、対抗要件を備えるためです。信託口口座の開設は、金融機関によって、取扱いが異なるので、開設できるかどうか事前に相談しておきます。

⑥　第6条の管理・運用等は、簡潔に必要な事項を掲げましたが、火災保険、大修繕、建替え、その資金の借入れ、預金等の運用についての指示等、より詳細に定めることもあります。新たな資金借入れを予定する場合には、スムーズに手続を進めるために、あらかじめ金融機関と信託について協議しておくことが必要になります。

⑦　第7条の受益者に対する給付は、信託目的に沿って、できる限り具体的に記載することが望ましく、場合によっては、生活費として最低月額〇万円以上を支払うと記載することもあります。

第2章　特殊な希望の実現等 ―付言事項等―　　　121

⑧　第8条の清算受託者は、通常このように本信託終了時の受託者が
　指定されています。

⑨　第9条の帰属権利者は、遺言での財産分けに相当するものです。
　なお、第2項については、いわゆる予備的（補充的）な遺言に相当す
　るものです。

122　第２章　特殊な希望の実現等 ―付言事項等―

26　後継ぎ遺贈型信託の場合

ケース　　甲野太郎は、ひとまず全部の財産を妻甲野花子に相続させることにし、自分の次に妻甲野花子が亡くなった時には、①長男甲野一郎には自宅を含む不動産を、②二男甲野二郎には経営している甲野株式会社の株式を、③長女甲野桃子には預金をそれぞれ分けるつもりです。そして、できるならば、不動産は先祖代々の土地でもあるので、甲野家を継ぐことになる甲野一郎の長男甲野洋一郎にゆくゆくは引き継いで不動産を守っていってもらいたいと思っています。どのように遺言又は信託をすればよいでしょうか。

作成例１　　遺贈による場合

第１条　遺言者は、遺言者の有する一切の財産を遺言者の妻甲野花子（昭和○○年○○月○○日生）に遺贈する。
第２条　遺言者は、妻甲野花子が第１条による遺贈を受けた後に死亡したときは、前条により妻甲野花子に遺贈した財産につき、自宅を含む不動産を長男甲野一郎（昭和○○年○○月○○日生）に、甲野株式会社の株式を二男甲野二郎（昭和○○年○○月○○日生）に、預金を長女甲野桃子（昭和○○年○○月○○日生）にそれぞれ遺贈する。

作成例２　　信託契約書による場合

第１条（信託契約）
　　委託者甲野太郎は、受託者一般社団法人甲野に対し、本信託

第2章　特殊な希望の実現等 －付言事項等－　　123

目的達成のために、第3条に記載の財産を管理、運用及び処分させるために、受託者はこれを引き受けた。

第2条（信託の目的）

　　本信託は、受益者に対し、健康で文化的な生活を行うのに必要な財産の管理及び給付等を行い、かつ円満な財産の承継をすることを目的とする。

第3条（信託財産）

1　本契約時に委託者から受託者に信託する財産は、次の財産とする。

　(1)　別紙物件目録〔省略〕記載の不動産（以下「本件信託不動産」という。）

　(2)　甲野株式会社の株式1,000株（以下「本件株式」という。）

　(3)　現金3,000万円（以下「本件現金」という。）

2　本信託財産は、このほか、次の財産を含むものとする。

　(1)　本契約後に委託者と受託者の書面による合意に基づき、委託者が追加した財産

　(2)　信託法第16条等により信託財産に属する財産の管理、処分、滅失、その他の事由により受託者が得た財産

第4条（受託者）

　　本信託の受託者は、一般社団法人甲野（主たる事務所：○○県○○市○○町○丁目○番○号、代表理事甲野一郎）とする。

第5条（委託者、受益者）

1　本信託の当初委託者及び当初受益者は、甲野太郎とする。

2　当初委託者が死亡したときは、委託者の地位は甲野一郎に移転する。

3　甲野太郎の死亡により同人の有する受益権は消滅し、甲野花子が第二次受益者として新たにこの受益権を取得する。

4　甲野花子の死亡により同人の有する受益権は消滅し、本件信

託不動産に係る受益権については甲野一郎が第三次受益者として、本件株式に係る受益権については甲野二郎が第三次受益者として、本件現金に係る受益権については甲野桃子が第三次受益者として、それぞれ新たに取得する。

5　前項に掲げる第三次受益者が死亡したときは、その死亡に係る第三次受益者の有する受益権は消滅し、次の者が新たに受益権を取得する。

(1)　甲野一郎が死亡したときは、本件信託不動産に係る受益権については甲野洋一郎が第四次受益者として新たに受益権を取得する。

(2)　甲野二郎が死亡したときは、本件株式に係る受益権については甲野二郎の法定相続人が法定相続の割合により第四次受益者として新たに受益権を取得する。

(3)　甲野桃子が死亡したときは、本件現金に係る受益権については甲野桃子の法定相続人が法定相続の割合により第四次受益者として新たに受益権を取得する。

第6条（受託者の任務の終了）

　　受託者の任務は、信託法第56条第1項により終了する。

第7条（信託の終了）

　　本信託は、次のいずれかに該当したときに終了する。

①　信託法第91条に定める期間が到来したとき。

②　受託者とその時点における全ての受益者との間で書面による本契約の終了の合意がされたとき。

③　その他信託法に掲げる終了の事由が生じたとき。

〔中略〕

第○条（信託の計算期間）

第○条（信託事務処理代行者）

第2章　特殊な希望の実現等　－付言事項等－　　　125

第○条（本信託財産にかかる給付）

第○条（本信託財産の管理及び処分等）

第○条（信託監督人等の関係者）

等について、定めることを検討します。

第○条（清算受託者及び帰属権利者）

1　本信託が終了したときは、清算受託者は信託法第177条に従い、現務を終了して清算手続を行い、残余財産について第3項記載の帰属権利者に引き渡す等の手続を行う。

2　清算受託者は、本信託終了時の受託者とする。

3　本信託の帰属権利者は、本信託終了時の受益者とし、当該受益者が有する受益権に関する信託財産を、当該受益者に残余財産として帰属させるものとする。

視　点

①　後継ぎ遺贈とは、受遺者Aの受ける遺贈利益が、ある条件が成就し、又は期限が到来した時からBに移転するというものです。作成例1では、第一次受遺者甲野花子の死亡により、第一次受遺者甲野花子の受ける遺贈利益を、第二次受遺者である長男甲野一郎、二男甲野二郎、長女甲野桃子に移転させます。受遺者甲野花子に対する遺贈は、甲野花子の死亡を解除条件又は終期として、後継ぎ遺贈をさせる遺言です。これが有効かどうかになります。

②　後継ぎ遺贈が有効かどうかについては、説が分かれており、争いがあります。そこで、作成例2は、遺言に代わる信託という制度を利用して、被相続人から被相続人の財産について、甲野花子、次い

で長男甲野一郎、二男甲野二郎、長女甲野桃子に、さらにその次の移転として長男甲野一郎の子である甲野洋一郎等に順次移転させるというものです。このような信託の有効性、その留意点を検討することになります。

解　説

1　後継ぎ遺贈について

　後継ぎ遺贈は、大きく二つに分かれています。一つは、当初受遺者甲野花子に、同人の死亡の時に、遺贈の目的物を第二次受遺者に移転させる義務を負わせるもの（負担付贈与）、他の一つは作成例1のように受遺者甲野花子に対する遺贈は、同人の死亡を解除条件（又は終期）とし、第二次受遺者に対する遺贈は、これを停止条件（又は始期）とするというものです。

　後継ぎ遺贈については、遺贈の効力発生後、条件成就又は期限到来までの期間が長期にわたるとき、受遺財産をめぐる法律関係につき当初受遺者を拘束することになります。また、その間に当初受遺者が受遺財産を処分したときや当初受遺者の債権者が差押えをした場合に、第二次受遺者はこれにどう対処できるかなどの問題が生じることになります（中川善之助＝加藤永一編『新版注釈民法(28)相続(3)〔補訂版〕』190頁〔阿部浩〕（有斐閣、2002））。

　これらの点から後継ぎ遺贈を肯定する説がある一方、これを否定する説、裁判例もあります。今後の学説、判例の動向を見守っていくことになります。

2　後継ぎ遺贈型の信託について

　後継ぎ遺贈については、否定する考え方もありますので、これと同

様の目的を達成する方法として作成例2のような信託があります。この信託は、いわゆる受益者連続型の信託であり、信託法で認められています。受益者が死亡すると、他の者が新たに受益権を取得するという信託です。もっとも、信託から30年経過した時以後、新たな受益者を設けることはできず、現に存在する受益者の死亡により終了します（信託91）。

　作成例2は、受益者となる者に順位をつけ、順次、次順位の受益者が受益権を取得していくというものです。この場合、次順位の受益者は新たに受益権を取得し、先順位の受益者の受益権を承継するわけではありません。作成例2の第5条第4項のように、信託財産の対象ごとに各受益者に分配することもできます。また、第5条第5項のように、第四次受益者を定めておくこともできます。

　作成上留意する点は、①信託目的は信託全体の指針となるので、できるだけ具体的に記載しておくこと、②信託の終了をいつにするか、③その関係で終了事由、特に当初委託者の死亡を入れるかどうか、④予想される信託期間はどの程度か、⑤長期にわたる場合には、受託者が個人であるときは、個人が亡くなったとき等に備えて、次順位の受託者を誰にするか、これを作成例2のように、受託目的だけのための一般社団法人を設立するか（なお、信託の引受けについては信託業法が適用され、反復継続して引き受ける場合には、信託銀行のような資格が必要です。）、⑥信託終了時の残余財産について、帰属権利者が最終的にこれを取得することになるので、その分配をどうするか等に配慮して作成することになります。

　なお、後継ぎ遺贈型の信託契約書は、その重要性等からほとんどの場合、公証人が作成する公正証書によって行われています（前掲ケース25解説2参照）。

27 財団を設立する場合

ケース 遺言者は、長年にわたり、子供の病気に関する研究をしてきました。この研究を是非とも、後世に残しておきたいと考え、遺言者の相続財産をもって、一般財団法人を設立したいと思います。具体的にはどのようにすればよいのでしょうか。

作成例

第1条　遺言者は、この遺言により、一般財団法人〇〇子供医学研究会を設立する。

2　同法人の定款に記載すべき事項を別紙〔省略〕のとおり定める。

第2条　遺言者は、この遺言の執行者として、弁護士山川二郎を指定する。

2　遺言執行者は、この遺言の効力が生じた後、遅滞なく前条2項に定めた事項を記載した定款を作成し、その定款につき公証人の認証を受けた上、設立に際して拠出すべき財産を相続財産の中から拠出しなければならない。

3　遺言執行者は、不動産に関する登記手続並びに預貯金等の金融資産に名義変更、解約及び払戻し等この遺言を執行するために必要な一切の行為をする権限を有する。

4　遺言執行者に対する報酬を別紙報酬算定表〔省略〕のとおりと定める。

第2章　特殊な希望の実現等　－付言事項等－　　　129

視　点

① 　一般財団法人を遺言により設立する場合に、遺言者が設立者として遺言で定めておく事項があります。
② 　一般財団法人を遺言により設立する場合に、財産の拠出をする方法について記載します。

解　説

1　一般財団法人を遺言により設立する場合の記載事項

　一般財団法人を遺言によって設立する場合には、設立者は、遺言で、一般財団法人の定款の絶対的記載事項を定めるとともに、定款の相対的又は任意的記載事項で設立者において記載を求める事項を具体的に定めて一般財団法人を設立する意思を表示することになります（一般法人152②前段）。この場合においては、遺言執行者は、当該遺言の効力が生じた後、遅滞なく、当該遺言で定めた事項を記載した定款を作成し、これに署名し、又は記名押印しなければなりません（一般法人152②後段）。

2　定款の絶対的記載事項

　一般財団法人の定款の絶対的記載事項は次のとおりです（一般法人153）。

① 　目　　的
② 　名　　称
③ 　主たる事務所の所在地
④ 　設立者の氏名又は名称及び住所
⑤ 　設立に際して設立者が拠出する財産及びその価額

なお、拠出する財産の価額の合計額は、300万円を下回ってはなりません（一般法人153②）。

⑥　設立時評議員、設立時理事及び設立時監事の選任に関する事項

⑦　設立しようとする一般財団法人が会計監査人設置一般財団法人（一般法人153①七）であるときは、設立時会計監査人の選任に関する事項

⑧　評議員の選任及び解任の方法

⑨　公告方法

⑩　事業年度

3　定款の相対的記載事項

一般財団法人の定款の相対的記載事項は、一般社団法人及び一般財団法人に関する法律154条中の「この法律の規定により定款の定めがなければその効力が生じない事項」です。その範囲は、相当広範囲に及んでおり、例えば、基本財産の定め及び基本財産の維持の方法の定め（一般法人172②）、評議員会の決議事項の追加（一般法人178②）、理事の任期の短縮（一般法人177・66ただし書）になります。

4　定款の任意的記載事項

一般財団法人の定款の任意的記載事項は、絶対的記載事項及び任意的記載事項以外の事項で、一般社団法人及び一般財団法人に関する法律の規定に違反しないものになります。例えば、従たる事務所の設置、定時評議員会の開催時期、評議員会の招集権者等です。

手　続

一般財団法人を遺言によって設立する場合は、その設立手続を遺言

第2章　特殊な希望の実現等　－付言事項等－　　　131

執行者が行うことになります。その手続の流れは次のようになりま
す。

① 遺言執行者は、当該遺言の効力が生じた後、遅滞なく、当該遺言
　で定めた事項を記載した定款を作成し、その定款に署名し又は記名
　押印する（一般法人152②後段）。

② 遺言執行者は、作成した定款につき公証人の認証を受ける（一般法
　人155）。

③ 遺言執行者は、定款に記載した設立に際して拠出すべき財産を相
　続財産の中から拠出する（一般法人157）。

④ 定款で設立時評議員、設立時理事及び設立時監事が具体的に定め
　られていない場合は、定款に定める選任方法に従い、これらの者の
　選任を行う（一般法人159）。

⑤ 設立時理事が設立時代表理事を選定する（一般法人162）とともに、
　設立時理事及び設立時監事が、設立手続の調査を行う（一般法人161）。
　調査の結果、違法不当な行為がなく、登記以外の設立手続が全て完
　了していれば、設立時代表理事が設立の登記の申請を行う（一般法人
　163・319①）。

132　　第２章　特殊な希望の実現等 －付言事項等－

（遺留分についての配慮と対策）

28　遺留分に見合う相続をさせたい場合

> **ケース**　　　　遺言者には、長男長女がいますが、なぜか
> 妻の死亡後、長男夫婦とは疎遠となり、現在ではほとんど音
> 信不通の状態です。遺言者は、土地建物（時価約5,000万円）
> 及び約6,000万円の預貯金、株式等の金融資産を有していま
> す。遺言者は、長女夫婦に生活の面倒全般を見てもらってい
> ることもあり、遺言をして、財産は基本的に全て長女に相続
> させたいと考えていますが、長男にも遺留分相当額は遺して
> やりたいと思います。どのようにすればよいでしょうか。な
> お、これまで長男及び長女には生計の資本としてそれぞれ
> 500万円を贈与しています。

作成例

第○条　遺言者は、その相続開始時に有する下記不動産及び預貯
　　金を、遺言者の長女○○○○（昭和○○年○○月○○日生）に
　　相続させる。
　　　　　　　　　　　　　記
　〈不動産の表示〉　〔省略〕
　〈預貯金の表示〉　〔省略〕
第○条　遺言者は、遺言者がその相続開始時に有する財産のうち、
　　金2,500万円を遺言者の長男□□□□（昭和○○年○○月○○
　　日生）に相続させる。

第2章　特殊な希望の実現等　－付言事項等－　　　133

2　遺言者の相続開始時における遺産の額並びに長女○○○○に
生前贈与した金500万円及び長男□□□□に生前贈与した金500
万円の合計額の4分の1に金100万円を加えた額から金500万円を
控除した金額（以下「本件減額相続金額」という。）が第1項の
金2,500万円に満たないときは、第1項の金2,500万円は本件減
額相続金額とする。なお、この項における遺産額算定の評価方
法は、相続税算定の評価方法によるものとする。
3　前各項の相続は、遺言執行者において遺言者の財産（ただし、
前条の不動産は除く。）を換価して行うものとする。

視　点

　被相続人たる遺言者が相続開始の時において有した財産の価額に、
相続開始時前の10年間にされた相続人に対する生計の資本としての贈
与の価額等を加え（なお、この点に関して平成30年相続法改正前の民
法では期間の制限はありませんでした。）、更に相続債務額を控除した
ものをもって遺留分を算定するための財産の価額とされますが（民
1043・1044③）、作成例は、相続開始前10年間に長男、長女に対して生計
の資本としての贈与が行われ、相続債務額はないことを前提としつつ、
金融資産額が遺言時から相続開始時までにある程度変動することを予
測して作成されているものです。

解　説

　遺言時において、相続人の遺留分侵害額を正確に計算することには
かなりの困難が伴います。なぜなら、遺留分侵害額を算定するために

は、まずその前提として、遺留分を算定するための財産の価額を算定する必要がありますが、被相続人が相続開始時に有する財産の価額自体が、遺言時後の遺言者の健康状態・生活状況、収入・支出の状況等により遺言時点と変わり得るという点が挙げられます。加えて、各相続人に対する婚姻若しくは養子縁組のため又は生計の資本としてした贈与の価額について、必ずしも遺言者が正確に認識していなかったり、遺言者と相続人との間において認識・評価の食い違いがあったりすることもありますし、遺言時から相続開始時までに時間が経過することなどにより、不動産や株式等の評価額が遺言時と相続開始時とで変動することもあり、その一方で新たに相続債務が発生することもあります。しかしながら、相続人に対する生前贈与に関して遺言者が具体的な資料ないしは明確な記憶・認識を有しており、かつ、ある程度収支予測が立てられるのであれば、本ケースのような場合において、相続人の一部に対して少なくとも遺留分侵害額だけは確保してやりたいという遺言者の真意を生かすため、遺言時点において判明している限りの資料に基づき予想される遺留分侵害額の見込みを立てて、当該相続人に対する遺贈ないしは「相続させる」旨の遺言により同人に取得させる具体的な金額を算定した上、ある程度状況の変化に対応できるような柔軟な条項とするため、上記作成例のような条項とすることも一方法でしょう。

第2章 特殊な希望の実現等 －付言事項等－　　135

29　遺留分に対処するため生命保険を活用したい場合

ケース

遺言者は、同居している長男甲野一郎に自宅を相続させることにしました。自宅の他に相続させるめぼしい財産はありません。他の弟妹から、遺留分を侵害したとして遺留分侵害額請求をされたときに、一郎は、生活に余裕がなく、この請求額を到底支払うことができません。このような場合に備えて、どうすればよいでしょうか。

作成例

第〇条　遺言者は、長男甲野一郎（昭和〇〇年〇〇月〇〇日生、以下「長男一郎」という。）に自宅を相続させる。

第〇条　遺言者は、令和〇〇年〇〇月〇〇日、遺言者を保険契約者兼被保険者として保険者である甲生命保険相互会社との間で締結した生命保険契約（証券番号〇〇〇〇〇〇）の死亡保険金受取人を、妻甲野花子から、長男一郎に変更する。

2　遺言執行者は、この遺言の効力が生じた後、速やかに甲生命保険相互会社に対し、第1項による保険金受取人の変更の通知をするとともに、所定の手続を取るものとする。

視　点

長男一郎に改正後の民法（相続法）の下では遺留分侵害額請求を受

ける金銭債務（以下「遺留分に係る金銭債務」といいます。）を支払う
余裕がないときに、①遺言者を被保険者とする死亡保険金につき、長
男一郎を受取人とすることにして、その給付金で遺留分に係る金銭債
務を支払うことの可否、②死亡保険金又はその掛金は、民法903条の特
別受益に準じて持戻しの対象となるかという問題があります。持戻し
の対象となった場合には、特別受益を受けたものとして扱われ、一郎
に遺留分に係る金銭債務の負担をかけないようにとの遺言者の意図が
実現できないおそれがあります。

解　説

1　死亡保険金は、相続の対象とならない

　特定の相続人である長男一郎に対し、遺産のほぼ全部に当たる自宅
である不動産を相続させた場合、他の相続人から、遺留分権利者とし
て遺留分侵害額請求等を受けるおそれがあります（民1042以下）。この
場合、長男一郎は、不動産を取得することにより、遺留分侵害額請求
を受ける限度で金銭債務を支払うことになります。長男一郎に余裕が
あれば、あらかじめ負担付相続又は負担付遺贈とし、その負担を無理
のない分割で支払うという方法もあります。しかし、一郎はこの遺留
分に係る金銭債務を支払う余裕がありません。このような場合に、長
男一郎を死亡保険金の受取人とすることにして、その給付金で遺留分
に係る金銭債務を支払うようにすることが考えられます。被相続人が
自己を保険契約者及び被保険者とし、共同相続人の一人又は一部の者
を保険金受取人と指定した死亡保険金は、その保険金受取人が自ら固
有の権利として取得するのであって、相続財産に属するものではない
とされています（最判昭40・2・2民集19・1・1）。これによれば、この死亡
保険金は、長男一郎が固有の権利として取得し、遺贈又は贈与に係る

財産に当たらないから、この保険金により、遺留分侵害額請求を受ける限度で遺留分に係る金銭債務を支払うことができるものと思われます。

2 死亡保険金につき、特別受益に準じて持戻しとなる場合

死亡保険金請求権は、遺贈又は贈与に係る財産に当たらないが、保険金の額、この額の遺産に対する比率、保険金受取人である相続人及び他の共同相続人と被相続人との関係、各相続人の生活実態等の諸般の事情を総合考慮して、保険金受取人である相続人とその他の共同相続人との間に生ずる不公平が民法903条の趣旨に照らし到底是認することができないほどに著しいものであると評価すべき特段の事情が存する場合には、同条の類推適用により、特別受益に準じて持戻しの対象となるとされています（最決平16・10・29民集58・7・1979）。

具体的にどのような場合にここにいう特段の事情があるかについては、保険金受取人である相続人とその他の共同相続人との間に生ずる不公平が民法903条の趣旨、つまり特別受益者と遺留分の制度趣旨に照らして到底是認することのできないほどに著しいかどうかによることになりますが、具体的には裁判例の集積を見ていくことになるでしょう。これまでの裁判例には、上記に掲げられた諸般の事情のうち、保険金の額、この額の遺産に対する比率に重点が置かれている傾向がみられます。

なお、この死亡保険金請求権が特別受益に準ずるものとして扱われる場合、それが遺留分侵害額請求の対象となるかどうかは判然としませんが、上記の特段の事情が認められること、改正後の民法（相続法）の下では金銭請求であることからすれば、対象とするという考えもあるでしょう。

参考判例

○死亡保険金につき持戻しを否定したもの。

（大阪高決平22・8・26（平21（ラ）1227））

○同上

（東京高判平26・3・19金判1493・19）

○死亡保険金につき持戻しを肯定したもの。

（東京高決平17・10・27家月58・5・94）

第2章　特殊な希望の実現等　－付言事項等－　　139

30　遺留分侵害額請求に対する負担の順序を定める場合

ケース

遺言者は、自宅である建物とその敷地を妻甲野花子に相続させ、自宅を除く預金を含む他の一切の財産を長女山川梅子に相続させることにしました。長男一郎は、家業を引き継ぐことを嫌って、家を飛び出していますが、おそらく遺留分侵害額請求をするでしょう。遺言により、遺留分侵害額請求がされた時には、まず、長女梅子に相続させた分から解決してもらい、それでも足りないときに初めて妻甲野花子の相続した分について遺留分侵害額請求をするように決めておくことはできますか。

作成例

第1条　遺言者は、遺言者の有する別紙目録〔省略〕記載の自宅である建物とその敷地を妻甲野花子（昭和○○年○○月○○日生）に相続させる。

第2条　遺言者は、前条に記載した自宅である建物とその敷地を除く、別紙目録記載の預金を含む遺言者の有する一切の財産を長女山川梅子（昭和○○年○○月○○日生）に相続させる。

第3条　遺言者は、遺留分侵害額については、まず長女山川梅子から負担すべきものと定める。

140 第2章 特殊な希望の実現等 －付言事項等－

視 点

　遺留分減殺についての別段の意思表示の定め方は、平成30年の民法（相続法）改正により、変更がありました。

　改正前は、遺贈（特定の財産を相続させる遺言も同じ扱いになる）が複数された場合には、その目的の価額の割合に応じて減殺するが、遺言者はこれと異なる定めをすることができました（改正前民1034）。

　これと異なり、平成30年改正後の民法（相続法）の下では、遺留分は、遺留分侵害額請求として金銭による解決だけになりましたので、遺留分侵害額請求については、負担する者の順序を指定することができるだけになります（民1047①二ただし書）。

解 説

1　民法（相続法）改正前の遺留分制度

　民法（相続法）改正前の下では、遺留分減殺が置かれ、遺贈、贈与、相続分の指定及び特別受益に関する意思表示による遺留分の侵害に対し、被相続人のした財産の処分につき物権的効果としての遺留分減殺請求を定めていました（改正前民902①・964・1031）。

　遺留分減殺の順序は、まず①遺贈、②贈与、日時が異なる複数の贈与がされたときには、③後の贈与から順次前の贈与とされていました。遺贈等の目的財産が複数あるときは、その目的物の価額の割合に応じて減殺するとされていました（改正前民1033〜1035）。この順序に関する上記①から③までの規定は、強行法規であり、遺言で異なる定めをしても、効力は生じないものとされていました。

　しかし、遺贈等の目的財産が複数あるときは、原則としてその全てについてその目的物の価額の割合に応じて遺留分減殺の効果が及ぶこ

とになりますが、遺言で別段の意思表示をすれば、これと異なる減殺対象財産の順序を定めることができました（改正前民1034）。

2　民法（相続法）改正後の遺留分侵害額請求

　改正後の民法（相続法）の下では、遺留分制度は見直され、当然に物権的効果が生じることはなくなり、これに伴い、遺留分権利者は、遺留分侵害額に相当する金銭の支払を請求することができるものとされました（民1046①）。

　改正後の民法（相続法）の定めによる遺留分侵害額の負担の順序又は割合は次のとおりです（民1047①一～三）。

① 　受遺者と受贈者とがあるときは、受遺者が先に負担します（民1047①一）。

② 　受遺者が複数あるとき、又は受贈者が複数ある場合においてその贈与が同時にされたものであるときは、受遺者又は受贈者がその目的の価額の割合に応じて負担します。ただし、遺言者がその遺言に別段の意思を表示したときは、その意思に従います（民1047①二）。

③ 　受贈者が複数あるとき（②に規定する場合を除きます。）は、後の贈与に係る受贈者から順次前の贈与に係る受贈者が負担します（民1047①三）。

　作成例は、上記②のただし書にのっとり、遺言者が遺言において別段の意思表示をしたものです。**作成例**では、いわゆる相続させる遺言により、妻甲野花子が自宅建物とその敷地を、長女山川梅子が預金を含むその余の一切の財産を全て承継するとされています。

　相続させる遺言は、特定財産承継遺言として遺留分侵害額請求の判断においては遺贈と同じ扱いを受けるものと定められました（民1046①、特定財産承継遺言につき民1014②参照）。相続から除かれた長男甲野一

郎から遺留分侵害額請求がされた場合に、その遺留分侵害額は、妻甲野花子及び長女山川梅子が相続を受けた財産の価額の割合に応じて負担することになります（民1047①二）。**作成例では、第3条により、長女山川梅子から先に負担することにしたものです。**万一、遺留分侵害額が長女山川梅子の負担の限度額（相続させる遺言により取得した財産の目的価額から長女山川梅子自身の遺留分額を控除した額（民1047①・④））を超える場合には、妻甲野花子が負担することになります。

　なお、遺言者が、遺言において遺留分侵害額請求に対する負担を別段の意思表示として定めることができるのは、前記②の場合、すなわち、「受遺者が複数あるとき、又は受贈者が複数ある場合においてその贈与が同時にされたものであるとき」に限られます。したがって、前記①又は③の場合について、遺言で条文の内容と異なる意思表示をしても効力が生じないことになるので、この点は留意する必要があります。

第2章 特殊な希望の実現等 —付言事項等— 143

31 相続人に障害者等がいる場合などで、当該相続人の今後の生活に配慮したいが、そうすると他の相続人の遺留分を侵害してしまう場合

ケース 遺言者は、精神障害者保健福祉手帳1級の認定を受けた長男乙川一郎の行く末が心配でなりません。何かと面倒を見てくれている次女甲野桃子にできるだけ多くの遺産を相続させて、遺言者の亡き後の世話を頼むほかにありません。しかし、他の相続人から、遺留分侵害額請求がされる可能性があります。どうしたらよいでしょうか。

作成例1 負担付相続

第○条 遺言者は、○○銀行△△支店にある遺言者名義の口座の預金債権を長女山野梅子（昭和○○年○○月○○日生）に相続させる。

第○条 遺言者は、前条の預金債権を除くその余の遺言者の有する一切の財産を次女甲野桃子（昭和○○年○○月○○日生）に相続させる。ただし、次女桃子は、この相続をすることの負担として、長男乙川一郎（昭和○○年○○月○○日生）が死亡するまで同人を扶養しなければならない。

144　　第２章　特殊な希望の実現等 －付言事項等－

作成例２　遺言信託

第〇条　遺言者は、遺言者の有する財産につき、次のとおり信託
　を設定する。
1　この信託は、別紙目録〔省略〕記載の不動産（信託不動産）
　及び現金（信託金融資産）を信託財産として管理及び処分を行
　い、受益者に生活・介護・療養・納税等に必要な資金を給付し
　て、受益者の幸福な生活及び福祉を確保することを目的とする。
2　(1)　この信託の当初受託者は、次女甲野桃子（昭和〇〇年〇
　　　〇月〇〇日生）とする。
　　(2)　信託法第56条により当初受託者の任務が終了したとき
　　　は、桃子の夫である甲野太郎（昭和〇〇年〇〇月〇〇日生）
　　　を新たな受託者として指定する。
3　遺言者は、受託者に対し、別紙目録記載の現金が預け入れら
　れている預金口座の名義変更、解約及び払戻し等、この信託の
　目的達成のために必要な権限を与える。
4　この信託の受益者及び受益割合は、次のとおりとする。
　①　長女山野梅子　受益割合6分の1
　②　次女甲野桃子　受益割合6分の2
　③　長男乙川一郎　受益割合6分の3
5　この信託は、長男乙川一郎が死亡したときに終了する。
6　(1)　受託者は、信託不動産の管理を行い、これを賃貸して、
　　　同不動産から生ずる賃料その他の収益及び信託金融資産
　　　をもって、公租公課、保険料、管理費及び修繕積立金、敷
　　　金保証金等の預り金の返還金、管理委託手数料、登記費用
　　　その他の本件信託に関して生ずる一切の必要経費等を支
　　　払う。

第2章　特殊な希望の実現等　－付言事項等－　　　145

> (2)　受託者は、信託不動産から生ずる賃料その他の収益か
> ら、本件信託に関して生ずる一切の必要経費等を控除し
> た残額を第4項に定める割合に従って各受益者に給付す
> る。長男乙川一郎の生活・介護・療養・納税等に必要な費
> 用が不足するときは、受益者次女甲野桃子に給付した金
> 員から支払う。
> 7　管理処分行為の定め　〔省略〕
> 8　清算事務　〔省略〕
> 9　残余財産の帰属者　〔省略〕
> 第〇条　遺言者は、この遺言の執行者として、弁護士丙川三郎を
> 指定する。

視　点

① 　〔作成例1〕他の相続人の遺留分を侵害しないように配慮し、ま
た、相続人の一人に対し、障害者の子が生存中、その扶養義務を負
わせ、これを確実に実行させるための工夫をします。
② 　〔作成例2〕遺言信託により障害者の子の生活支援をすることを
定める場合に具体的な条項を記述します。

解　説

1　作成例1について

　平成30年改正前の民法（相続法）の下では、遺留分減殺請求は、物
権的効果が生じ、その後の処理が非常に複雑となっていました。これ
を避けるために、作成例1のように、長女山野梅子に遺留分に相当す

る預金債権を相続させることがされていました。改正後の民法（相続法）の下においては、遺留分侵害額請求になったので、権利関係が複雑化することはなくなりました。しかし、遺留分に係る金銭債務を負担することになるので、この点をめぐって紛争が生じるおそれがあります。

そこで、作成例１のように、長女山野梅子に遺留分に相当する預金債権を相続させることを定めておくことにより、紛争を避けることができます。

もっとも、遺留分を侵害しても、遺留分権利者がこれを行使するか否かは、その一存に委ねられています。そこで、このような遺言を作成することについて、あらかじめ相続人に事情を説明するか、付言などで理解を求め、遺留分侵害額請求を行使しないようにその協力を得ることも考えられます。

作成例１のように、障害のある長男乙川一郎の生活支援として、残りの遺産全部を特定の相続人甲野桃子に負担付きで相続（又は遺贈）するという方法がとられることがあります。この方法は、甲野桃子への負担が非常に重くなり、また、万一甲野桃子が長男一郎よりも先に死亡した場合、甲野桃子の相続人においてこの負担を引き継ぐかどうかの保証はありません。

このほか、信託銀行等に特定贈与信託を行い、特定の受益者が生きている間は、あらかじめ定めた額の給付を継続的に行い、一定額までは非課税にできるという制度もあります。

２　作成例２について

前記のとおり、負担付相続とすると、甲野桃子の相続人においてこの負担を引き継ぐかどうかの保証がありません。また、受遺者は、遺贈の目的の価額を超えない限度において負担した義務を履行する責任

第２章 特殊な希望の実現等 －付言事項等－   147

を負う（民1002①）にすぎないので、これを類推適用すると、負担付相
続の場合においても、相続した後の不動産収益をもってこの負担を実
行する義務はありません。こうした事情を考慮すると、遺言信託によ
る方法がより適切であろうと思われます。第4項では、遺留分侵害の
問題が生じないように、相続人の受益割合を定めています。なお、こ
の記載例は、東京税理士会調査研究部編『税理士・公証人による　相
続税と信託ガイドブック』208頁（一般財団法人大蔵財務協会、2017）を参
考にしています。

148 第2章 特殊な希望の実現等 －付言事項等－

32 配偶者に自宅での居住を保障したいが、自宅以外に財産がなく、他の相続人に相続させる財産がない場合

ケース 遺言者は、妻の甲野花子が一生安心して暮らせるように、生存中、自宅での居住を保障したいのですが、自宅以外には財産がありません。他に相続人としては、先妻との間に生まれた長男甲野一郎がいます。甲野花子に自宅を相続させると、これに対して、甲野一郎は遺留分に基づき遺留分侵害額請求をするでしょう。甲野花子が生存中、自宅での居住を確実に保障するにはどうすればよいでしょうか。

作成例1 負担付相続

第○条 遺言者は、自宅である別紙目録〔省略〕記載の不動産を、妻甲野花子（昭和○○年○○月○○日生）及び長男甲野一郎（昭和○○年○○月○○日生）に各持分2分の1ずつの割合で相続させる。

　　　ただし、長男甲野一郎は、前記不動産を相続することの負担として、妻甲野花子が死亡するまで妻甲野花子に前記不動産を無償で使用させなければならない。

2　遺言者は、自宅である別紙目録記載の不動産について、その分割を相続開始の時から少なくとも5年間禁止する。

第2章　特殊な希望の実現等　—付言事項等—　　149

作成例2　　配偶者居住権

> 第〇条　遺言者は、自宅である別紙目録〔省略〕記載の不動産の
> 　配偶者居住権を、妻甲野花子（昭和〇〇年〇〇月〇〇日生）に
> 　遺贈する。
> 第〇条　遺言者は、自宅である別紙目録記載の不動産を長男甲野
> 　一郎（昭和〇〇年〇〇月〇〇日生）に相続させる。

視　　点

① 　平成30年改正前の民法（相続法）の下では、遺留分減殺請求によ
り物権的効果が生じて共有となり、その後共有物分割と進み、代償
金の支払が難しいとなると、換価しかありませんでした。そうなる
と、甲野花子は自宅で居住することはできませんでした。

　　そうならないようにするためには、⑦共有分割の禁止（民908）を
するとともに、④長男一郎に自宅を負担付相続（又は遺贈）し、そ
の負担として甲野花子をその生存中、自宅に住まわせることを命じ
ることが行われていました。

② 　平成30年改正後の民法（相続法）の下では、新たに設けられた配
偶者居住権を利用すればよいことになります（配偶者居住権の施行
日は令和2年4月1日）。もっとも、この制度を利用できるのは、婚姻
届をしている配偶者に限られていますので、内縁関係の配偶者につ
いては、①と同じような問題が生じます。

解　説

1　平成30年改正前の民法（相続法）の下での配偶者居住の確保

改正前の民法（相続法）の下においては、遺言者の配偶者が生存中、住み慣れた住居にそのまま暮らしたいと望んでいる場合に、これを端的に実現する方法がありませんでした。例えば、唯一の財産である自宅を配偶者に相続させる遺言をした場合には、他の相続人からの遺留分減殺請求により、物権的効果が生じて共有となり、その後共有物分割の訴えが提起されて、代償金の支払が難しいとなると、通常は換価しかありませんでした。換価されたときには、配偶者は自宅に居住できません。そうならないようにするためには、配偶者に他の相続人の遺留分を侵害しない限度で自宅の持分を相続させ、他の相続人に残りの持分を相続させるとともに配偶者の生存中、無償で配偶者に使用させる負担を命じておくことが考えられます。この場合、共有となると、長男一郎は共有分割請求が可能です。しかし、上記の負担により、この共有分割請求を配偶者の生存中は行使できないことになります。もっとも、分割請求の自由は、民法の共有の本質を形作るとされています（川島武宜＝川井健編『新版注釈民法(7)物権(2)』466頁〔川井健〕（有斐閣、2007））。これによると、前記の負担は、長男一郎の分割請求の自由を配偶者の生存中事実上奪うことになるので、権利の濫用に当たり無効とされるおそれがあります。配偶者と長男一郎の双方の事情、必要性、経緯等の諸般の事情を総合して判断することになるものと思われます。配偶者の余命等にもよりますが、改正後の民法（相続法）の下では、配偶者居住権が新たに設けられた点も考慮すると、作成例1のような負担については、特別な事情が認められる場合は別として通常は濫用に当たらないと言えるでしょう。

2 作成例1の第2項の共有物分割禁止について

作成例1の第2項は、第1項中で命じた負担により、分割できないことは明らかですが、念のため、民法908条に基づく相続開始の時から5年間の遺産の分割を禁止する定めを置いたものです。

3 改正後の民法（相続法）の配偶者居住権

改正後の民法（相続法）の下では、本ケースのような場合を想定して、配偶者居住権（改正民1028①）が定められています（なお、配偶者居住権の施行日は令和2年4月1日）。作成例2は、これに沿う条項です。なお、配偶者居住権については、遺産分割のほか、遺贈又は死因贈与によって取得させます（改正民1028）。いわゆる相続させる遺言は、認められていません。なぜなら、配偶者が配偶者居住権の取得を希望しない場合にも、相続放棄をするほかないことになり、かえって配偶者の利益を害するおそれがあること、配偶者居住権の取得には一定の義務の負担を伴う（改正民1032・1034）ことになりますが、一般に、遺産分割方法の指定について負担を付すことはできないと解されていること等を考慮したものとされています（堂薗幹一郎＝野口宣大編著『一問一答 新しい相続法』14頁（商事法務、2019））。

なお、婚姻期間が20年以上の夫婦の一方である被相続人が、他の一方に対し、その居住の用に供する建物又はその敷地について遺贈又は贈与をしたときは、いわゆる持戻し免除の意思表示を推定すると定められました（民903④）。

改正後の民法（相続法）の下では、新たに設けられた配偶者居住権については、法律上被相続人と婚姻をしていた配偶者に限られています（改正民1028①）。内縁関係にある配偶者については、改正前の民法（相続法）の下と同様に取り扱われることになりますので、そのときには、作成例1を参照してください。

手続

遺言の他に、いわゆる民事信託による方法も考えられます。例えば、遺言者が委託者・当初受益者となり、信頼できる第三者（通常、推定相続人とすることが多い）を受託者として、自宅を信託財産とし、信託目的を受益者の生活・介護等に必要な資金等を給付し、受益者の幸福な生活及び福祉を確保するという信託契約をし、第2次受益者として妻甲野花子とすること、その受益権を自宅に居住させることを基本的な枠組みとするものです。

第2章　特殊な希望の実現等 ―付言事項等―　　153

33　遺留分に係る金銭債務の支払方法を指定する場合

> **ケース**　　　遺言者は、長男一郎に自宅を遺贈すること
> にしました。他にめぼしい財産はありません。他の相続人か
> ら、遺留分侵害額請求がされたときには、長男一郎がそのま
> ま自宅に居住できるように、分割払により遺留分に係る金銭
> 債務を支払うことはできませんか。

作成例

> 第○条　遺言者は、遺言者の長男一郎（昭和○○年○○月○○日
> 生）に別紙目録〔省略〕記載の自宅を遺贈する。ただし、長男
> 一郎は、自宅の遺贈を受ける負担として、遺言者の二男二郎に
> 対し、遺言者の死亡した日の属する月の翌月から、5年以内に少
> なくとも月額○万円を、総額○○万円に達するまで、毎月末日
> 限り、同人が指定する銀行口座に振り込んで支払わなければな
> らない。

視　点

① 平成30年改正前の民法（相続法）の下では、遺産分割協議におい
て、不動産を取得した相続人が、他の相続人に対して遺留分に相応
する代償金を支払うという合意がされることがありました（改正前
民1041）。受遺者（又は自宅を取得した相続人）に対し、この合意に

相当する内容をあらかじめ負担として命じておくことにより遺留分の問題は回避できるようにしておくことが考えられていました。

② 平成30年改正後の民法（相続法）によれば、遺留分権利者は、受遺者に対して金銭の支払請求ができる（民1046）にすぎません。受遺者において、金銭請求の支払が無理なくできるように、遺留分侵害額請求を受ける金銭を考慮して、遺留分侵害額請求を免れるために、その分割払の年数、金額の限度等について検討することになります。

解　説

1　平成30年改正前の民法（相続法）

　平成30年改正前の民法（相続法）の下では、遺留分に関する権利を行使すると当然に物権的効果が生じ、遺贈の一部が無効となるものとされていたため、遺贈の目的財産、特に不動産は、遺留分権利者と遺贈を受けた者との間で共有になりました。これに対しては、円滑な事業承継を困難にしたり、共有関係の解消をめぐって新たな紛争を生じさせたりすることになると指摘されていました（堂薗幹一郎＝野口宣大編著『一問一答　新しい相続法』122頁（商事法務、2019））。また、遺留分権利者から減殺請求を受けた場合に、受遺者は、減殺を受けるべき限度において、遺贈の目的の価額を遺留分権利者に弁償して返還の義務を免れることができると定められていました（改正前民1041）。これにより、遺産分割協議において、特定の相続人が不動産を取得し、他の相続人に対してその不動産の本来取得できた持分に相応する代償金を支払うという合意がされました。次に、遺産の分割方法として、共同相続人の一人又は数人に他の共同相続人に対し金銭債務を負担させて、現物をもってする分割に代えることができるが、上記の負担をさせるためには、当該相続人にその支払能力があることを要するとされていまし

た（最決平12・9・7家月54・6・66）。

　同様に遺留分権利者に対する価額の弁償においても、受遺者は価額の弁償を現実に履行するか又は弁済の提供をしなければならず、価額の弁償をすべき旨の意思表示をしただけでは足りないとされています（最判昭54・7・10民集33・5・562）。

　このように、改正前の民法（相続法）の下では、遺留分に関する権利を行使すると当然に物権的効果が生じるとされていたため、遺留分権利者から減殺を受けるべき限度において金銭的負担をさせ、代償分割をしたことと同等の規定を設けることにより、特定の相続人等に対し不動産を遺贈により確実に取得させる方法が取られました。

2　平成30年改正後の民法（相続法）

　改正後の民法（相続法）では、遺留分制度は見直され、遺留分に関する権利を行使することにより、金銭債権が発生することとされました（民1046①）。したがって、本ケースのように、特定の相続人に対して、不動産を取得させること自体は、遺贈によりそのまま実現できることとなりました。

　そうなると、残る問題は、受遺者としては、遺留分権利者からされた金銭請求にどのように対処するか、無理のないように、これを支払う方法はないかということになります。

　まず、負担付遺贈がされた場合、「遺留分を算定するための財産の価額」に加算する贈与の価額は、贈与の目的物の価額から負担の価額を控除した額とすることと定められました（民1045①・1043①）。そこで、遺留分に相応する価額を想定し、その金額を負担させることにより、結果的に、遺留分権利者の権利行使を抑えることになるでしょう。なお、分割払の場合には、相続時点に引き戻して民法の法定利率による複利現価率による修正がされるものと思われますから、その点も考慮

して負担額を定めることが望ましいでしょう。

　次に、金銭の支払方法については、遺留分権利者から請求を受けた受遺者は、直ちに金銭を準備できない場合には、相当の期限を許与することを求めることができます（民1047⑤）（なお、独立した訴えを提起する必要があるか、攻撃防御方法として主張すれば足りるかは、説が分かれています。）。この趣旨は、遺留分権利者が遺留分に関する権利行使をするか否かはその自由な意思に委ねられていること等を考慮すると、金銭請求がされ、これに応じなければ常に履行遅滞に陥ることとすると、受遺者に酷な場合もあり得るので、裁判所は金銭債務の全部又は一部の支払につき相当の期限を許与することができるとされたものとされています（堂薗＝野口編著・前掲126頁）。なお、遅延損害金は、具体的な金額を示して支払を請求したときから生じます。

　上記の金銭債務の全部又は一部の支払につき相当の期限を許与することができるという趣旨からすると、遺留分権利者の生活状況、支払を受ける必要性、緊急性等と受遺者の生活状況、支払の原資、支払の確実性等を総合して最終的には判断することになりますので、これらの点を考慮して分割払の額、期間等を定めることになります。

3　遺言で遺留分に係る金銭債務の支払方法を定めることの可否

　以上の扱いについて、そもそも遺言で遺留分に係る金銭債務の支払方法を定めることができるかという点で、少なくとも相続人全員の同意がない限り、これを認めることができないという見解もあります。その理由は、改正前の民法（相続法）の下で、代償分割が認められるためには、当該遺産を取得し代償分割を行おうとする者に代償金の支払能力があり、相続人間の実質的公平を害しないことが必要であるとされていました（最判平8・10・31民集50・9・2563参照）から、これらの点

第2章　特殊な希望の実現等　－付言事項等－　　157

を考慮することなく、遺言者において、一方的に定めることについて
は、相続人全員の同意があれば別として公平性を害することになると
いう点にあるようです。

　改正後の民法（相続法）の下でも、上記見解の指摘する公平性を損
なわないように、分割支払いの額、期間等を定めることになります。

34 不動産を承継させる者に、遺留分に係る金銭債務の心配をさせたくない場合

ケース　　　遺言者は、同居している内妻甲野花子に自宅を遺贈することにしました。自宅の他にめぼしい財産はありません。相続人から、遺留分を侵害したとして遺留分侵害額請求をされたときに、甲野花子は、生活に余裕がなく、この遺留分に係る金銭債務に相当する金額を到底支払うことができません。甲野花子に死亡保険金を渡して、確実に遺留分に係る金銭債務を支払わせ、相続人との間で、争いが生じないようにしたいのですが、どうすればよいでしょうか。

作成例

第○条　遺言者は、遺言者の内妻甲野花子（昭和○○年○○月○○日生、住所：○○県○○市○○町○丁目○番○号）に自宅を遺贈する。

2　前記甲野花子は、この負担として、遺言者の死亡した日から1年以内に、相続人に対し一人につき○○万円を支払わなければならない。

3　前記甲野花子が本条第2項の金銭の支払を上記期限までに履行しないときは、本条第1項の遺贈の効力は生じないものとする。

第○条　遺言者は、令和○○年○○月○○日、遺言者を保険契約者兼被保険者として保険者である甲生命保険相互会社との間で締結した生命保険契約（証券番号○○○○○○）の死亡保険金

第2章 特殊な希望の実現等 －付言事項等－ 159

　　受取人を、前妻山川梅子から、前記甲野花子に変更する。
　2　遺言執行者は、この遺言の効力が生じた後、速やかに甲生命
　　保険相互会社に対し、第1項による保険金受取人の変更の通知
　　をするとともに、所定の手続をとるものとする。

視　　点

　負担付遺贈を定めた場合には、受遺者にその負担の心配をさせずに、確実に履行させるためには、受遺者に相続対象財産とならない生命保険金等を受け取らせる方法を検討することになります。

解　　説

　内妻甲野花子に遺留分に係る金銭債務を支払う余裕がないときに、遺言者を被保険者とする生命保険金につき、内妻甲野花子を受取人とすることにして、その給付金で遺留分に係る金銭債務を支払うようにすることができます。また、死亡保険金請求権は、基本的には民法903条の持戻しの対象になりません。もっとも、保険金の額、この額の遺産に対する比率、保険金受取人である相続人及び他の共同相続人と被相続人との関係、各相続人の生活実態等の諸般の事情を総合考慮して、保険金受取人である相続人とその他の共同相続人との間に生ずる不公平が民法903条の趣旨に照らし到底是認することができないほどに著しいものであると評価すべき特段の事情が存する場合には、同条の類推適用により、特別受益に準じて持戻しの対象となります（前掲ケース29参照）（最決平16・10・29民集58・7・1979）。

　せっかく、遺言者が遺留分に係る金銭債務のことまで配慮したのに、

受遺者がこれに従わないときは、相続人との間で争いが続くことになります。具体的には、平成30年改正前の民法（相続法）の下では、遺留分権利者からの遺留分減殺請求により物権的効果が生じ、遺留分に相応する遺贈が取り消され、遺留分権利者との共有になりました。その後、共有解消の訴え等を経て、現物分割、代償分割、換価による分割等に進んでいきました。

改正後の民法（相続法）の下では、遺留分権利者は金銭請求を求めることになります。そのような争いを避けるためには、遺留分に係る金銭債務の支払を確実にしなければなりません。そこで、履行の期限を定めて、期限までに履行をしない場合には、遺贈の効力を生じないとの解除条件を付したものです。

第2章　特殊な希望の実現等　－付言事項等－　　　161

35　他の親族の相続の際に多くの遺産を相続している（又はする予定である）ので、自分の相続では相続させる必要がないと思う場合

ケース　　遺言者は、10年前に離婚した先妻の梅子に自宅を死因贈与しています。梅子との間に長男一郎がいますが、梅子の相続人は一郎だけですので、ゆくゆくは、一郎が梅子から自宅を相続することになります。自宅以外の財産は、後妻の花子に全部相続させるつもりです。もし自分が梅子より先に死んだ場合には、一郎から花子に対し、遺留分侵害額請求権が行使され、花子が困るのではないかと心配しています。花子が困らないようにするには、どのような遺言をすればよいでしょうか。

作成例

【付言】

　私の亡き後、花子が安心して暮らしていけるように、自宅以外の財産を全て相続させることにしました。梅子には自宅を死因贈与しましたので、一郎は、梅子からの相続によりゆくゆくは自宅を取得することになります。一郎は、将来、自宅を相続するので、花子に対しては、遺留分侵害額請求権を行使しないでください。一郎にも財産分けができずに、心苦しいのですが、これまで学資等を送ってきたこともあり、このことをも酌んでください。

162　　第２章　特殊な希望の実現等 ―付言事項等―

視　点

　相続時点では、遺留分侵害に当たりますが、将来確実に取得することが予定されている財産を考慮すると、遺留分侵害額請求権を行使することが公平を欠く場合に、この行使を防ぐ方法を検討することになります。

解　説

1　遺留分の請求について

　遺留分制度は、被相続人の財産について遺留分権利者に最低限の取り分を保証する制度であるとされています(堂薗幹一郎＝野口宣大編著『一問一答　新しい相続法』143頁（商事法務、2019))。

　遺留分侵害額請求権（民1046）は、侵害を受けた相続人の権利であり、行使するかどうかは、相続人がその一存で自由に決めることになります。したがって、遺言に記載したからといって、遺留分侵害額請求権の行使を制限することはできません。しかし、**作成例**のように、将来確実に取得することを予定している財産を考慮すると、遺留分権利者には遺留分制度の趣旨である最低限の取り分は十分確保されており、遺留分権利者に遺留分侵害額請求権の行使を認めるまでの必要がないといえる場合があります。

　このような場合に、遺留分権利者に対して、その権利行使の自粛を求めることがあります。自粛を求めるにすぎませんから、遺言中に法定遺言事項として記載することはできません。また、遺留分権利者がこれに従うかどうかは、全くの自由で、強制することはできません。そのため、**作成例**のように、遺言中の付言として、遺留分権利者にそ

第2章　特殊な希望の実現等 －付言事項等－　　　163

の自覚を促すように、説得に十分な事情をできる限り明らかにして遺
留分侵害額請求権の行使の自粛を求めるということになります。

2　生前贈与と持戻し

　なお、平成30年相続法改正前の民法の下の判例（最判平10・3・24民集
52・2・433）及び実務では、相続人に対して生前贈与がされた場合には、
その時期を問わず原則として特別受益として持戻しの対象になり、そ
の全てが遺留分を算定するための財産の価額に算入されるとされてい
ました。しかし、平成30年相続法改正後の民法では、受遺者等の法的
安定性と相続人間の実質的公平という二つの要請の調和の点から、相
続開始前の10年間にされたものに限ることとされました（民1044）。な
お、自宅の贈与を受けた時から10年を経過していた場合には、持戻し
の対象となりません。

3　共同相続人間における無償による相続分の譲渡と贈与

　なお、共同相続人間においてされた無償による相続分の譲渡は、債
務超過等の場合以外は、譲渡をした者の相続の遺留分算定では、譲渡
をした者から譲渡を受けた者への「贈与」に当たるとされます（最判平
30・10・19民集72・5・900）。例えば、妻が死亡し、その相続人が夫、長男、
二男の場合に、夫が二男に対して無償で相続分の譲渡をした場合には、
二男への贈与に当たります。これにより、その後の夫の相続の際に長
男に多くの遺産を相続させる遺言があったとしても、その遺留分の計
算では、二男は上記無償の譲渡を受けた相続分は、夫からの二男への
贈与として扱われることになり、二男の遺留分はその分だけ減少しま
す。このような方法を用いて、夫婦の財産を通算して長男、二男に遺
留分侵害がないように配分する方法も考えられます。なお、念のため
申し添えておくと、贈与の扱いとなるのは、相続分の無償譲渡の場合

であり、相続放棄等による場合はなりません。このことも考慮して、相続人相互間で相続分を無償で譲渡するか、あるいは相続放棄をするか等を検討しておくことがよいと思います。

参考判例

○共同相続人間においてされた無償による相続分の譲渡は、譲渡に係る相続分に含まれる積極財産及び消極財産の価額等を考慮して算定した当該相続分に財産的価値があるとはいえない場合を除き、上記譲渡をした者の相続において、民法903条1項に規定する「贈与」に当たる。

（最判平30・10・19民集72・5・900）

第2章　特殊な希望の実現等 —付言事項等—　　165

36　遺留分侵害額請求の自粛を求める場合

ケース　　遺言者には、二人の子がいますが、長男一郎は亡夫から相当多額の遺産を相続していますし、家を建てる際に遺言者から2,000万円の援助を受けています。一郎には既に十分な遺産を分けていますので、遺言者の遺産は、二男の二郎に全部相続させたいと思います。しかし、一郎が遺留分侵害額請求権を行使すると、二郎が困ることになるかもしれません。そうならないように、遺言で、一郎が遺留分侵害額請求権を行使しないようにすることはできませんか。

作成例

【付言】
　この遺言で二郎に全部相続させることにしたのは、家業を引き継いだ一郎には、お父さんの相続の時に大半を相続したこと、一郎が平成29年1月に家を建てる時に、私から○○銀行の預金口座から住宅資金として2,000万円を援助したことにより、私たち夫婦の財産を十分渡しているからです（このときの通帳の写しを添付しておきます。）。一方、二郎は、お父さんの相続の時には、何ももらわず、一郎のために相続を放棄してくれました。私としては、二郎にも、私たち夫婦の財産をできる限り公平に分けてあげたいと考えています。この思いは、お父さんも同じでした。一郎は、私たちの思いを十分受け止めて、万一にも、二郎に対し、遺留分侵害額請求権を行使しないようにしてください。

166　第2章　特殊な希望の実現等 ―付言事項等―

視　点

　遺留分侵害額請求権の行使（民1046）は、相続人の権利であり、行使するかどうかは、相続人に一任されており、遺言で制限することはできません。しかし、作成例のように、両親からの相続を一体として見ると、遺留分侵害額請求権の行使を認めると、実質的にはかえって公平を欠くということがあります。また、生前贈与を受けていた場合には、これにより遺留分侵害額請求権の行使が制限されることになりますが、生前贈与については、遺留分侵害額請求権の行使を受ける可能性がある二郎のために、生前贈与に関する客観的資料を残しておく必要があります。

　そこで、付言中に、①遺留分侵害額請求権の行使を自粛することを求め、②仮に行使した場合に備えて、生前贈与があったことに関して客観的資料を残しておくというものです。

解　説

1　遺留分侵害額請求の自粛

　平成30年相続法改正前の民法は、相続分の指定や遺贈につき、遺留分に関する規定に違反することができないとの定めをしていました（改正前民902①ただし書・964ただし書）。もっとも、その違反する行為が当然に無効になるのではなく、遺留分権利者又はその承継人からの遺留分の減殺請求によって、被相続人のした財産の処分につき減殺の効果が生じるとされていました。

　平成30年相続法改正後の民法1046条によれば、遺留分減殺請求は廃止され、遺留分侵害額請求権の行使に改められましたが、遺留分権利者又はその承継人からの遺留分の侵害額請求によって、被相続人のし

た財産の処分により財産を取得する受遺者や特定財産承継者に金銭的負担が生じることには変わりはありません。したがって、遺留分侵害額請求権者に対して、その権利行使の自粛を求めることは、意味があります。もとより、自粛であるので、遺言中に法定遺言事項として記載することはできません。また、遺留分侵害額請求権者がこれに従うかどうかは、その一存に任されています。このようなことから、遺言中の付言として、その自覚を促すように、説得することを裏付ける具体的な事情をできる限り明らかにして遺留分侵害額請求権の行使の自粛を求めるというものです。

2　贈与の時期と持戻し

　従前の判例（最判平10・3・24民集52・2・433）及び実務は、相続人に対して生前贈与がされた場合には、その時期を問わず原則として特別受益に当たり持戻しの対象となり、その全てが遺留分を算定するための財産の価額に算入されるとされていました。しかし、平成30年相続法改正後の民法では、受遺者等の法的安定性と相続人間の実質的公平という二つの要請の調和の点から、相続開始前の10年間にされたものに限ることとされました（民1044）。

　これにより、生前贈与の時期、内容、その裏付け資料等がより一層重要となります。そこで、生前贈与について、時期、その内容等を付言に記しておくとともにこのことを明らかにする預金口座の通帳の写し等を添付し、遺留分侵害額請求権の行使に備えておくことが考えられます。

（趣味・愛玩具・ペット）

37　ペットの世話を託したい場合

> **ケース**　遺言者は、遠方に住んでいて多忙な長男甲野一郎一家と滅多に会えないため、愛犬甲を飼って家族同様に可愛がっています。長男からは、遺言者の死後も愛犬甲の引取りや世話はできないと言われているため、遺言者は、自分の死後は、近所で親しくしており、愛犬甲もなついている乙山幸子さんに愛犬甲の世話を頼みたいと考えています。どのような遺言をしたらよいでしょうか。

作成例

第○条　遺言者は、遺言者の有する以下の財産を、遺言者の知人乙山幸子（昭和○○年○○月○○日生、住所：○○県○○市○○町○丁目○番○号）に遺贈する。
(1)　愛犬甲（犬種○○、雄、○歳）
(2)　○○銀行△△支店に対する預金全て
2　乙山幸子は、前項記載の財産の遺贈を受ける負担として、同項(1)記載の遺言者の愛犬甲を愛情をもって誠実に飼育しなければならず、愛犬甲が亡くなったときは、手厚く埋葬し、供養しなければならない。
第○条　遺言者は、本遺言の遺言執行者として、以下の者を指定する。
〔省略〕

第2章　特殊な希望の実現等 －付言事項等－　　169

視　点

　作成例は、負担付遺贈の例ですが、遺言者の死後、遺言者が飼育していたペットの世話を誰にどのように託すかについては、考えられる方法とそれぞれのメリット・デメリットを考慮し、適切な方法を選択する必要があります。

解　説

1　遺言者の死後、ペットの世話を託する方法

　遺言者の死後、遺言者が愛情を注いで飼っていたペットを相続人が引き取って世話を続けることができればよいですが、それができない場合に、ペットの世話を第三者に任せる方法として、①負担付遺贈、②負担付死因贈与、③ペット信託が考えられます。

2　負担付遺贈

　負担付遺贈は、遺言により、遺言者が受遺者に対して遺産の全部又は一部を無償で譲与する代わりに、受遺者に一定の法律上の義務を負担させる遺贈ですが（民1002①）、負担の内容は、遺贈の目的と直接関係のない内容や経済的利益に当たらないものでもよいとされており（日本公証人連合会編著『新版　証書の作成と文例　遺言編［改訂版］』57頁（立花書房、2013））、作成例のように「ペットの飼育、その埋葬、供養」も負担の内容となり得ます。遺言でペットの世話等の負担付遺贈をする場合は、受遺者において、ペットのためにどのようなことをすればよいのか分かるように、負担内容を遺言で具体的に定めておくのがよいでしょう。

　負担付遺贈は、受遺者において自由にこれを放棄することができま

す（民986）から、受遺者に対し、遺言者の思いに沿うペットの飼育等をしてくれるかどうかを事前に確認しておくのが望ましいでしょう。

また、受遺者において、財産の遺贈を受けながら、遺言に記載されたペットの飼育等の負担を履行しないおそれもありますから、遺言執行者を指定しておきましょう。遺言執行者は、遺言の内容を実現するため、相続財産の管理その他遺言の執行に必要な一切の行為をする権利義務を有していますし（民1012①）、遺言執行者がその権限内で遺言執行者であることを示して行った行為は、相続人に対して直接効力を生じます（民1015）。ですから、受遺者が遺贈された財産を取得しながら、負担を履行しない場合には、遺言執行者の権限として、相当の期間を定めて受遺者にその履行を催告することができ、受遺者がその期間内に履行しないときは、遺言の負担付遺贈の部分の無効を家庭裁判所に請求することができる（民1027。その効果は民995）など、負担の執行状況の監視機能を果たすことが期待できます。

3　負担付死因贈与

次に死因贈与は、贈与者の死亡によって贈与の効力が生ずるものとされた贈与契約であり、受贈者が対価に当たらない程度の一定の義務を負担するのが負担付死因贈与です（民553・554）。遺贈が遺言者の単独行為であるのに対し、死因贈与は契約ですから、贈与者と受贈者の間で、財産を死因贈与する代わりにペットの飼育等をすることが合意されており、負担付遺贈に比べ、ペットの飼育等が履行されないおそれは低いと考えられます。もちろん、この場合でも、受贈者が、財産だけ入手してペットの世話等を履行しないおそれはあります。この場合、相続人は、遺贈の規定を準用して取り消すことができます（民554・1027）。

また、死因贈与に遺言執行者の規定の準用を認め、その契約におい

第2章　特殊な希望の実現等　―付言事項等―　　　171

て執行者を指定することができるというのが通説かつ行政先例であり（日本公証人連合会編著・前掲204頁）、執行者を選任することにより、負担の執行状況の監視機能を果たすことが期待できます。

　以下の作成例は、負担付死因贈与の例です。

〈負担付死因贈与の例〉

　第○条　贈与者甲野花子は、贈与者の死亡によって効力が生じ、死亡と同時に所有権が受贈者乙山幸子に移転するものと定め、令和○○年○○月○○日、贈与者の有する以下の財産を、無償で乙山幸子に贈与することを約し、乙山幸子は、これを承諾した。

　　(1)　愛犬甲（犬種○○、雄、○歳）

　　(2)　○○銀行△△支店に対する預金全て

　第○条　乙山幸子は、本件死因贈与契約による贈与を受ける負担として、前条(1)記載の遺言者の愛犬甲を愛情をもって誠実に飼育しなければならず、愛犬甲が亡くなったときは、手厚く埋葬し、供養しなければならない。

　第○条　贈与者は、以下の者を執行者に指定する。

　　〔省略〕

4　ペット信託

　負担付遺贈や負担付死因贈与の問題点、すなわち、遺言者から財産を取得しながら、ペットの世話等の負担を履行しないおそれを解消する方法としてペットの信託が考えられます。

　本ケースでは、愛犬甲には権利能力がないので、受益権の帰属主体である受益者にはなれません。そこでいわゆる「目的信託」の設定が

考えられます。目的信託とは、受益者の定め（受益者を定める方法の定めを含みます。）のない信託（信託258①）であり、この信託では、特定の受益者を想定せず、信託財産は受益者の利益のためでなく、信託の目的達成のために管理、処分されることになります。目的信託の類型には、①権利能力のない者のために設定される信託と、②非公益目的のために設定される受益者を確定できない信託があり、①の例としてペットの飼育のために設定する信託があるといわれています（日本公証人連合会編著・前掲111頁）。

　しかしながら、目的信託は、存続期間が20年を超えることができないため（信託259）、長生きするペットに利用するには不向きですし、目的信託受託者は、信託法附則3項、信託法施行令3条により一定の法人に限定されており、税務上の問題等もあり、目的信託としての受託をする信託会社は見受けられない旨の指摘があります（伊庭潔編著『信託法からみた　民事信託の実務と信託契約書例』215頁（日本加除出版、2017）、堀龍兒ほか編著『ペットの法律相談』170頁（青林書院、2016））。

　そこで、目的信託ではなく、ペットの飼育に関心を持つ者と実際の飼育者とを受託者、受益者として信託を構成することが考えられます。

　後掲の**参考書式**は、遺言者の長男を受託者と、愛犬甲を飼育する飼育費用負担者を受益者とし、遺言者の生前から愛犬甲の飼育に関する信託として構成した例です。

第2章　特殊な希望の実現等　－付言事項等－　　173

参考書式

○ペット信託契約書

信託契約書

第1条（契約の趣旨）

　委託者甲野花子は、受託者甲野一郎に対し、次条記載の信託の目的達成のため、第3条記載の財産を信託財産として管理処分することを信託し、甲野一郎はこれを引き受けた。

第2条（信託の目的）

　この信託は、次条記載の財産を信託財産として管理及び処分を行い、甲野花子が飼育する子犬甲の飼育費用等を保全するとともに、子犬甲が終生適切な環境で飼育されるよう、愛情をもって子犬甲の飼育をする者に対し、その飼育等の費用として必要な資金を給付することを目的として信託するものである。

第3条（信託財産）

1　この信託の信託財産は、金○○万円とする。

2　委託者は、受託者に通知して金銭を追加信託することができる。

第4条（信託期間）

　この信託の信託期間は、次の各号のいずれかに該当した時までとする。

　①　子犬甲が死亡した時

　②　信託財産が消滅した時

第5条（委託者）

1　本信託の委託者は、次の者である。

　　　氏名　甲野花子

　　　住所　〔省略〕

　　　生年月日　〔省略〕

2　委託者が死亡した場合、委託者の権利は消滅し相続人に承継されない。

第6条（受託者）

　本信託の受託者は、次の者とする。

　　　氏名　甲野一郎

住所　〔省略〕

生年月日　〔省略〕

第7条（受益者及び受益権等）

1　本信託の当初受益者は、委託者甲野花子とする。

2　当初受益者甲野花子が死亡したときは、第二次受益者として、子犬甲の遺贈を受け飼育する乙山幸子（生年月日〔省略〕、住所〔省略〕）を指定する。

3　委託者甲野花子は、いつでも、前項の第二次受益者を変更することができる。

4　第二次受益者乙山幸子が子犬甲の飼育に適しない状況になったときは、受託者甲野一郎が受益者を変更することができる。

5　受益者は、信託財産から給付を受けることができる。

第8条（信託財産の管理及び給付の内容等）

1　受託者は、本件信託財産を適切に管理し、子犬甲の飼育費用に充てるために受益者に交付するほか、信託目的を達成するために必要な行為を行う。

2　前項の給付額は、受託者が、子犬甲の年齢、健康状況、飼育状況及び信託財産の状況を勘案し、適切に定める。

第9条（善管注意義務等）

　　受託者は、信託事務を処理するに当たっては、本信託の目的に従い、善良な管理者の注意をもってこれをしなければならない。

第10条（管理に必要な事項）

1　受託者は、信託財産については、受託者名義の信託専用口座で管理するなどすることにより、信託財産と受託者の固有財産とを分別して管理し、混同してはならない。

2　受託者は、信託事務処理に係る費用について、信託財産から償還を受けることができる。

3　〔計算期間、帳簿作成、報告等　省略〕

第11条（信託の終了）

　　本信託は、次の事由により終了する。

①　子犬甲の死亡

②　その他信託法に規定する終了事由が生じたとき

第12条（帰属権利者）

〔省略〕

〔以下省略〕

第2章　特殊な希望の実現等　－付言事項等－　175

38　ペットと同じ墓に入りたい場合

> **ケース**　遺言者は、数年前に夫と死に別れ、子供は
> なく、家族同様に愛情を注いでいる愛犬甲と暮らしています。
> 親類との付き合いもほとんどなく、日頃親しくしているのは
> 近所の愛犬家である乙山松子さんです。遺言者は、将来、愛
> 犬甲と同じ墓に入りたいと考えています。どのような遺言を
> すればよいでしょうか。

作成例

第○条　遺言者は、遺言者の有する次の財産を、株式会社○○葬
　　　儀社（代表取締役○○○○、住所：○○県○○市○○町○丁目
　　　○番○号）に遺贈する。
　　〈財産の表示〉　〔省略〕
2　　○○葬儀社は、前項の遺贈を受ける負担として、遺言者の遺
　　　骨を、遺言者が△△霊園（住所：○○県○○市○○町○丁目○
　　　番○号）に有する遺言者の墓に納骨しなければならない。
第○条　遺言者は、遺言者が遺言者の愛犬甲より先に死亡したと
　　　きは、遺言者の有する以下の財産を、遺言者の知人である乙山
　　　松子（昭和○○年○○月○○日生、住所：○○県○○市○○町
　　　○丁目○番○号）に遺贈する。
　　(1)　愛犬甲（犬種、○歳）
　　(2)　○○銀行△△支店に対する預金全て

176 第2章 特殊な希望の実現等 −付言事項等−

> 2 乙山松子は、前項の遺贈を受ける負担として、愛犬甲を愛情
> をもって飼育しなければならず、愛犬甲が亡くなったときは、
> 愛犬甲を火葬の上その遺骨を前条第2項記載の△△霊園の遺言
> 者の遺骨が納められているお墓に納めなければならない。
> 第○条 遺言者は、本遺言の遺言執行者として、以下の者を指定
> する。
> 〔省略〕

視 点

　飼い主とペットの遺骨が同じ墓に入るのは一般的には難しいと思い
ますが、これに対応する霊園も増えているようですので、自分の希望
に応えてくれる霊園を探してよく相談する必要があります。また、自
分の希望が確実に実現するよう、事前の準備を行った上、実現可能な
遺言を作成する必要があると思います。

解 説

1　法規制について

　まずは現実的に考えられる場面として、遺言者がペットより先に死
亡し、遺言者の遺骨が納められているお墓に、ペットの遺骨を納める
ことができるかどうかを検討します。動物は、民法上動産として扱わ
れますが、動物の死体は、廃棄物の処理及び清掃に関する法律（以下
「廃棄物処理法」といいます。）2条1項で廃棄物として定義されていま
す。しかし、ペットの火葬場、葬祭、霊園等の設置管理運営等を業と
する動物霊園事業で取り扱われる動物の死体は、宗教的及び社会的慣

習等により埋葬及び供養等が行われるものであるため、社会通念上廃棄物に当たらず、廃棄物処理法による規制対象とならないとされています（第161回国会 衆議院議員泉健太君提出動物霊園（ペット霊園）事業に関する質問に対する答弁書（平成16年10月29日受領答弁第26号））。ですから、ペットの飼い主が、動物霊園事業者に依頼して死亡したペットを火葬し、その遺骨をペット霊園等に納骨するなど常識的な行為をする限りは法律上の規制の対象となりません。

次に、遺言者の遺骨が納められているお墓に、遺言者が飼っていたペットの遺骨を一緒に入れることができるかどうかですが、墓地、埋葬等に関する法律にはペットの遺骨を飼い主のお墓に直接入れることを規制する規定はありませんから、墓地、埋葬等に関する法律上は、飼い主のお墓にペットの遺骨を入れることは可能と考えられます。

2　墓地使用規制について

しかし、お墓を設置する墓地を使用するためには、①寺院型墓地（同一宗派に属する檀信徒に墓地使用と認める寺院経営の墓地）、②公営墓地、③民営墓地を問わず、墓地使用者が墓地経営者と墓地使用規則に基づいて墓地使用契約を締結し、当該使用規則に基づいて使用する必要があります。墓地、埋葬等に関する法律上は、墓地等の管理者は、遺骨の埋蔵等を求められたときは、正当な理由がなければ拒否できません（墓地13）が、ペットの遺骨は同法の対象ではありませんから、墓地等の管理者は、墓地使用規則に基づき、ペットの遺骨の埋蔵等を拒否することができます。ですから、飼い主のお墓にペットの遺骨を納めることができるかどうかは、墓地使用規則で認められているかどうかによることになります。

この点について、寺院又は霊園等ではペットの遺骨を副葬品として納めることができないことになっているのが一般的で、使用規則に明

確に定めていない場合でも「使用目的の範囲外」などとしてペットの遺骨を拒否することがある旨の指摘があります（ＮＰＯ法人 遺言・相続リーガルネットワーク編著『お墓にまつわる法律実務 埋葬／法律／契約／管理／相続』194頁（日本加除出版、2016））。ですから、遺言者が、特に亡夫も含む先祖代々が埋葬されているお墓に入った場合、同じ墓にペットの遺骨を納めるのは容易ではないと思います。

　しかし、最近は、飼い主の遺骨とペットの遺骨を一緒に納めることができる墓地を用意している民間霊園等もあるようですので、ペットと同じ墓に入りたいと思う場合は、事前によく調査して探してみましょう。そして、希望に沿う霊園が見つかれば、飼い主の遺骨とペットの遺骨を同じお墓に入れるための手続、料金等を含む条件についてよく霊園と相談し、希望通りに遺骨の埋蔵ができるように手配しておく必要があります。

3　遺言作成上の留意点

　飼い主がペットと同じお墓に入ることができる霊園を確保する一方で、飼い主とペットのどちらが先に亡くなっても当該霊園の同じお墓に入るよう手配しておく必要もあります。

　本ケースのように、遺言者の死後の埋葬に関する事項を託すことのできる親類等がない場合には、埋葬事務を含む遺言者の死後の事務について、身近な信頼できる人や司法書士等の専門家と死後事務委任契約を締結し、自分が死亡した場合にペットと入ることのできるお墓に納骨するよう依頼しておくことが考えられます。

　遺言による場合は、葬儀の方法や遺骨の埋蔵等に関する事項は遺言事項でなく、付言事項ですから、遺骨の埋蔵等の方法に関する遺言の実行に法的拘束力を持たせるため、負担付遺贈によることが考えられます。

第2章　特殊な希望の実現等　－付言事項等－

　作成例の前半は、自分の希望通りに焼骨から埋蔵に至る行為を委託できる葬儀社を探し、同社と相談して遺言者の葬儀から遺骨の埋蔵までの手順を定めた上、当該合意を踏まえて葬儀社への負担付遺贈をした遺言例で、現実的な方法の一つとして考えられると思います。ただし葬儀社によっては埋葬に関する業務をしていないようですので、受贈者については、霊園や司法書士等の専門家など、適当な個人あるいは法人を選択する必要があります。

　ペットが遺言者より先に死んだ場合は、遺言者自身でペットの遺骨をお墓に入れることができますが、遺言者がペットより先に亡くなった場合については、作成例のように、ペットの飼育、ペットが亡くなった後の遺骨をお墓に入れる行為を、条件付きの負担付遺贈の遺言で知人に任せることが考えられます。この場合も、負担を依頼する知人とは、事前によく依頼の趣旨やその内容について説明し、理解を得ておく必要があります。

　いずれの場合も、負担付遺贈の負担が確実に履行されるよう、遺言執行者を選任しておくのが相当であり、身近に適任者がいない場合は、司法書士や弁護士等に依頼することも検討する必要があると思います。

180　　第2章　特殊な希望の実現等 ―付言事項等―

39　自分の死後もペットの墓の世話をしてほしい場合

ケース

　　遺言者は、家族同様に愛情を注いだ愛犬甲の墓を作り、愛犬甲の遺骨を埋蔵して供養していますが、自分の死後も、愛犬甲の墓の世話をし、供養を続けてほしいと思います。どのような遺言をするのがよいでしょうか。

作成例

第○条　遺言者は、遺言者の有する以下の財産を長男甲野一郎（昭和○○年○○月○○日生）に相続させる。

　　〈財産の表示〉

　(1)　不動産

　　　〔省略〕

　(2)　愛犬甲の遺骨及び遺言者が△△霊園（住所：○○県○○市○○町○丁目○番○号）に設置した愛犬甲のための墓石等墳墓

　　　〔以下省略〕

2　遺言者は、△△霊園との愛犬甲のための墓地使用契約上の地位を長男に承継させる。

3　長男は、前各項の相続を受ける負担として、少なくとも○○年間は、△△霊園の愛犬甲の墓地の手入れをし、△△霊園の方式に従って愛犬甲を供養しなければならない。

第○条　遺言者は、遺言者の有する以下の財産を△△霊園に遺贈

第2章　特殊な希望の実現等　－付言事項等－　　　181

する。

　〈財産の表示〉　　〔省略〕

2　　△△霊園は、前項の遺贈を受ける負担として、遺言者が△△

　霊園と墓地使用契約をしている愛犬甲の永代供養を、△△霊園

　の方式に従って行わなければならない。

視　　点

　遺言者の死後、遺言者が作ったペットの墓の手入れやペットの供養をどのようにしてもらうかについては、事前に墓の世話等を任せる相手とよく話し合い、具体的な合意をしておきましょう。また、その内容については、相手の加重な負担にならないように留意しましょう。

解　　説

1　亡くなったペットの供養方法

　ペットが亡くなった場合に、ペットのためにお墓を作って供養する方法として、①自宅の庭など私有地にペットのお墓を作り、埋葬して供養する方法、②ペット霊園の施設に納骨して供養する方法等が考えられます。

2　遺言者所有地に墓を作る場合

　ペットの死体は廃棄物の処理及び清掃に関する法律（以下「廃棄物処理法」といいます。）2条1項で廃棄物と定義されています。しかし、ペットを供養するために自宅の庭など私有地に墓石を設置するなどしてお墓を作り、ペットの死体を埋葬したり、ペットの焼骨を埋蔵した

りといった行為は、宗教的及び社会的慣習等による埋葬及び供養を行うものであって、廃棄物処理法による規制の対象外と解されます（第161回国会　衆議院議員泉健太君提出動物霊園（ペット霊園）事業に関する質問に対する答弁書（平成16年10月29日受領答弁第26号）参照）。

　自宅の庭にペットのお墓を作った場合には、お墓の世話や供養を託そうと考える特定の相続人に自宅不動産や預貯金等の財産を相続させ、その負担として、ペットの遺骨や墓石等墳墓その他ペットの供養に必要なものを相続させた上、ペットのお墓の手入れやペットの供養を託すのが現実的であると思います。

3　霊園に墓を作る場合

　遺言者がペットの埋葬等を業とする霊園にペットのお墓を作る場合は、霊園との契約内容や霊園の使用規則により、墓地の使用方法、墓地の使用期限、どのようなお墓を設置できるか、埋葬したペットの供養方法等は異なると思われますので、お墓を設ける前にその内容をよく検討して納得できる霊園を選び、納得できる供養方法を選択することが肝要です。また、ペットのお墓の世話を特定の相続人に託すために、契約や使用規則上問題がなければ、霊園との契約上の地位を当該相続人に承継させておくことも有益であると思います。

　本ケースの作成例は、ペット霊園に個別のお墓を作っている場合に、遺言で、相続人に供養を求めるとともに、霊園にも負担付遺贈によりペットの永代供養を求める例です。ペット霊園によっては、ペットの供養の方法として、人の場合と同様に仏教にのっとり、初七日、四十九日、一周忌、三回忌、七回忌等法要を行う例も多いようですが、供養の方法は霊園によって種々と思います。事前に、供養を求める相続人や霊園と、ペットの供養方法についてよく話し合い、納得できる合意をしておく必要があると思います。

40　愛蔵品・思い入れのある品についての使用や保管を求めたい場合

> **ケース**　　　　遺言者は、趣味で世界各地を回り、蝶を採取して標本を作成してきました。貴重な蝶の標本もあり、希少価値の高いものなので、遺言者の死後も、妻甲野花子に大切に保管してもらいたいと思います。また、遺言者が日頃使用している腕時計は、遺言者が事業を始めた頃に父から贈られ、心の支えになってきたものです。私の事業を引き継ぐ長男甲野一郎にこの時計も引き継がせ、心の支えにしてほしいと思います。遺言者の気持ちを妻や長男に伝えるには、どんな遺言をしたらよいですか。

作成例

> 第〇条　遺言者は、遺言者の有する次の財産を、妻甲野花子（昭和〇〇年〇〇月〇〇日生）に相続させる。
> 　（1）　不動産　　〔省略〕
> 　（2）　蝶の標本
> 第〇条　遺言者は、遺言者の有する次の財産を、長男甲野一郎（昭和〇〇年〇〇月〇〇日生）に相続させる。
> 　（1）　金融資産　　〔省略〕
> 　（2）　遺言者が日常使用していた〇〇社の腕時計
> 第〇条　前各条に記載した財産以外の、遺言者の有する動産その他一切の財産を妻に相続させる。

184　　第2章　特殊な希望の実現等 －付言事項等－

〔以下省略〕

【付言】

　私の蝶の標本は、私が、世界各地を回って収集し、作成してきたもので、今では採取できない貴重な蝶の標本もあり、希少価値の高いものです。妻花子には、私が死んだ後もこの標本を大切に保管し、もし何かの役に立つならそのために使用してください。

　長男一郎に相続させる、私が日頃使用していた腕時計は、私が事業を始めた時に父から贈られたもので、事業が軌道に乗らない時期にも私の心の支えとなってきた大切な物です。一郎には事業と共にこの時計も引き継ぐので、これを心の支えにして良い時も悪い時も精一杯頑張ってほしいと思います。

視　点

　遺言者の遺産の中には、様々な理由や事情から、遺言者にとって、単に経済的な価格のみで測ることのできない価値を持つ思い入れのある品物や愛蔵品があります。これらの物を相続人に相続させる場合、遺言者がどのような理由・事情から、これらの品物に対してどのような思いを抱いているか、遺言者が亡くなった後これらの品物をどうしてほしいのか、遺言の中で具体的に示して相続人に伝えましょう。その方法として、付言を活用することもできます。

解　説

1　特定の遺産を特定の相続人に相続させる旨の遺言

　遺言者の特定の遺産を特定の相続人に相続させる旨の遺言は、特別

第2章　特殊な希望の実現等　－付言事項等－　185

の事情がない限り、遺産分割の方法を定めたものであり、何らの行為を要することなく、遺言の効力発生時に、直ちに当該財産が当該相続人に相続により承継されると解されています（最判平3・4・19民集45・4・477）。ですから、相続させる旨の遺言には、遺言の効力発生時に直ちに権利移転が生じ得る程度に遺言の対象物が特定されている必要があります。実務的には、主要な遺産である不動産については登記事項証明書の記載内容を、預貯金については金融機関名や口座の種類、口座番号等を遺言に記載して特定するのが一般的です。これに対し、それ以外の動産等の遺産については一つ一つ特定して明記するのが困難で現実的でもないことなどから、「前各条に記載した財産以外の、遺言者の有する動産その他一切の財産を○○○○に相続させる。」などとまとめて記載することが多いと思います。

2　相続人に愛蔵品の使用や保管を求める旨の遺言

　しかし、遺言者が、個人的な理由・事情から単に経済的な価格のみでは測ることのできない価値を持つ、強い思い入れのある品物や愛蔵品について、相続開始後に特定の相続人に使用させたいとか保管を任せ、何かの役に立ててもらいたいなどと特別の思いや考えを持っている場合には、その思いや考えが相続人に明確に伝わらなければ、相続開始後、遺言者の思い通りにならないおそれがあります。

　例えば、本ケースの場合であれば、蝶の標本や腕時計が、遺言者の遺品整理の過程で廃棄処分されてしまったり、形見分けとして、妻や長男以外の近親者に交付されてしまったりすることもあり得ます。

　そこで、特に遺言者の思い入れのある品物や愛蔵品については、当該遺産を誰に相続させるのかを遺言に記載するだけではなく、遺言者がどのような思い・考えで当該遺産を特定の相続人に相続させるのか、

また相続した相続人にどのような行為・対応を求めているのかを明確に記載しましょう。ただし、遺言者の思いや考えに関する事項は遺言事項とは言い難いですから、**作成例**のように付言事項として具体的に記載するのが相当です。

第2章　特殊な希望の実現等　－付言事項等－　　187

41　収集品を同趣旨の団体に寄付したい場合

ケース　　遺言者は、妻に先立たれ、子供もいないので、遺言者の死後、これまで国内外で収集してきた絵画を美術館に寄付したいと考えています。どのような遺言をしたらよいでしょうか。

作成例1　　寄付先を特定する場合

第○条　遺言者は、遺言者の有する次の絵画を、○○県立美術館に遺贈する。
　〈絵画の表示〉　〔省略〕

作成例2　　寄付先の選定を遺言執行者に委託する場合

第○条　遺言者は、遺言者の有する次の絵画を、公立美術館に遺贈する。
　〈絵画の表示〉　〔省略〕
2　遺言者は、受遺者の指定を遺言執行者に委託する。
第○条　遺言者は、この遺言の遺言執行者として次の者を指定する。
　〔省略〕

視　点

　遺言者は、遺言で、自分の収集品を同趣旨の団体等に遺贈により寄付することができます。ただし、事前に、遺贈先の団体等と遺言者の遺贈を受け入れるかどうかも含め、よく話し合って合意しておく必要があります。遺言者が自分自身で遺贈先を決められない場合には、遺言執行者に遺贈先の指定を委託することも考えられます。

解　説

1　遺贈による寄付先の決定

　遺言者が自分の遺産である収集品の全部又は一部を、既存の同趣旨の活動等をしている団体等に遺贈しようと考えるのは、自己の収集品を当該団体等に役立ててほしいとの思いによるものと思います。

　しかし、遺言者が、既に組織状況や活動状況等を把握している特定の団体に遺贈する場合はともかく、実際には、遺言者の遺志を継いで収集品を役立ててくれる遺贈先を探すのは容易でないように思います。

　遺言者の収集品の遺贈先として通常考えられるのは、国や市町村等の地方公共団体、ＮＰＯ法人（特定非営利活動法人）、公益社団法人あるいは公益財団法人などであると思われます。そこで、まずは、これらの団体について、主たる活動分野、活動地域、団体の規模、団体の活動状況等を調べて団体の実情を把握し、自分の遺志に沿う組織であるかどうかを検討し、遺贈先となり得る団体等をある程度絞り込みましょう。そして、遺贈先となり得る団体等があれば、それらの団体等を直接見学し、ヒアリングするなどし、遺言者の収集品の遺贈を受け、遺言者の遺志に沿って収集品を役立たせてくれる団体かどうかを更に確認し、納得できる遺贈先を決めましょう。

2 遺贈による寄付をする旨の遺言の留意点

　遺贈による寄付においては、以下の点にも注意が必要です。

　遺言者にとって納得できる遺贈先であっても、相手の団体等の側で、遺言者から収集品の遺贈を受けるとは限りません。当該団体等の組織の運営方針、運営資金、税金面等種々の理由から遺贈を断ることもあり得ますから、団体等を調査する過程で、対象となる収集品の遺贈を受け入れるかどうか、その手続、方法等についても事前に確認し、その他必要事項について合意しておく必要があります。

　また、ＮＰＯ法人は、特定非営利活動促進法に基づくボランティア活動等を目的とする法人ですが、犯罪の隠れ蓑として悪用されているものもあるのではないかとの指摘もあるので、遺贈先とする場合は、一定の基準を満たすことにより税制上の優遇措置を受けている認定ＮＰＯ法人を選ぶのがよいでしょう（認定ＮＰＯ法人制度については、内閣府ＮＰＯホームページ「認定制度について」参照）。

　さらに、遺言者の収集品を遺贈により寄付することにより他の相続人の遺留分を害する場合には、寄付を受けた受遺者が遺留分侵害額の請求の当事者となるなど（改正民1046・1047）、遺産相続をめぐる紛争に巻き込むことになるので、特に配慮する必要があります。

　本ケースの作成例１は遺言者自ら遺贈先を指定して特定の収集品を遺贈する遺言の例ですが、作成例２は、遺言者が遺贈先を遺言で特定できず、遺言執行者を指定して、遺言執行者に受遺者の選定を委託する例です。遺言で遺言執行者に受遺者の選定を委託することについては、これを有効とした判例があります（最判平5・1・19民集47・1・1）。この場合、遺言執行者による受遺者の選定が選定権の濫用として選定の効力が問題にならないよう、遺言において、受遺者の選定基準等を具体的に記載しておく必要があると思います。

第2章　特殊な希望の実現等　－付言事項等－

（親族・家族の介護・養育）

42　家族への介護等を求める場合

> **ケース**　遺言者が死亡した場合、病身で介護を要する妻に財産を残すにしても、その管理や妻の世話をどうするかが心配です。子供はいますが、自主的に十分な妻の世話をしてくれることが期待できない場合、どうすればよいでしょうか。

作成例1　遺言による生活資金給付信託の設定

（信託の設定）
第1条　遺言者は、遺言者の有する別紙〔省略〕記載の財産を、遺言執行者において換価換金処分させ、その換価金から、遺言者の未払の債務、換価処分に関する諸費用、遺言執行者の報酬等を弁済した残金について、次のとおり信託を設定する。
　(1)　信託の目的
　　　受益者の財産管理に関する負担を軽減し、受益者に必要な療養・介護を受けて生活するための資金の給付を行うことを目的とする。
　(2)　受託者
　　　〇〇信託銀行株式会社
　(3)　受益者
　　　遺言者の妻甲野花子（昭和〇〇年〇〇月〇〇日生）

(4)　信託元本

　頭書の換価残額

(5)　信託期間

　受託者が信託を引き受けた日以降〇年間

　なお、受益者に異議がないときは、信託期間の満了後、信託期間を〇年間延長し、その後も同様とする。ただし、信託期間中に受益者が死亡した場合は、信託は終了する。

(6)　上記信託元本の運用

　〔省略〕

(7)　給　付

　信託を引き受けた日から〇か月を経過した日以降、受託者は、受益者の申出により、毎月金〇〇万円を受益者に支払う。その支払方法は、受益者と協議の上、受託者において定める。

(8)　信託の終了事由

　本信託は、信託期間が満了し、受益者が延長を希望しない場合及び受益者の死亡により終了する。

(9)　信託終了の際の信託財産の権利帰属者

　信託の残余財産は、受益者死亡の場合は、その法定相続人を、それ以外の事由による終了の場合は、受益者を帰属権利者とする。

(10)　その他の事項は、受託者の信託約款に従うものとする。

（遺言執行者）

第2条　遺言者は、この遺言書の遺言執行者として、前記〇〇信託銀行株式会社を指定する。

作成例2 妻に対する財産を相続させる遺言と妻と専門家との間の事務委任契約書

1 妻に対する財産相続の遺言

> 第○条　遺言者は、遺言者の有する次の財産を遺言者の妻甲野花子に相続させる。
>
> 〔財産の列記　省略〕
>
> 第○条　遺言者は、本遺言の遺言執行者として、次の者を指定する。
>
> 住所：○○県○○市○○町○丁目○番○号
>
> 氏名：乙野一郎　昭和○○年○○月○○日生

2 事務委任契約書

> 第1条（契約の趣旨）
>
> 　甲野花子（以下「甲」という。）は、乙野一郎（以下「乙」という。）に対し、甲の夫甲野太郎からの相続に関する各種手続、甲の各種生活費、療養看護費の支払、預貯金及び有価証券等の金融資産の入出金、解約、甲の所有する財産（相続した財産を含む。）の管理、処分に関する事務を委任し、乙はこれを受任する。
>
> 第2条（委任事務の範囲）
>
> 　甲は、乙に対し、「別紙代理権目録（委任契約）〔省略〕」記載の委任事務（以下「本件委任事務」という。）を委任し、その事務処理のための代理権を付与する。
>
> 第3条（委任事務の開始）
>
> 　本件委任事務は、甲の夫甲野太郎が死亡した日から開始する。
>
> 第4条（証書等の引渡し等）
>
> 　甲は、乙に対し、本件委任事務処理のために必要と認める範

囲で、適宜の時期に、次の証書等及びこれらに準ずるものを引き渡す。

〔省略〕

第5条（費用負担）

　乙が本件委任事務を処理するために必要な費用は、甲の負担とし、乙は、その管理する甲の財産からこれを支出することができる。

第6条（報酬）

　乙の本件委任事務処理の報酬は、甲と乙が別途協議して定める。

第7条（報告）

　乙は、甲に対し、6か月ごとに、本件委任事務処理の状況につき報告書を提出して報告する。

2　甲は、乙に対し、いつでも、本件委任事務処理状況につき報告を求めることができる。

作成例3　　負担付遺贈

第○条　遺言者は、遺言者の有する下記財産を乙山春子（昭和○○年○○月○○日生、住所：○○県○○市○○町○丁目○番○号、遺言者との関係：○○）に遺贈する。ただし、乙山春子は、下記財産の遺贈を受ける負担として、遺言者の妻甲野花子が、死亡するまで、同人が在宅生活可能な状況にあるときは同人と同居し、入院が必要な場合は、適切な医療機関に入院させて、扶養介護しなければならない。

〔財産の列記　省略〕

194 第2章 特殊な希望の実現等 ―付言事項等―

視 点

　妻の病状が、どの程度の介護や世話を必要とするものかを検討して見極めることが必要と思われます。その上で、そのような妻に対する介護や扶養を託するに適する機関や人を選定し、適切な対応策をとっておくことになります。

解 説

1　妻の介護等を託する人がいる場合

　身内・知人に、妻の介護や世話を託することができる人がいる場合は、作成例3のように、妻の世話を託する人に対して、その負担に見合う一定の財産を負担付遺贈するという方法が考えられます。負担付遺贈の場合、受遺者は、遺贈の目的の価額を超えない限度において、負担した義務を履行する責任を負います（民1002①）。遺言の付言で、受遺者に妻の介護を託することを記載することもできますが、付言は、あくまで遺言者の希望や気持ちを事実上相続人に伝えるにすぎず、法的な義務を生じさせるような効果はありません。それよりは、負担付遺贈の方が、その財産を受ける以上、法的な義務となるので、確実性は高いといえます。その際は、負担の内容として、何をしなければならないかをできるだけ具体的に記載することが、肝要です。抽象的に例えば「世話をすること」というような記載では、義務を履行したといえるかどうか不明確になってしまいます。

2　妻の介護等を託する人がいない場合

　妻の世話を託する人がいない場合、遺言だけでは、解決がつきませ

ん。まず、妻の病状に照らして、必要な介護や身辺の世話を受けることができるような介護・福祉サービスの手続をとっておくことが必要となると思われます。その関係の具体的な対応は、地域包括支援センターに相談するのも一つの方法でしょう。その上で、必要な介護等を受ける妻の生活を支える仕組みを検討することになります。妻自身で、財産管理ができるのであれば、財産を妻に相続させて、その財産から妻の管理の下で支払等を行うことも可能でしょうが、病身の妻が自ら財産管理を行うことが困難な場合、財産管理を誰かに託す必要があります。

　作成例1は、信託銀行が行っている生活資金給付信託（各銀行に目的に対応した様々なプランがあります。）を利用する場合の例です。実情に合わせて、財産を換価処分して金銭を信託銀行に信託し、月々、妻に介護等の費用を含め生活資金を給付するというものです。この場合、妻は、遺言者の有する自宅で生活することを前提とするのか、施設に入居することを前提とするかで、換価処分する対象財産が異なってきます。作成例1は、遺言で行う場合の例ですが、遺言ではなく、夫が自ら信託銀行との間で信託契約を締結し、生存中は、夫自身を受益者とし、夫死亡後の第二次受益者として妻を指定するという方法もあり得るでしょう。この場合に、妻を施設に入居させるのであれば、遺言により、夫の死亡後に自宅を売却してその代金を追加信託することも考えられます。いずれにしても、このような遺言を使う場合には、信託銀行等に相談し、「遺言信託」などの商品を利用して信託銀行等に遺言執行を委託することがよいでしょう。

　作成例2は、妻に相応の財産を相続させ、弁護士、司法書士等の専門家あるいは、信頼できる知人等に遺言の執行及び妻の財産管理を委託するものです。遺言者が、妻への財産相続に関する遺言を作成するとともに、別途、妻に説明して、妻と受任者との間の事務委任契約を

あらかじめ締結し、その財産管理を委任しておくものです。夫が生存中は、必要ないのが通常でしょうから、委任契約の開始時期、あるいは、効力発生時期を夫の死亡時としておけば、よいと思われます。遺言の執行者とこの事務の受任者を同じ方に依頼できるのであれば、よりスムーズに行えるでしょう。

43 障害がある子の面倒を他の子に見てもらいたい場合

ケース　遺言者の二男は、判断や意思を伝える能力には問題ありませんが、身体に障害があります。遺言者が、今、一緒に生活して世話をしていますが、二男は発作を起こすこともあります。遺言者の死後は、他の子供に財産は承継しますが、二男の面倒を見てもらいたいと思っています。遺言にどのように書けばよいでしょうか。

作成例 1　受遺者に福祉関係の手続を含めて世話を託す例

第○条　遺言者は、遺言者の有する次の財産を遺言者の長男甲野一郎（昭和○○年○○月○○日生、以下「一郎」という。）に遺贈する。ただし、一郎は、同財産の遺贈を受ける負担として、遺言者の二男甲野次郎（昭和○○年○○月○○日生、以下「次郎」という。）が死亡するまで、次郎に対し、以下の負担内容記載の扶養介護などの世話をしなければならない。

〈財産の表示〉　〔省略〕

負担内容

(1) 遺贈を受ける建物に次郎を住まわせ、同居すること

(2) 障害者の日常生活及び社会生活を総合的に支援するための法律に基づく障害支援区分認定を受け、必要な介護支援等の契約を締結すること

198　　第2章　特殊な希望の実現等 —付言事項等—

(3)　(1)の同居による世話が困難になった場合は、適切な施設
　　を探し、施設に入居させる手続をとり、その費用を負担する
　　こと

作成例2　　受遺者に福祉関係の契約を引き継がせる例

第○条　遺言者は、遺言者の有する次の財産を遺言者の長男甲野
　　一郎（昭和○○年○○月○○日生、以下「一郎」という。）に遺
　　贈する。ただし、一郎は、同財産の遺贈を受ける負担として、
　　遺言者の二男甲野次郎（昭和○○年○○月○○日生、以下「次
　　郎」という。）が死亡するまで、遺言者が次郎のために契約して
　　いる別紙〔省略〕記載の契約等における遺言者の地位及び義務
　　を引き継ぎ、その費用を負担するとともに、毎月1回以上次郎と
　　面接し、ヘルパーその他日常生活支援者から次郎の生活状況に
　　つき報告を求め、主治医その他医療関係者から次郎の心身の状
　　態につき説明を受けるなどにより、次郎の生活状況及び健康状
　　態の把握に努め、必要に応じて、新たな措置をとり、引き継い
　　だ契約内容を変更するなど、次郎の介護・世話に必要な対応を
　　とらなければならない。
　　〈財産の表示〉　　〔省略〕

視　　点

　この種の問題は、遺言だけで全て解決するものではありません。前

第２章　特殊な希望の実現等　－付言事項等－　　　199

提として、子供の障害の程度と必要な世話の実情、利用可能な障害福祉制度などの把握・検討が必要と思われます。①託する子供が頼りになり、任せておけば、全て十分にやってくれることが期待できる場合か、あるいは、②遺言者自身で、そのような検討や手続等を行い、介護態勢を整え、その態勢を引き継がせるということになるのか、などの判断によって、適切な遺言の内容も変わってくると思われます。

解　説

　作成例１は、遺言者が現在、特に福祉関係の手続はとっておらず、必要な手続も含めて、財産を承継させる子供に託する場合の例です。負担を負う長男も、遺言者の所有する建物に遺言者及び障害のある二男と同居している場合、又は現在は、同居はしていないものの、遺言者が死亡後は、当該家屋に居住することが可能な場合を想定しています。もし、長男による同居による世話が、当初から困難であることが明らかな場合は、作成例２のように、遺言者が生存中、障害を有する子供のために必要な対応をとり、それを承継させるようにしておかないと、実際の対応として問題が生じることになりかねないと思われます。いずれも、負担付遺贈の遺言です（負担付遺贈の効果、付言との違いについては、前掲ケース42の解説を参照してください。）。負担付遺贈の場合、負担内容をできるだけ具体的に記載することが必要です。

　なお、このケースでの長男が、福祉関係の手続を含めて二男の世話については任せておけば、適切にやってくれることを十分期待できる場合は、負担付遺贈ではなく、長男に多くの財産を相続させる遺言をし、その付言に、障害を有する二男の世話を託する旨の記載をしておくというやり方もあるでしょう。

　「視点」でも触れましたが、障害のある方の世話の対応は、障害者

支援に関する各種福祉制度の利用と密接に関わります。

　作成例 1 で記載している「障害支援区分」とは、障害者等の多様な特性その他の心身の状態に応じて必要とされる標準的な支援の度合を総合的に示すもの（障害者の日常生活及び社会生活を総合的に支援するための法律4④）で、具体的には厚生労働省令で定められ、該当する場合、必要とされる支援の度合いに応じて区分1から区分6までの段階があります（障害支援区分に係る市町村審査会による審査及び判定の基準等に関する省令）。この認定は、市町村への申請により、認定調査員による訪問調査、特記事項、主治医の意見書等に基づき、市町村審査会で判定され、申請者に通知されます。この区分により、受けることができる支援内容が異なることになります。

　作成例 2 において、別紙に記載する内容は、これらの中から、当該二男の障害の程度に応じて申請し、認められた介護・援護等の内容を記載することを想定しています。

　障害福祉サービスの概要及びその種類については、厚生労働省のホームページに解説が掲載されています。

https://www.mhlw.go.jp/stf/seisakunitsuite/bunya/hukushi_kaigo/
shougaishahukushi/service/naiyou.html（2019.11.20）

第2章　特殊な希望の実現等　－付言事項等－　　201

44　軽度知的障害のある子に遺産を相続させるが、本人が財産管理できるか不安があるので、対策をとりたい場合

ケース

遺言者には、長男と二男の二人の子供がいます。二男は、日常生活は、自分でできるのですが、軽度の知的障害があります。長男、二男にそれぞれ財産を相続させるつもりですが、二男は、遺産を相続させたあと、本人が、自分でその財産を管理できるか不安があります。どのような対策をとるとよいでしょうか。

作成例1　遺言と死後事務委任契約書

1　遺言

第1条　遺言者は、遺言者の有する次の財産を遺言者の二男甲野次郎（昭和〇〇年〇〇月〇〇日生）（以下「次郎」という。）に相続させる。次郎に相続させる財産の管理については、遺言者が、令和〇〇年〇〇月〇〇日、乙山一郎（以下「乙」という。）との間で締結した死後事務委任契約に基づき、乙において行うものとする。

〔相続させる財産を記載〕

第2条　遺言者は、この遺言執行者として、乙を指定する。

2 死後事務委任契約書

〔甲：委任者（遺言者甲野太郎）　乙：受任者（乙山一郎）〕

第1条（契約の趣旨）

　　甲は、乙に対し、甲の子甲野次郎（○○年○○月○○日生）が、甲の遺言に基づき、別紙財産目録〔省略〕記載の財産（以下「本件財産」という。）を取得した場合、本件財産の管理に関する事務を委任し、乙はこれを受任する（以下この委任契約を「本委任契約」という。）。

第2条（委任事務の範囲）

　　甲は、乙に対し、「別紙代理権目録〔省略〕」記載の委任事務（以下「本件委任事務」という。）を委任し、その事務処理のための代理権を付与する。

第3条（委任事務の開始）

1　本委任契約は、甲の死亡の日に効力を生じ、本件委任事務は、甲の死亡の日から開始する。

2　本委任契約は、甲の死亡によっては、終了しない。甲の委任者としての地位は、甲の死亡により、甲の子甲野次郎に承継するものとする。

第4条（費用負担）

　　乙が本件委任事務を処理するために必要な費用は、甲の負担とし、乙は、その管理する甲野次郎が甲から相続した財産からこれを支出することができる。

第5条（報酬）

　　乙の本件委任事務処理の報酬は、月額○○円とし、乙は、その管理する甲野次郎が甲から相続した財産からこの支払を受けることができる。

第2章　特殊な希望の実現等 ―付言事項等― 203

> **作成例2**　遺言信託

（信託の設定）

第1条　遺言者は、遺言者の有する別紙〔省略〕記載の財産を、遺言執行者において換価処分させ、その換価金から、遺言者の未払の債務、換価処分に関する諸費用、遺言執行者の報酬等を弁済した残金について、次のとおり信託を設定する。

　(1)　信託の目的

　　　受益者の財産管理に関する負担を軽減し、受益者に必要な療養・介護を受けて生活するための資金の給付を行うことを目的とする。

　(2)　受託者

　　　○○信託銀行株式会社

　(3)　受益者

　　　遺言者の二男甲野次郎（昭和○○年○○月○○日生）

　(4)　信託元本

　　　頭書の換価残額

　(5)　信託期間

　　　受託者が信託を引き受けた日以降○年間

　　　なお、受益者に異議がないときは、信託期間の満了後、信託期間を○年間延長し、その後も同様とする。ただし、信託期間中に受益者が死亡した場合は、信託は終了する。

　(6)　上記信託元本の運用

　　　〔省略〕

　(7)　給　付

　　　信託を引き受けた日から○か月を経過した日以降、受託

者は、受益者の申出により、毎月金〇〇万円を受益者に支払う。その支払方法は、受益者と協議の上、受託者において定める。

(8) 信託の終了事由

本信託は、信託期間が満了し、受益者が延長を希望しない場合及び受益者の死亡により終了する。

(9) 信託終了時の信託財産の権利帰属者

信託の残余財産は、受益者死亡の場合は、その法定相続人を、それ以外の事由による終了の場合は、受益者をそれぞれ帰属権利者とする。

（遺言執行者）

第2条　遺言者は、この遺言書の遺言執行者として、前記〇〇信託銀行株式会社を指定する。

視　点

二男の知的障害の程度、意思、どのような財産を相続させるのか、当該財産を二男名義にすることが必要なのか、名義に関係なく当該財産を二男の生活の糧になるようにすればよいのか、具体的状況をよく検討して、事案に応じた対応をとることが必要です。

解　説

1　遺言と死後事務委任

上記作成例1は、遺言と合わせて、委任者（＝遺言者）の死亡を停止条件として、二男に相続させる財産の管理について、その管理を委

託できる受任者との間で、委任契約を締結しておく方法をとった場合の例です。管理を委託する財産の種類や状況によって、具体的にどのように管理するか、具体的な指示が必要な場合は、その内容も契約条項としておくことも必要でしょう。例えば、相続財産に賃貸不動産がある場合、その家賃の徴収、預かっている敷金の管理等です。ただ、このような賃貸不動産については、不動産管理会社に管理を委託した方が、簡便かもしれません。

　この方法によると、子に相続財産を帰属させた上で、管理を信頼できる者に託することができますが、委任者と受任者の個人的な信頼関係を基盤とすることになります。実際に管理事務が開始されるときには、委任者（＝遺言者）は、亡くなっており、受任者の管理業務を監視する者はいません。したがって、全面的に信用できる受任者がいるかどうかが、ポイントになってきます。そのような方がいる場合、二男の知的障害の程度によりますが、契約の締結能力が認められるのであれば、二男も、委任契約に参加させて、この契約に同意する旨の条項を入れて、契約書に署名捺印させることも考えられます。そうすることによって、契約の効力が生じたときに、管理の対象財産の所有者が契約に関与していないという不自然さを解消することができます。あるいは、二男に契約を締結する能力があり、その意思がある場合は、二男自身が、契約の主体である委任者となって、受任者との間で委任契約を締結させることも可能です。その場合、二男及び受任者双方の了解が得られるならば、合わせて任意後見契約も締結させておけば、将来、知的障害の程度が重くなったりした場合にも備えることができるといえます。

2　信託の利用

　作成例2は、遺言で当該二男を受益者として信託を設定する例です。

この場合、二男は、受益者とはなりますが、財産を直接取得はしません。その点で、遺言者が二男に財産を相続させる意向というものが、どういう趣旨かよく確認する必要があります。財産を相続により必ず当該子名義にする必要がある場合は、この方法はとれませんが、実質、その財産から当該子の生活や医療費等を賄い、当該子自ら財産管理を行う必要がないようにすればよいのであれば、信託も一つの選択肢です。遺言で信託を設定する方法の選択肢としては、遺言で財産は、二男に相続させ、遺言執行者において、当該財産について二男を受益者とする信託契約を締結させるという方法もあります。この方法によると、遺言により財産はいったん当該子に帰属し、遺言による分割方法の指定の一環として、当該財産に関する管理に関する指示を行い、遺言執行者により、信託契約を締結させるものです。

　あるいは、生存中に、二男を受益者とする信託契約を締結しておくという方法も考えられます。その場合、委託者の死亡を始期としての信託契約と、第一次受益者を委託者とし、第一次受益者死亡後の第二次受益者を二男とする信託契約が考えられます。委託者生存中の当該財産の利用や運用の必要性等を検討されて実情にあった契約を選ぶようにするとよいでしょう。特定贈与信託として、障害の程度により一定額まで、贈与税が非課税となる場合もありますので、具体的には、信託銀行等に相談するとよいと思います。

45 シングルマザー・ファザーで、未成年の子の監護、養育、財産管理に問題がないようにしたい場合

ケース 夫とは協議離婚し、遺言者が未成年の子の単独親権者になっています。現在、遺言者は、子供と共に遺言者の母と同居しており、母も子供の面倒をみてくれており子供も母になついています。万一、子供が未成年の間に遺言者が死亡した場合、子の監護、養育、財産管理について問題がないようにしておきたいのですが、どうすればよいでしょうか。

作成例

第○条　遺言者は、遺言者の有する次の財産を遺言者の子である
　　乙野花子（平成○○年○○月○○日生）に相続させる。
　　〈財産目録〉　〔省略〕
第○条　遺言者は、未成年の子である乙野花子の未成年後見人と
　　して、次の者を指定する。
　　　住所　　○○県○○市○○町○丁目○番○号
　　　職業　　○○
　　　氏名　　甲野一子
　　　生年月日　昭和○○年○○月○○日
　　　遺言者との関係　遺言者の母親
第○条　前条で指定した未成年後見人が、遺言者よりも先に死亡
　　した場合、又は、乙野花子が成人に達するまでに、死亡そのほ

か未成年後見人としての職務を行うことが困難となった場合は、乙野花子の未成年後見人として、次の者を指定する。

　　住所　　○○県○○市○○町○丁目○番○号

　　職業　　○○

　　氏名　　丙野太郎

　　生年月日　昭和○○年○○月○○日

　　遺言者との関係　　○○

第○条　遺言者は、本遺言の執行者として、前条記載の丙野太郎を指定する。

2　遺言執行者は、この遺言に基づく不動産に関する登記手続並びに預貯金等の金融資産の名義変更、解約、払戻し、その他この遺言の執行に必要な一切の行為をする権限を有する。

3　遺言執行者は、遺言者の死亡後、直ちに、第○条で指定した未成年後見人に対し、その旨通知し、同人をして戸籍への届出をさせなければならない。

視　点

　未成年後見人として、本ケースでは、遺言者の母親が第一次的には適任と思われます。しかし、年齢などを考えると未成年者が成人になるまで、後見人の職務を行うことができない可能性もあり、そのような場合の対応も併せて考える必要があります。

解　説

　未成年者に親権を行う者がないときは、後見が開始します(民838一)。

第2章　特殊な希望の実現等　－付言事項等－　　209

未成年者に対して最後に親権を行う者は、遺言で、未成年後見人を指定することができます（民839①）。指定の方法は、遺言に限定されています。本ケースでは、離婚が成立しており、遺言者が最後に親権を行う者に該当するので、遺言で、適切と考える人物を未成年の子供の後見人に指定することができます。作成例は、同居している遺言者の母親を後見人に指定する場合の例です。未成年後見人に指定された者は、遺言者が死亡し、遺言の効力が発生すると同時に未成年後見人に就任すると解されています（於保不二雄＝中川淳編『新版注釈民法(25)親族(5)』294頁〔久貴忠彦〕（有斐閣、1994））。戸籍法上、未成年後見人に就任した者は、届け出る義務があります（戸籍81）が、これは、報告的届出と解されています。そのため、遺言執行者が、何か手続をとらないと効力が発生しないということはありませんが、作成例で、遺言執行者の義務として「未成年後見人に対し、その旨通知し、同人をして戸籍への届出をさせなければならない。」と記載したのは、届出手続が遺漏なく行われるように、注意的に記載したものです。

　本ケースの場合、離婚した元夫（子供の父親）の親権は、単独親権者である母親の死亡によっても当然には、回復せず、未成年後見が開始すると解されています。したがって、遺言者が死亡した場合、子供が未成年であれば、遺言で指定した遺言者の母親（子供の祖母）が未成年後見人に就任します。しかし、もし父親が、当該子供の親権者になりたいと考える場合、父親は家庭裁判所に親権者変更の審判を申し立てることができます（民819⑥の準用）。この申立て自体をあらかじめ法的に封じることはできません。もし、父親がそのような親権者変更の審判の申立てを行った場合、家庭裁判所は、遺言により開始した未成年後見を継続することと、父親を親権者とする審判を行い父親のもとで監護養育することのいずれが当該子供の福祉にかなうか、個々具体的な事情に基づき判断することになります。したがって、未成年後

見人に指定した者以外の元配偶者に親権変更がなされる可能性がある
ことは、認識しておく必要があるでしょう。

　次に、本ケースでは、遺言者の母親が最もふさわしいとして未成年
後見人に指定しますが、当然、遺言者よりも年齢が高く、①遺言者よ
りも先に死亡する可能性や、②遺言の効力が生じたときには、能力的
に後見人の任務の遂行が困難な状態になっている可能性、③未成年後
見人に就任したとしても、当該未成年の子が成人する前に亡くなる可
能性などが想定されます。万全を期すためには、これらの事態が生じ
た場合に備えて、予備的に別の適切な方を後見人に指定しておくこと
が望ましいでしょう。次順位として、適切な方がいれば、その方を指
定すればよいですが、予備的に後見人として指定するのに適当な方が
身内にいない場合（もともと適当な方がいない場合も同様です。）はど
うするかが問題になります。費用はかかりますが、弁護士や司法書士
等専門職の方に相談してお願いする方法、あるいは、未成年後見を支
援するNPO法人等の法人を探して相談し、依頼する方法などの方策を
検討されることになるかと思われます。作成例で予備的に指定する方
は、いずれかの方法により選定した方を想定しています。

　なお、本ケースは、離婚が成立した後の事案でしたが、遺言作成時、
まだ離婚は成立していない場合には、遺言者は作成時点では「最後に
親権を行う者」とはいえないのではないかという問題があります。こ
の点、遺言の効力が発生した時において、最後に親権を行う者であれ
ば、遺言による有効な指定であると解されます。ただし、そのような
場合は、遺言者は、「この遺言の効力発生時点において、遺言者が未成
年の子乙野花子に対して最後に親権を行う者であるときは、同乙野花
子の未成年後見人として、次の者を指定する。」というように、遺言者
が、最後に親権を行う者であるときは、と条件を明示しておくことが
相当と考えられます。この点、指定の有効要件として、そのような条

第2章　特殊な希望の実現等　―付言事項等―　　211

件を遺言で明記しておく必要があるか否か、見解が分かれ得るところ
です。必要との見解からは、このような記載が必要であることは当然
です。有効要件としては明記の必要はないとの見解をとったとして
も、有効となる法定の条件を確認的に明示しておくことは、遺言者が
趣旨を確認する観点からも、遺言執行関係者にとっても有意義だと思
われます。

46 特定の人物に（遺贈はしないが）死ぬまでその家での居住を保証したい場合

ケース　遺言者は、先妻が亡くなった後、自ら所有する自宅に現在の内縁の妻乙山次子と同居しています。次子との間には、子供はいませんが、亡くなった先妻との間には、長男がいます。自分が死亡した場合、その自宅不動産は、長男に相続させたいと思いますが、次子を、死ぬまでその家に住まわせてやりたいと考えています。そのためには、どのようにすればよいでしょうか。次子を入籍しておく必要があるでしょうか。

作成例1　入籍の有無を問わず可能な例

第〇条　遺言者は、遺言者の有する次の不動産（自宅土地建物）を遺言者の子甲野一郎（遺言者と亡甲野花子との間の長男、平成〇〇年〇〇月〇〇日生、以下「長男一郎」という。）に相続させる。ただし、長男一郎は、次の不動産（自宅土地建物）を相続することの負担として、遺言者の内縁の妻乙山次子（昭和〇〇年〇〇月〇〇日生、住所〇〇県〇〇市〇〇町〇丁目〇番地の〇）が、死亡するまで、同人を当該自宅建物に無償で居住させなければならない。

　　不動産

〈自宅土地の表示〉　〔省略〕

第2章　特殊な希望の実現等　－付言事項等－　　213

〈自宅建物の表示〉

　所在　　　　○○県○○市○○町○丁目○番地の○

　家屋番号　　○番○

　種類　　　　居宅

　構造　　　　○○造陸屋根2階建

　床面積　　　1階○○㎡　2階○○㎡

作成例2　　配偶者居住権を用いる例（入籍が必要。令和2年4月1日以後の遺言に限ります。）

第1条　遺言者は、遺言者の所有する次の建物（以下「本件建物」という。）について、無償で使用及び収益をする権利（配偶者居住権）を、同建物に居住している遺言者の妻甲野次子（昭和○○年○○月○○日生）に遺贈する。配偶者居住権の存続期間は、妻甲野次子の死亡の時までとする。

　〈建物の表示〉　　〔省略〕

第2条　遺言者は、本件建物（前条の配偶者居住権付きのもの）を遺言者の子甲野一郎に相続させる。

第3条　遺言者は、この遺言第1条の遺言執行者として、前記甲野次子を指定する。遺言執行者は、配偶者居住権の設定の登記手続その他この遺言第1条の執行に必要な一切の行為をする権限を有する。

214　　第２章　特殊な希望の実現等　―付言事項等―

作成例３　使用貸借契約書の例（入籍の有無を問わず可能）

第１条（契約締結）

　　貸主甲野太郎（以下「甲」という。）は、借主乙山次子（以下「乙」という。）に対し、次条以下の約定により、下記の建物（以下「本件建物」という。）を無償で使用させることを約し、乙は、これを借り受けた（以下「本契約」という。）。

　　　建物物件の表示〔省略〕

第２条（契約の趣旨）

　　甲と乙は、内縁の夫婦であり、甲の所有する本件建物に乙は甲と同居・居住しているものであるところ、甲が死亡した後も、相続人との関係において、乙が引き続き、終身本件建物に居住できることを目的として、本契約を締結するものである。

第３条（使用貸借の期間及び終了事由）

１　本契約の始期は、甲が死亡した時とし、終期は、乙が死亡した時とする。

２　乙は、いつでも、本件建物の相続人に対し、本契約の解約の意思及び契約終了の時期を伝えて、本契約を解約することができる。その場合、乙が伝えた時期をもって、本契約は終了する。

第４条（使用目的）

　　乙は、本件建物を居住目的としてのみ使用するものとする。

視　点

①　遺言者の死後、妻（内縁の妻も含みます。）が自宅建物に居住する場合の生活状況、居住に関する妻自身の希望、想定される期間等を

第2章　特殊な希望の実現等　－付言事項等－　　　215

よく検討した上で、適切な方法と内容を選択することが必要です。作成例1及び作成例3は、妻との入籍の有無を問わず、また、パートナーではない関係の人の場合にも応用することができます。
②　同居者が法律上の配偶者であって、令和2年4月1日以降に遺言を作成する場合は、配偶者居住権の活用も一つの有効な方法になります。

解　説

1　負担付相続（作成例1）

　上記作成例1は、遺言で、自宅土地建物を相続させる者を指定し、その者に当該財産を相続する負担として、妻（内縁の妻も含みます。）を生涯居住させることを義務付ける負担付相続の方法の例です。妻を死ぬまで当該家屋に居住させることを負担の内容としていますが、実際の対応としては、負担の内容として、妻を当該建物に居住させることだけでよいかどうかを検討し、必要に応じて、同居者の有無、介護や生活の支援の必要性等具体的事案に応じた必要な内容を、できるだけ具体的に記載することが望ましいといえます。一般に、負担付とした場合、その負担が履行されなかったときにどうなるのかが問題ですが、もともと妻が当該家屋に居住している場合には、履行されないという心配はあまりないと思われます。ただし、自宅土地建物の相続人が、当該土地建物を第三者に売却してしまった場合には、妻は第三者に対抗できませんので、この点は理解しておく必要があります。

　なお、遺言で、一定期間、遺産分割禁止を定めることで、その間の妻（法律上の配偶者である場合）の自宅建物における居住を確保する方法があります。しかし、遺言でできる分割禁止の期間は、相続開始から5年を限度とされる（民908）ので、本ケースでは、この方法では対応できないことになります。

2 配偶者居住権（作成例２）

(1) 配偶者居住権制度の創設

平成30年の民法（相続法）の改正により、令和2年4月1日から、「配偶者居住権」の制度が新設されます。配偶者の居住建物を対象として、終身又は一定期間、配偶者にその使用を認める法定の権利が創設され、遺産分割における選択肢の一つとして、被相続人の遺言等によって、配偶者に配偶者居住権を取得させることができるようになります。

配偶者居住権とは、被相続人の配偶者が、被相続人の財産に属した建物に相続開始の時に居住していた場合において、遺産の分割又は遺贈によって取得する、その居住していた建物の全部について無償で使用収益する権利のことをいいます（改正民1028）。その存続期間は、分割協議や遺言等で別段の定めがなければ、配偶者の終身の間となります（改正民1030）。この新制度により、**記載例１**のように、配偶者の居住を、建物を相続する者の負担としたり、**記載例３**として次に説明する被相続人の死亡により開始する使用貸借といった技巧的な手法をとったりではなく、遺言により、権利として確実に保障することができることになります。ただし、配偶者居住権に関する改正民法の規定は、同法施行日前に作成された遺贈については適用されない（平30法72改正附則10）ので、注意を要します。

(2) 遺言の際の留意点

遺言に際して留意すべきは、配偶者居住権は、配偶者と法律上の婚姻関係にある必要があることと、いわゆる「相続させる」遺言ではなく、「遺贈」の目的としなければならないことです。遺言による相続の目的として認めると、万一、配偶者がその権利を不要と考え取得を辞退する場合、相続を放棄するしかありませんが、遺贈の対象であれば、当該遺贈のみを放棄すればよいことが考慮されたようです。

また、配偶者居住権は、登記が第三者に対する対抗要件となります

第2章 特殊な希望の実現等 ―付言事項等― 217

（改正民1031②・改正民（債権）605）。そして、遺贈であるため、遺言執行者がない場合には、登記は、他の相続人全員との共同申請でしなければなりませんので、遺言執行者を指定しておくべきです（作成例2第3条）。

(3) 配偶者居住権の期間

配偶者居住権は、期間を定めて設定することもできますが、何も定めなければ配偶者の終身の間です。ですから、作成例2第1条で配偶者居住権について存続期間を妻の死亡時までの終身としたのは、注意的な規定です。終身以外の期間を定めたいときは、これを「期間を○年とする」などと記載します。

(4) 配偶者居住権の使用権

配偶者居住権は、所有者の承諾がなければ、建物を第三者に賃貸するなど、使用又は収益をさせることはできません（改正民1032③）。もっとも、配偶者の家族や家事使用人は、配偶者の占有補助者にすぎませんので、これらの者を住まわせても、第三者に使用又は収益させたことにはなりません。

(5) 配偶者居住権と住宅兼店舗・住宅兼賃貸物件

配偶者居住権は、配偶者が居住していた建物の全部について設定されますが、配偶者が、その建物の全部を居住の用に供していた必要はありません。例えば、遺言者と配偶者が、建物の一部に居住し、残りは店舗として使用していても、配偶者居住権は建物全部に発生し、配偶者は、店舗部分も使用することができます。また、遺言者と配偶者が、建物の一部に居住し、遺言者が残りを他人に賃貸していた場合にも、配偶者居住権は他人への賃貸部分にも及びます。しかし、建物の賃貸借においては建物の引渡しが対抗要件となるところ（借地借家法31）、このような事例では、通常、賃借人が先に引渡しを受けているので、配偶者が、賃借人に対して配偶者居住権による使用収益権を賃借

人に対抗できません。そのため、普通は賃借人が使用を継続し、賃料は所有者に支払うことになるため、関係が複雑化します。このようなことから、他人への賃貸部分がある建物については、区分所有建物として、配偶者居住権が及ぶ範囲と賃貸物件を分けた方が、後の紛争を避けることができるでしょう。

3　使用貸借契約（作成例３）

　作成例３は、遺言ではなく、自分の死亡を停止条件（契約の開始時期）とする当該建物の使用貸借契約を生存中に妻と締結しておくことによって、妻の居住権を保証する場合の例です。使用貸借の場合、返還の時期及び使用収益の目的を定めていないと、貸主はいつでも返還を求めることができる（民597③、改正民（債権）598②）ので、第2条で契約の趣旨として使用収益の目的を明示し、目的面から終身の使用を定めつつ、更に第3条で、期間を乙の死亡の時までと定め、終身の使用を保障しようというものです。この例も、作成例１と同じく、自宅土地建物の相続人が、第三者に売却してしまった場合には、借主は第三者に対抗できません。また、作成例３では、乙山次子は通常の無償借主と同じ立場に立つため、用法違反による解除権などが相続人に発生し、その立場は作成例１の場合より弱くなる場面があるように思われます。

第2章　特殊な希望の実現等　－付言事項等－　　　219

47　未成年者への遺贈財産を親権者に管理させたくない場合

ケース　　遺言者は、死亡した場合、自ら経営する株式会社の持ち株を全て現在未成年の孫に承継させ、後継の経営者にしたいと考えています。しかし、その両親である娘夫婦にその株式を管理させると、孫が成人になる前に自分たちの生活のために売却処分する可能性があり、管理させたくありません。どうすればよいでしょうか。

作成例1　　親権者に管理させないことを明示する例

第○条　遺言者は、遺言者の有する○○株式会社（本店：○○県○○市○○町○丁目○番）の株式全部を遺言者の孫甲野一郎（平成○○年○○月○○日生）に遺贈する。

2　遺言者は、前項の財産の管理者として次の者を指定し、甲野一郎の親権者父甲野太郎及び親権者母甲野花子に管理させない。

　　住所　　○○県○○市○○町○丁目○番○号

　　職業　　会社員（○○株式会社総務部長）

　　氏名　　乙山次郎

　　生年月日　　昭和○○年○○月○○日

作成例2　信託を利用する例

第○条　遺言者は、この遺言の効力発生時、遺言者の孫甲野一郎（平成○○年○○月○○日生）が、成人に達していない場合において、遺言者の有する下記財産につき、下記のとおり信託を設定する。

記

株式の信託

(1)　信託の目的　次の株式を受益者に承継させるまでの間、信託財産として管理すること

　　　株式の表示　遺言者の有する○○株式会社（本店所在地○○県○○市○○町○丁目○番）の株式○○株

(2)　委託者　遺言者　甲野初男

(3)　受託者　住所　○○県○○市○○町○丁目○番○号

　　　　　　　職業　会社員

　　　　　　　氏名　丙山末男

　　　　　　　生年月日　昭和○○年○○月○○日

(4)　受益者　遺言者の孫甲野一郎（平成○○年○○月○○日生）

(5)　信託期間　受託者が信託を引き受けた日から、受益者が○歳に達する日まで

(6)　信託終了の際の権利帰属者　受益者

(7)　管理に必要な事項　〔省略〕

第2章　特殊な希望の実現等　－付言事項等－　　　221

視　点

　親権者に管理させないとした場合、単にその管理権を排除しただけでは、誰に管理させるかという問題が生じ、十分ではありません。その管理を託する信頼できる人を見つけることが一つのポイントになります。

解　説

1　親権者に管理をさせない意思表示

　未成年の子の財産は、親権を行う者が管理し、かつ、その財産に関する法律行為についてその子を代表することが原則です（民824）。その例外として、無償で子に財産を与える第三者が、親権を行う父又は母にこれを管理させない意思を表示したときは、その財産は、父又は母の管理に属しないものとされます（民830①）。本ケースのように、未成年者に遺贈する財産をその親権者に管理させたくない場合は、遺言に父又は母あるいは、その両方に管理させない旨を明記しておくことが考えられます。

　その場合、無償で子に財産を与える第三者（本件では遺言者）が管理者を指定しないと、子、その親族、又は検察官の請求により家庭裁判所が管理者を選任することになります（民830②）。管理者として信頼できる方がいる場合は、作成例1のように、遺言で管理者を指定しておく方が、管理を託する意向も反映されますし、家庭裁判所の選任手続も不要となるので、望ましいといえます。管理者は、親族に限られません。会社の代表取締役社長が有する自社の持ち株を孫に遺贈するに際して、同会社の腹心の部下であるしかるべき社員を管理者に指定したような例もあります。管理者に指定する相手には、事前に説明して了解を得ておくことが望ましいでしょう。

2 信 託

　親権者に管理をさせず、成人になったのちに孫に承継させる方法として、信託を利用する方法も考えられます。作成例２は、その方法を利用する場合の例です。遺言で、遺言の効力発生時、孫が未成年であることを条件にして、管理を託する方を受託者（作成例２は、個人を想定していますが、個人に限らず、そのような信託を受託する法人を受託者とすることもあり得ます。）、受益者を孫とする信託を設定するというものです。

3 選択の際の留意点

　１の管理者を指定する遺贈と２の信託構成のどちらを選択するかは、次のような点に留意して、検討するとよいかと思います。両者の法的な観点からの違いは、管理者を指定した遺贈の場合は、その管理権は、あくまで、親権者の管理権に代わるものですから、孫が成人に達すると消滅しますが、信託の場合は、信託の期間を自由に設定することができるという点です。したがって、孫が成人に達した後も、なお、一定期間管理を継続させたいという意向や事情がある場合は、信託の方法をとった方が、その意向が反映されるといえるでしょう。また、株式の運用やその管理方法として、種々具体的に定めておきたい場合は、信託の方が、管理に必要な事項として、受託者の義務として定めることができるので、よりその意向通りになされやすいといえるでしょう。一方、孫が成人になるまで、親権者に処分させないことが主たる目的であり、その間及び孫が成人後の株式の管理等に特にこだわりがないような場合は、遺贈の方が、簡潔で分かりやすいといえると思われます。

第２章　特殊な希望の実現等　－付言事項等－　　　223

（事業の承継）

48　会社や事業を承継させたい場合

> **ケース**　　遺言者は、自分の行っている事業を後継者
> と目している二男甲野次郎に承継させたいと思っています。
> しかし、相続人として、配偶者の甲野花子、家を出て会社員
> をしている長男の甲野太郎、長女の乙山和枝がいます。円滑
> に二男の甲野次郎に承継させるにはどのようにしたらよいで
> しょうか。

作成例 1　　会社（甲野株式会社）を経営している場合

第〇条　遺言者は、遺言者の有する甲野株式会社（本店：〇〇県
　　〇〇市〇〇町〇丁目〇番〇号）の株式全部を遺言者の二男甲野
　　次郎（昭和〇〇年〇〇月〇〇日生）に相続させる。

2　遺言者は、遺言者が有する前記甲野株式会社に対する貸金債
　　権及びその他の債権を前記甲野次郎に相続させる。

3　甲野次郎は、前2項による相続の負担として、遺言者が前記甲
　　野株式会社の保証人として負担する債務を単独で承継し、他の
　　相続人には負担させないこと。

224　　第2章　特殊な希望の実現等 ―付言事項等―

作成例2　個人事業の場合

第○条　遺言者は、下記財産を含む、遺言者が営んでいる○○事業（屋号：甲野商会）の事業用財産全部を遺言者の二男甲野次郎（昭和○○年○○月○○日生）に相続させる。

記

(1)　○○県○○市○○町○番地○の建物（店舗）の賃借権及び同店舗内の商品、什器備品等の動産一切

(2)　遺言者が事業用に使用している自動車（遺言時の車の登録番号は〔省略〕）

(3)　遺言者が甲野商会の屋号で取引した売掛金全部及びその他の債権

(4)　○○信用金庫△△支店の預金

(5)　○○の屋号、これによる営業権及びのれん

(6)　〔省略〕

2　甲野次郎は、前項による相続の負担として、遺言者の屋号甲野商会で取引した債務及び○○信用金庫に対して負う債務を単独で承継すること。

視　点

①　承継させようとする「事業」とは何であるかを法的に分析する必要があります。事業が株式会社である場合には株式、持分会社である場合には持分ですが、個人事業である場合には、どの資産を承継させることが事業の承継になるかを分析する必要があります。

第2章　特殊な希望の実現等 －付言事項等－　　225

② 実際に、どの資産を事業の後継者が承継するのかが、具体的に分からなければなりません。そのための工夫も必要です。

③ 負債があることも多く、その承継についても配慮すべきです。

解　説

1　会社の承継

　事業が会社組織である場合には、事業の権利は会社の所有権、つまり株式会社の場合は株式、持分会社（合同会社、合名会社、合資会社）の場合は持分ですので、これを全部後継者にしたい人に相続させる（又は遺贈する）ことになります。ただし、持分会社の場合、社員が死亡しても持分は相続人に承継されず、持分の払戻請求権だけを持つことが原則で（会社607①三・608①②・611①）、相続人が社員となるためには、定款で「社員が死亡した場合には相続人その他の一般承継人か当該社員の持分を承継する」旨の定めをしていなければなりません（会社608①～③）。この定めがない場合には、定款を変更して、その旨定めておく必要があります。

　小規模の会社の場合、経営者の個人資産と会社の資産の区切りがよく分からなくなっている場合があるので、それが相続人にも客観的に分かるようにあらかじめ（相続開始前に）区別しておくことが必要です。例えば、会社の資産には会社の資産であることを表示するシールを貼るなどの方法も考えられます。

2　個人事業の承継

　事業が個人事業である場合には、事業で使用している物であっても、それらは全て個人資産となり、それ以外の個人資産と法律的な区別はありません。そこで事業を相続させるためには、事業用資産を後継者

（二男）だけに相続させ、個人資産は別の相続方法とするという方法をとります。そのためには、事業用資産と個人資産とにしっかり分けておくことが必要になります。事業用資産として考えられるのは、土地や建物（事業に使用している部分）、自動車、設備や什器備品、商品、営業権（屋号・のれん）、現金預貯金、有価証券、借入金等の債務・売掛金債権その他の債権、商標権・著作権などの知的財産権、借家権などですが、青色申告の場合、青色申告決算書には貸借対照表があり、事業用資産を記載しますので、それが事業用資産の一つの目安となります。しかし、事業用資産は相続時には、遺言時から変動しますので、「事業用財産全部」として概括的に記載し、更に事業との関連で特定できる財産であれば、できるだけ特定して記載します（作成例2では第○条第1項の(1)から(5)まで）。また、作成例2では、事業用の資金が○○信用金庫△△支店にあるものとして記載していますが、事業用の資金としてそれでよいか、事業用の資金でも別の金融機関にあったり、実際には明確に区別していない預貯金があったりしますので、事業用資金がきちんと承継させられることになるのか、注意が必要です。

3 借入れの処理

　事業には、金融機関からの借入れがあることが多く、その借入金債務や保証債務の承継も必要となります（作成例1の第3項、作成例2の第2項）。遺言で特定の相続人に負担させることにしても、金融機関との関係では効力はなく、金融機関は、法定相続分に応じて請求することができますが、相続人相互間では有効で、他の相続人が支払った場合には、遺言で負担することになっている相続人に請求することができます。

4　事業の承継と遺留分

　事業の価値が高く、他の財産が少ない場合には、他の相続人の遺留分を侵害するおそれが出てくるため、株式を分けたり、代償として支払う資金を捻出できなかったりして、円滑に事業を承継できなくなるおそれがあります。この対策については、後掲ケース49を参照してください。なお、中小企業承継円滑化法（正式名称は「中小企業における経営の承継の円滑化に関する法律」）では、中小企業（業種により資本金等で定義されています。）では、遺留分についての特例として、一定の基準を満たす場合には、①会社事業後継者が旧代表者から贈与された会社の株式等の全部又は一部について、遺留分算定の基礎財産に参入せず、遺留分減殺請求の対象から除外する「除外合意」制度（経営承継4①一）、②遺留分の算定について後継者（会社事業後継者）が経営者（旧代表者）から生前贈与などによって取得した株式等についての価額を合意時の価額とする「固定合意」の制度があり（経営承継4①二）、贈与した財産を遺留分の対象（遺留分算定基礎財産）から外すことが可能です。また、令和元年法律第21号による改正により、一定の個人事業者についても①の除外合意制度が設けられました（経営承継4③）。当該特例の利用ができないかは検討してみてもよいかもしれません。

5　事業の承継と税金

　事業を譲る場合には、税金について考慮しなければなりません。株式や事業用不動産の相続では、相続税が高額になりがちです。相続税の負担軽減ができないかは、生前に税法の専門家と検討しておくべきです。また、相続税の支払のために事業の継続が困難になることがないよう、なるべく支払資金を考えておく必要があります。

　中小企業承継円滑化法では、①事業の実施に不可欠な資産を担保とする借入れの弁済資金、②株式や事業用資産を買い取るための資金、

228 第2章 特殊な希望の実現等 －付言事項等－

③相続に際して、代償分割や遺留分侵害額請求の債務の支払の資金、④株式や事業用資産等に係る相続税・贈与税を納付するための資金の融資制度があります（経営承継14①、経営承継規15）。また、非上場株式等の相続税・贈与税について、一定の要件の下で、納税を猶予する「納税猶予」制度もあり、生前贈与の場合も含めて、利用できないか検討する余地があります。

　また、相続時精算課税制度を適用させることで、贈与税の対象額から2,500万円までを控除することができます（相続税法21の12）。相続時精算課税制度により控除した金額は、相続時に相続の課税対象額へ加算される（制度を適用させた時点での時価）ので、将来的に自社の株価が上がる見込みがある場合にこの制度は有効です。

手　　続

　株式会社の場合、株式の相続については、名義書換えが必要です。名義書換えの手続や請求書の書式などが決められている会社もあるので、それに沿って手続をします。また、小規模な株式会社では、定款で、株式を譲渡するには会社や代表取締役の承認が必要とされていることが多く、相続人ではない者に遺贈するときは、承認の手続が必要です。遺言で指名される後継者は、既に経営に関与している場合が多いでしょうが、代表取締役が別の人の場合には、代表取締役との調整をして、円滑に承認がされるようにしておかなければなりません。

　債務・保証の承継については、後継者に単独承継させると遺言しても、対債権者（金融機関等）との関係では、相続人が相続分に応じて負担することになるので、円滑な承継のためには金融機関に、他の相続人の免責を承認してもらう手続が必要になりますので、金融機関との協議をすることになります。

第2章　特殊な希望の実現等　―付言事項等―　　229

49　会社や事業を後継者に承継させたいが、他の相続人の遺留分を侵害することになる場合

ケース　　遺言者の相続人は長男甲野一郎と二男甲野次郎です。甲野一郎は他の会社に就職しており、遺言者は自分の会社（甲野株式会社）を二男の甲野次郎に承継させたいのですが、財産としては会社（株式）しかなく、これを甲野次郎に全部承継させると、甲野一郎の遺留分を侵害します。甲野一郎に遺留分の請求をされずに甲野次郎に株式を承継させる方法はないでしょうか。

作成例1　　簡易な例

第○条　遺言者は、遺言者の有する甲野株式会社（本店：○○県○○市○○町○丁目○番地）の株式全部を遺言者の二男甲野次郎（昭和○○年○○月○○日生）に相続させる。

2　甲野次郎は、前項の相続の負担として、前項の株式の相続税申告の際の評価額の4分の1に相当する価額を、10回に分割して、相続開始の翌年から10年間にわたり、10分の1ずつ、毎年末日限り甲野一郎に支払うこと（10回に分割した際に1円未満となる分については初回に併せて支払うこと。）。

230　　第２章　特殊な希望の実現等　－付言事項等－

作成例２　遺留分権利者に手厚くした例

第〇条　遺言者は、遺言者の有する甲野株式会社（本店：〇〇県
　〇〇市〇〇町〇丁目〇番地）の株式全部を遺言者の二男甲野次
　郎（昭和〇〇年〇〇月〇〇日生）に相続させる。
2　甲野次郎は、前項の相続の負担として、前項の株式について、
　〇〇公認会計士事務所の評価による評価額の4分の1に相当する
　価額を、10回に分割して、相続開始の翌年から10年間にわたり、
　10分の1ずつ、毎年末日限り、相続開始時から支払までの法定利
　率による利息と共に、甲野一郎に支払うこと（10回に分割した
　際に1円未満となる分については初回に併せて支払うこと。）。

視　点

① 　会社を承継した相続人から、相続開始後に、会社からの取締役報
　酬や配当を原資として、遺留分相当額を分割払で遺留分権利者に支
　払わせる方法があります。その場合、遺留分相当額の算定の方法や
　支払の方法について、遺留分権利者から不満が出ないように配慮す
　る必要があります。
② 　その他に、生前贈与や確実な代償支払約束をすることによって遺
　留分を放棄してもらう方法、同様に生前贈与等をして遺留分から除
　外することを合意してもらう方法も考えられます。

第2章　特殊な希望の実現等　－付言事項等－　　231

解　説

1　遺留分

　配偶者、子、直系尊属には、遺言によっても奪うことのできない最低限の相続分があります。直系尊属だけが相続人のときは被相続人の財産の3分の1、その他の場合には2分の1です（民1042）。

2　負担付遺贈（作成例1、作成例2）

　遺言では、遺産を取得した者から、取得の代償となる金銭等を他の者に支払うように定めることも可能です。一種の負担付遺贈ですが、遺贈だけではなく、負担付相続させる遺言も可能です。また、その場合、代償金等を相続時に一度に支払うのでなく、年金方式で支払うよう定めることもできます。ただし、あまり長期になる場合には相当性を欠き、効力を否定される可能性があるので、期間には注意が必要です。

　事業承継の場合、事業を承継した者は、事業の収益から取締役報酬や配当を得ることができるので、その収入の中から年金方式で遺留分に相当する額を支払わせる方法があります。

　遺留分の額については、相続発生時の価額で計算する必要がありますので、支払額を厳密に遺留分ぴったりにしようとすると、その金額の算定方法を示すことになります。本ケースでもその一例を示しましたが、これは簡易な算定方法を示したもので、訴訟になった場合の評価額より安くなる可能性があります（作成例1）。より遺留分権利者に手厚くしようとするなら、公認会計士（顧問税理士が公認会計士の有資格者である場合もあります。）に評価してもらう方法も考えられます。また、年金方式で支払うことにより、支払までの利息を支払う

232　　第2章　特殊な希望の実現等 ―付言事項等―

ことも考えられます（**作成例2**）。なお、生前贈与がある場合に算定方法を示した例として、前掲ケース28も参照してください。

　このような複雑な支払を避けようとすると、銀行等から借入れをして一時に支払うことになりますが、相続税の支払もあるので、資金調達ができるかの問題もあります。

3　遺留分を放棄してもらう方法

　遺留分は、相続人が、家庭裁判所の許可を得て放棄することができます（民1049）。したがって、長男甲野一郎が自ら遺留分を放棄してくれれば、遺言により株式を甲野次郎に承継させることができます。

　しかし、遺留分の生前放棄は、申請すれば許可されるものではなく、一般には、次のような条件が満たされる必要があるとされています（東京家審昭54・3・28家月31・10・86）。

①　遺留分の放棄が本人の自由な意思に基づくものであること

②　遺留分放棄に合理性・妥当性と必要性があること

③　遺留分放棄の代償（見返り）があること

　本ケースで問題となるのは③の点で、普通は、一定の現金等を贈与して、この条件を満たすようにしますが、資金がない場合には、遺言者と甲野次郎から、一定の金額の分割払いの約束をして、その支払を確実にすることが考えられます。支払が履行されないおそれを理由に却下された例もありますので（神戸家審昭40・10・26家月18・4・112）、支払の確実性には注意が必要で、担保を供するなどの方法も考えられます。

　この方法によるメリットは、遺言者又は会社を相続した者（甲野次郎）が支払うべき金額が合意により確定するため、遺留分の額（株式の評価額）を巡って争いが生じる心配がないことです。

4 生前贈与により、事業承継による遺留分の特例を利用する方法

中小企業承継円滑化法2条〜10条では、民法の遺留分の特例として次の方法が定められています。これらの制度は、経済産業大臣の確認や家庭裁判所の許可が必要で、小規模な事業や株式以外の財産がない場合には現実的でないですが、条件が合致すれば利用を検討する余地があります。

(1) 除外合意

「除外合意」は、先代経営者の生前に、経済産業大臣の確認を受けた後継者が、遺留分が認められる人（遺留分権利者）全員との合意内容について家庭裁判所の許可を受けることで、先代経営者から後継者へ生前贈与された自社株式等について、遺留分算定の基礎となる財産から除外できる制度です（経営承継4①一）。

(2) 固定合意

「固定合意」は、経済産業大臣の確認を受けた後継者が、遺留分権利者全員との合意内容について家庭裁判所の許可を受けることで、遺留分の算定に際して、生前贈与株式の価額を当該合意時の評価額であらかじめ固定できる制度です。この「固定合意」を利用すれば、相続時に自社株式が値上がりしていても、値上がり分は遺留分の対象として考慮しなくていいことになります（経営承継4①二）。

5 改正相続法について

平成30年の相続法改正（平成30年法律第72号）では、遺留分侵害額請求によって生ずる権利は金銭債権となり（改正民1046）、裁判所は、遺留分侵害額請求権による金額の支払について、相当の期限を許与することができるとされており（改正民1047⑤）、期限の猶予や分割払が認められるようになりました。仮に遺留分侵害額請求訴訟となり、遺言によって定められている遺留分権利者への支払額が、法律上認められる

234 第2章 特殊な希望の実現等 －付言事項等－

遺留分額に不足するため、遺留分権利者への追加の支払が必要となる場合でも、当初から分割払の遺言がある場合には、不足分についても分割払を求めていくのがよいでしょう。ただし、訴訟で認められる期限の許与は資金調達（借入れ等）に必要な期間であり、長期の分割は認められないでしょう。

6 後継者以外の相続人を少数株主としておく方法

会社の支配権を維持するためには、必ずしも全株を所有する必要はなく、他の相続人を少数株主とすることで可能です。そして、株式の譲渡制限がある会社であれば、定款に「相続等の一般承継により株式を取得した者に対して株式の売渡しを求めることができる」旨を定め（会社174）、次回以降の相続の際に、時価での買取請求をすることによって分散を防いでいく方法も考えられます。

参考判例

○5年後に300万円の贈与を受ける契約のもとになされた遺留分放棄の許可申立てを、将来この契約が履行されないおそれ等が申立人に生ずるかもしれない損害を考慮して却下した事例。
（神戸家審昭40・10・26家月18・4・112）
○家庭裁判所が、遺留分放棄の許可審判をなすに当たっては、遺留分放棄が、遺留分権利者の自由な意思に基づくものであるかどうか、その理由が合理性若しくは妥当性、必要性ないし代償性を具備しているかどうかを考慮すべきところ、遺留分放棄の意思表示が専ら被相続人の発意に基づき、長男に遺産を単独取得させることを目的としてなされ、遺留分に見合うだけの贈与等の代償も与えられておらず、しかも、許可審判後約13年を経過し、被相続人と申立人との間に相続問題をめぐって深刻な対立を生じているとして、許可を取り消した事例。
（東京家審昭54・3・28家月31・10・86）

第2章　特殊な希望の実現等　ー付言事項等ー　　　235

50　会社の次の次の後継者についての考えを伝えたい場合

> **ケース**　遺言者は甲野株式会社のオーナー経営者です。後継者は甲野一郎に決めていますが、更にその次の経営者についての考えを伝えたいと思っています。どのようにすればよいでしょうか。

作成例1　　有望な候補者がいる場合

【付言】

　甲野株式会社は一郎君にお願いします。それから、一郎君には、和夫が立派な経営者として育つようによく教育してくださるようにお願いします。和夫も周囲の期待に応えられるように頑張ってください。

作成例2　　後継者選定の方針を伝える場合

【付言】

　甲野株式会社の株式は、一郎に多く遺しましたが、会社は一郎だけのものではなく、従業員、取引先、その家族の生活を預かっている責任を忘れてはなりません。甲野株式会社については、一郎が代表取締役となり、三郎は専務として実務を担当し、しっか

りと行ってください。そして二人で力を合わせて盛り立ててください。甲野株式会社の後継者は、男女を問わず、また、孫たちの配偶者も含めて、一郎と三郎が中心となって、兄弟全員で最も適任な人を選任してください。

視　点

① 　どういう理由で次の次の後継者を考えているのかについては、㋐はっきり決めている場合、㋑有望な人がいる場合、㋒考え方を伝えたい場合などがあります。それぞれ、それに適した方法をとります。
② 　会社経営の後継者の選定は、単なる遺産の承継ではありません。経営者は、従業員、取引先、その家族の生活を預かっている責任があり、その選定は慎重でなければなく、既に実績があって衆目の一致するところでなければ、後の人たちにその時の状況を踏まえて決めてもらう方がよい場合が多いので、付言として書いた上で、慎重に控え目な記載をすべきです。

解　説

1　事業の後継者の選定

　本ケースの例では、大きく分けて三つの場合が考えられます。①今の後継者はワンポイントリリーフで、次の次の後継者が既に実績もあって事実上決まっており、その者に円滑に承継させたい場合、②有望な候補者はいるものの、経験も浅いので今後きちんと教育してもらって後継者に育ててほしい場合、③候補者を一人に決めているのではなく、選定の考え方を伝えたい場合です。それに即した方法をとるのが適切です。

2　今の後継者はワンポイントリリーフである場合

　中小企業の多くは、オーナー経営者で、過半数又は3分の2以上の株式を所有して支配的な株主となっています。中小企業の後継者も、多くの場合は、株式を相続、遺贈により取得することになります。したがって、会社の後継者を指名するということと、株式を相続させ、遺贈するということはほぼ同じように認識されています。

　したがって、会社の次の次の後継者（仮にこの者を甲野和夫とします。）をはっきりと指名したい場合には、その者（甲野和夫）が多くの株式を所有するようにするのがよく、そのための遺言条項は、前掲ケース48のとおりです。

　また、後継者（甲野一郎）に全く株主総会の議決権を渡さないことが不都合な場合には、一定期間甲野一郎に株式を信託して議決権を行使させ、受益者をその次の後継者（甲野和夫）とし、信託期間終了後に残余財産帰属者を甲野和夫とすることで、一定期間甲野一郎の議決権を保証することができます。信託については、前掲ケース26を参照してください。

3　有望な候補者がいるものの、まだ教育が必要な場合

　経営には、経営者としての能力が必要です。また、今は有望と見えても、本人の状況や経営環境の変化もあり、本当に経営者として有能かはその時期にならなければ分からないものです。また、経営者になるということは、会社の借入金等について保証人になることも意味し、その覚悟が必要です。

　したがって、いくら優秀に見える人物がいても、まだ経営者としての立場になっていない世代の後継者を指名することは避け、次の次は次世代に任すことにするのが賢明なことが多いでしょう。仮にどうしても遺言に記載したい場合は、付言にして、強制することを避け、書

238　　第2章　特殊な希望の実現等　―付言事項等―

き方についても、単なる意見や、育成についての希望であると理解されるように控えめに記載する方がよいように思います（作成例1）。

4　後継者の選定の方針を伝えたい場合

　誰に、どのような方針で選定してほしいのかの考え方を伝えるもので、そのような記載であれば、後の人たちが困ることも少ないので、思ったとおりの記載をするのがよいでしょう（作成例2）。

第2章　特殊な希望の実現等　—付言事項等—　　239

（外国関係）

51　外国人の遺言の場合（韓国、中国、米国、その他の国）

> **ケース**　　遺言者は外国人ですが、長年日本に住んでおり、このまま日本に永住するつもりで、財産も日本にあります。遺言をするにはどのようにしたらよいですか。

作成例　　在日韓国人の場合

> 第○条　遺言者は、相続の準拠法として遺言者の常居所地法である日本法を指定する。

視　点

①　外国人の遺言については準拠法を決定する必要があります。遺言の方式については日本法によることができますが、成立及び効力、相続関係については本国法の調査も必要となります。反致によって結局日本法が適用される可能性についても検討すべきです。

②　在日韓国人の場合は、日本法を指定すれば日本法を準拠法とすることができます。

解　説

1　外国人の遺言についての準拠法

　外国人の遺言については準拠法に留意する必要があります。準拠法で問題になるのは以下の点です。

(1)　遺言の方式の準拠法

　外国人の遺言については、まず、遺言の方式の準拠法（どの国の法律による遺言をするのか）を検討しなければなりません。日本において遺言の効力や執行が問題となる場合（日本国内の財産が問題となる場合等）には、遺言の方式の準拠法に関する法律（遺言準拠法）が適用されます。同法では、①行為地法、②遺言者が遺言の成立又は死亡の当時国籍を有した地の法、③遺言者が遺言の成立又は死亡の当時住所を有した地の法、④遺言者が遺言の成立又は死亡の当時常居所を有した地の法、⑤不動産に関する遺言について、その不動産の所在地法、のいずれかに適合するときは、方式に関し有効とするとされています（遺言準拠法2）。したがって、日本国内で遺言するときは上記①により日本法（民法）による方式、つまり自筆証書・公正証書等によることができます。また、在日外国人であれば、上記③又は④により、やはり日本法による方式での遺言ができます。

　なお、遺言者の年齢、国籍その他の人的資格による遺言の方式の制限は方式の問題とされますし、遺言が有効であるために必要とされる証人の資格も方式とされますので（遺言準拠法5）、これらの点についても、日本法が準拠法になります。

(2)　遺言の成立及び効力の準拠法

　日本において遺言の効力や執行が問題となる場合、遺言の成立及び効力（遺言能力や、遺言者の意思表示に瑕疵があった場合、効力の発生時期などが争われた場合等）については、遺言成立の当時における

遺言者の本国法によります（法適用37①）。また、相続についても被相続人の本国法に従うとされており（法適用36）、遺言があっても、相続人の範囲、遺留分等は相続法によります。以上のとおり、遺言が、本国法の規定により効力が制限されることがありますので、当該外国人の本国法を調査する必要があります。

　(3)　反　　致

　法の適用に関する通則法が「本国法による」としている場合でも、当該外国人の本国法に従えば準拠法が日本法となる場合、例えば本国法が遺言の準拠法を遺言地法と規定している場合に日本で遺言をしたときには、日本法が適用されます（法適用41）。これを反致と呼びます。

2　在日韓国人の遺言

　韓国国際私法49条1項は、相続は死亡当時の被相続人の本国法によるとしていますが、同条2項で、「被相続人が遺言に適用される方式によって、明示的に次の各号の法中のいずれかを指定するときは、相続は、第1項にかかわらず、その法による。①指定当時の被相続人の常居所がある国家の法。ただし、その指定は、被相続人が死亡時までその国家に常居所を維持した場合に限りその効力がある。②不動産に関する相続に関しては、その不動産の所在地法。」と規定しています。したがって、遺言者が、遺言において、その遺言に適用される方式について日本法を指定したときは、相続関係の法律も日本法によることになります。作成例は、日本法を指定する場合の条項を示したものです。

3　朝鮮籍の人の遺言

　住民登録上の国籍欄が「朝鮮」となっている人は、韓国の在外国民登録をしていない人です。朝鮮籍の人の本国法については、法の適用に関する通則法38条1項（二重国籍）又は3項（異法地域のある国）を類推し、現在・過去の住所・居所、本籍、帰属意思等で決定するとす

る説が有力で（東京地判平23・6・7判タ1368・233、京都地判昭62・9・30判時1275・107）、本籍その他から韓国法を本国法とした例もあり（最判昭44・4・10判時556・41）、戸籍実務や登記実務では、原則として（本人が韓国人でないと申し立てない限り）、韓国法が適用されるという扱いのようです。北朝鮮法については不明な点が多いですが、北朝鮮の「朝鮮民主主義人民共和国対外民事関係法」45条1項は「不動産相続には相続財産の所在する国の法を適用し、動産相続には被相続人の本国法を適用する。但し、外国に住所を有する共和国公民の動産相続には被相続人が最後に住所を有していた国の法を適用する」とされていることが紹介されています（木棚照一監修・西山慶一ほか編著『「在日」の家族法Q＆A〔第2版〕』235頁（日本評論社、2006））。これらの点から、朝鮮籍の人も、実務的には韓国籍に準じて扱い、遺言で日本法を準拠法に指定するのがよいように思われます。

4　中国人の遺言

　中国法では、法定相続の場合、被相続人が死亡した時の常居所地法を適用します。ただし、不動産の法定相続については、不動産所在地法を適用するとされています（渉外民事関係法律適用法31）。また、中国法では、反致の規定はないので、二重反致は問題となりません。したがって、日本に住む中国人の遺言の効力については、日本の動産及び不動産の準拠法はいずれも日本法となると思われます。なお、古い相続に関しても、判例は日本の不動産について日本法を適用しています（最判平6・3・8判タ846・167）。ただし、債権に関しては、日本で交通事故により死亡した日本在住の中国人（留学生）の遺族による損害賠償請求権について、中国法を準拠法とした裁判例（名古屋高判平25・12・19（平25（ネ）690））もありますが、準拠法が争点にならなかった事案であり先例性は疑問です。

5　米国人の遺言

　米国は州ごとに法が異なるため、本国法が「地域により法律を異にする国の国籍を有する場合」であり、「その国の規則に従い指定される法（そのような規則がない場合にあっては、当事者に最も密接な関係がある地域の法）を当事者の本国法とする」（法適用38③）ことになります。そこで、被相続人と最も密接な関係を持つ州の法律を調査する必要があります。米国法律協会（The American Law Institute）が米国法中有力なものを条文形式で、Restatement of Conflict of Lawsとしてまとめていますので、これが参考になります。なお、不動産については、Restatement of Conflict of Laws 294条で、土地の相続に関しては土地の所在地国の法律によるとなっていて、反致により、日本の不動産の相続は日本の法律を適用することになることが多いと思われます。

6　その他の国の人の遺言

　その他の国の場合も、以上と同様に、遺言の成立・効力及び相続についての本国法と反致を調査し、対処することになります。

　当該本国法がよく分からない場合には、本国の法律家や日本における外国法事務弁護士に相談の上で適式な遺言を作成するか、その時間もない場合には、遺言の効力（遺言の実現）が不明確であることを覚悟の上で遺言を作成するかを選択することになります。例えば、日本法では、遺言の効力は遺留分侵害額請求があれば制限されますが、遺留分の範囲内で法定相続分を変更する効力はあるので、遺言をする意味はあります。これと同様に、本国法の規定によっても一定範囲の効力が認められる可能性があるなら、遺言をする意味はあることになります。

244　　第2章　特殊な希望の実現等 ―付言事項等―

参考判例

○朝鮮民主主義人民共和国の国籍を有すると主張する者に大韓民国人であるとして韓国法が適用された事例。

　（最判昭44・4・10判時556・41）

○朝鮮籍の人について適用されるべき本国法の決定に当っては、当事者がいずれの法秩序とより密接な関係があるかによって判定すべきであるとされ、北朝鮮法が適用された事例。

　（京都地判昭62・9・30判時1275・107）

○日本にある不動産の所有者である中華人民共和国の国籍を有する者の相続につき同国の法律が遡って適用されて反致されることにより日本法が準拠法となるものとされた事例。

　（最判平6・3・8判タ846・167）

○外国人登録原票の国籍欄に「朝鮮」と記載があり、第二次大戦以前から長く日本に居住している者を被相続人とする相続の準拠法（被相続人の本国法）が、大韓民国法であるとされた事例。

　（東京地判平23・6・7判タ1368・233）

○日本で交通事故により死亡した日本在住の中国人（留学生）の遺族による損害賠償請求権について、中国法を準拠法とした事例。

　（名古屋高判平25・12・19（平25（ネ）690））

第2章　特殊な希望の実現等 —付言事項等— 245

52　海外資産についての遺言の場合

ケース　遺言者は、外国の不動産を所有しています。遺言するについて注意することはありますか。

作成例

> 第1条　本遺言の対象は、日本国内にある財産とする。
> 〔中略〕
> 【付言】
> 　この遺言では、日本国内の財産についてだけ決めています。外国にある財産については、別途遺言をしておきますので、それに従ってください。

視　点

① 　在外財産についても、日本法により有効な遺言ができることが多いのですが、実務的には、当該財産のある国の方式による遺言をすることが適切です。

② 　複数の遺言をすることになるので、矛盾や抵触を避けるように注意する必要があります。

第2章 特殊な希望の実現等 －付言事項等－

1 遺言の相続手続と遺言の有効性

　海外資産の相続手続は、その資産のある国で行われます。したがって、ある遺言により相続手続をするためには、当該遺言がその国で有効とされなければなりません。日本法では、遺言の方式の準拠法に関する法律（遺言準拠法）が適用され、①行為地法、②遺言者が遺言の成立又は死亡の当時国籍を有した地の法、③遺言者が遺言の成立又は死亡の当時住所を有した地の法、④遺言者が遺言の成立又は死亡の当時常居所を有した地の法、⑤不動産に関する遺言について、その不動産の所在地法、のいずれかに適合するときは、方式に関し有効とするとされています（遺言準拠法2）。「遺言の方式に関する法律の抵触に関する条約」を批准した国であれば、日本と同様の法制度となっているでしょうから、日本人が日本法の方式でした遺言は有効となるものと思われます。また、批准していない国でも、似たような制度をもっている国が多く、同様に有効になることが多いと思われます。

2 相続手続の実務の考慮

　しかし、法律上は遺言が有効であるとしても、実務上、遺言の当該国の公用語への翻訳が必要となる上に、法制度の異なる国の機関や金融機関の担当者が他国の遺言書の有効性を判断することは難しく、その遺言が日本法により有効に作成されていることの証明を裁判所から求められることも考えられます。しかも、諸外国は、日本とは、遺言の実現の仕方や、裁判所や公共機関において取扱いが異なるなど、金融機関や不動産の名義の変更手続はスムーズにいかない場合が想定されます。

第2章　特殊な希望の実現等 －付言事項等－　　　247

　例えば、在日韓国人が日本の公正証書でした遺言において、「韓国の財産についても日本法を適用する」とした場合、韓国法上有効であるにもかかわらず、韓国の銀行等は日本の相続法がわからないため難色を示すことがあったり、韓国の不動産や預金等は必ず具体的な明細を記載しなくては手続が困難なことがあったりするようです。

　したがって、海外の財産については、その国（米国では州）で遺言を実現しやすいようにその国（州）の方式により遺言を作成するのが望ましいのです。外国の方式による遺言の作成の仕方は、①当該外国で弁護士や公証人に相談するという方法のほか、日本国内でも、②日本における外国法事務弁護士等当該外国法の専門家に依頼して遺言書を作成し、領事館でのサイン認証（本人がサインしたものであることを領事館で証明してもらうもの）等を利用する、③外国人等で言葉の問題もなく、当該外国法が在日本の領事館での遺言書の作成を認めていれば、日本にある当該外国の領事館で当該外国の方式による遺言書を作成することが考えられます。なお、国によっては、遺言よりも信託の方が便利なためよく利用されていることもありますので、遺産承継の方法は、遺言にこだわらずに当該国の国情に合わせて柔軟に考えるべきです。

3　複数の遺言の矛盾・抵触を避ける必要性

　日本の方式と外国の方式という複数の方式で遺言をする場合に留意しなければならないのは、日本の方式による遺言については日本の財産に限るものである旨、外国の方式による遺言については当該外国の財産に限るものである旨を明記しておくことです。そうでないと、両方の遺言に矛盾・抵触が生じ、そのような場合、日本法では後の遺言によって前の遺言を取り消したことになりますが、外国法で同様とは

限らず、困難な問題を生じるおそれがあります。作成例は、日本法による遺言について、日本の財産に限定するための記載です。

4 外国法による遺言をする時間的余裕がない場合

病気その他で外国法による遺言をする時間的余裕がない場合、日本法の方式で外国法によっても有効とされる遺言をするしかありません。ただし、前記のとおり、費用や困難が生じる上、当該外国の機関が認めてくれない可能性もあることは認識しておく必要があります。

第2章　特殊な希望の実現等　—付言事項等—　　249

（その他の希望）

53　不動産か又は現金かどちらかを、受遺者の希望によって、相続（遺贈）させたい場合

> **ケース**　　遺言者の長男甲野一郎は、仕事の関係で遠方での転勤を繰り返しています。退職後に戻ってきて家を継ぐ気があるのであれば自宅を相続させたいのですが、戻ってこないかもしれず、その時には自宅は長女に相続させて住めるようにしてやり、長男にはお金を相続させたいと思います。他の相続人との関係で話合いでの遺産分割は見込めませんので、遺言で長男が自宅を相続するかどうか選択できるようにしてやりたいのですが、どうしたらよいでしょうか。

作成例

> 第1条　遺言者は別紙目録〔省略〕記載の不動産（以下「本件不動産」という。）を遺言者の長男甲野一郎（昭和〇〇年〇〇月〇〇日生）に遺贈する。
> 2　前記甲野一郎が前項の遺贈を放棄したときは、
> 　（1）　遺言者は本件不動産を遺言者の長女乙山花子（昭和〇〇年〇〇月〇〇日生）に相続させる。
> 　（2）　遺言者は前記甲野一郎に金〇〇万円を相続させる。
> 第2条　遺言者は、前条記載の財産を除くその余の財産を前記乙山花子に相続させる。

第2章　特殊な希望の実現等　－付言事項等－

> 第3条　遺言者は、本遺言の遺言執行者として〇〇〇〇を指定する。

視　点

① 相続人に複数の遺産から選択する権利を与えるには、候補となる遺産を遺贈し（第1の遺贈）、その遺贈を放棄した場合に次の候補となる遺産を遺贈する（第2の遺贈）又は相続させるという方法があります。相続人でない者についても、これに準じて、第1の遺贈を放棄した場合に第2の遺贈をするという遺言をすれば選択権を与えることができます。

② 遺贈ですので遺言執行者が必要で、指定しておくべきです。

解　説

1　相続人に遺産の選択権を与えたい場合

特定の財産について、これを必要とする相続人に承継させたい場合があります。例えば本ケースのような場合ですが、単に長男甲野一郎に相続させる遺言をしてしまうと、同人が郷里に戻ってこないことになったら、遺言者の思い入れのある自宅であれば簡単に売ることもできず、甲野一郎は管理に困ってしまうでしょう。そのため、甲野一郎に自宅を承継するかどうかの選択権を与えた方がよいことになります。他にも、特定の不動産（時には動産も）について、共有関係その他権利関係が複雑であったり、簡単に換金できなかったりする等の事情があるときは、承継するか否か選択権を与えた方がよい場合があります。

2 相続人に遺産の選択権を与える方法

　相続人に、特定の財産を承継するかどうかの選択権を与えるためには、当該相続人に当該財産を遺贈する方法によります。相続人が当該財産が不要なら、遺贈を放棄すればよく、遺贈を放棄しても相続人としての地位はなくならず、相続することができます（民995本文）。そこで、遺贈が放棄された場合の予備的遺言として、当該相続人に相続させる遺産を指定すれば、結果的に相続人は自分の希望に沿った遺産を取得することができることになります。これに対し、「相続させる」遺言は、その財産の相続を放棄するためには相続放棄しか方法がないため、別の遺産を相続させることはできません。

　なお、作成例第1条第1項で「遺贈する」に代えて「相続させる」とし、第1条第2項を「前記甲野一郎が相続を放棄したときは、」として、同項(2)を「遺言者は前記甲野一郎に金○○万円を遺贈する。」とした場合（作成例とは相続と遺贈を逆にした場合）でも、甲野一郎は、相続を放棄するかどうかを選択することによって本件不動産を取得するかどうかを選択することができる結果となります。しかし、本来相続人である者に相続を放棄させ、何かを遺贈するというのは、その者に相続債務を承継させないようにするため等特殊な目的がなければ勧められる方法ではありません。

3 遺産を承継させたい者が相続人ではない場合

　遺産を承継させたい者（本ケースの甲野一郎）が相続人でない場合には、作成例第1条第2項で、「前記甲野一郎が前項の遺贈を放棄したときは、遺言者は前記甲野一郎に金○○万円を遺贈する。」とすれば、特定の財産を相続人以外の人物にも遺贈することができます。

54　特別受益の持戻しを免除する場合

ケース

現在70歳の遺言者は、妻と婚姻して以来40年になりますが、その間、1男1女に恵まれました。しかし、子供たちは皆独立して家を離れています。そろそろ自分が亡くなった後の妻の生活のことを考えて、ひとまず自宅の土地建物を優先的に妻に遺言により遺してやり、その他の預貯金等の金融資産については、どのように分けるかまだはっきりと考えが固まっていませんが、今回の遺言をすることで妻の相続分が減らないようにしてほしいと思います。どのような点に注意したらよいでしょうか。

作成例

第〇条　遺言者は、その相続開始時に有する下記土地建物を遺言者の妻〇〇〇〇（昭和〇〇年〇〇月〇〇日生）に相続させる。

記

〈土地建物の表示〉　〔省略〕

第〇条　遺言者は、その相続開始後、妻〇〇〇〇、長男〇〇〇〇（昭和〇〇年〇〇月〇〇日生）及び長女〇〇〇〇（昭和〇〇年〇〇月〇〇日生）が前条記載の土地建物以外の遺言者の遺産について遺産分割協議を行う際、前条記載の土地建物の価額を民法903条1項に規定する相続財産の価額に加えないものとする。

第2章 特殊な希望の実現等 －付言事項等－ 253

視 点

遺言者としては、遺言をする際に、できる限り全ての財産について、誰にどんな財産を遺すのかを明確にしておくことが、紛争防止の観点から望ましいと思われますが、遺言時の遺言者の心境や諸事情から、遺言者としては今回はひとまず一部の財産についてだけ遺言したいという場合もあります。そのような場合には、将来、残余の財産について、遺言者が遺言しないままに死亡すると、同財産については法定相続人間で遺産分割協議等をして最終的な権利の帰属を決めなければならなくなります。その際に、今回の遺言により、ある相続人に一部の財産を相続させたことについてどのように評価すべきかという特別受益の問題が生じますが、**作成例は、特別受益の持戻しを免除する場合の条項例です。**

解 説

遺言者が、遺贈なり「相続させる」旨の遺言により、その有する全ての財産に関して、遺言者の死亡時にそれぞれ権利を承継すべき者を決めている場合には、通常は、相続人による遺産分割協議を要することなく遺言者の死亡と同時に遺言者から受遺者なり受益相続人に遺言者の権利が承継されますから、特別受益の持戻しが問題となることはありませんが、遺言者がその全ての財産について遺言しないまま死亡した場合には、残余財産について相続人間で権利の最終的な帰属をめぐり遺産分割協議を要することになり、その場合には、遺言により行われている、一部の相続人に対する一部の財産の遺贈ないしは「相続させる」旨の遺言の対象財産の価額を、相続時の遺産額に持ち戻して

計算すべきか否かが問題となります。原則は、特別受益を持ち戻して計算することになりますので、持戻しを免除したいときには、その意思であることを表示しなければなりません（民903①③）。

　この点に関して、平成30年相続法改正後の民法903条4項では「婚姻期間が20年以上の夫婦の一方である被相続人が、他の一方に対し、その居住の用に供する建物又はその敷地について遺贈又は贈与をしたときは、当該被相続人は、その遺贈又は贈与について第1項の規定（筆者注：特別受益の持戻しのこと）を適用しない旨の意思を表示したものと推定する。」との規定が設けられましたから、本ケースのような場合において、被相続人が婚姻期間が20年以上の配偶者に対して居住用の不動産を遺贈する場合には、特別受益の持戻しを免除する意思表示を行う条項を特段設けなくても、上記条文による法律上の推定が働くことになるでしょう。しかし、同条文は、遺贈又は贈与に関する規定であり、「相続させる」旨の遺言についてストレートに適用されるものではありませんし、あくまで反証のあり得る「推定」規定ですから、遺言者が「相続させる」旨の遺言により配偶者に対し、居住用不動産を相続させるとともに、将来、他の財産についての遺産分割協議が相続人間で行われる際には、今回の配偶者に対する受益は別枠として取り扱ってほしいというのであれば、そうした遺産分割協議において疑義を生じさせないためにも、本ケースの**作成例**のように、今回の遺言の中において明確に遺言者の持戻し免除の意思を表示しておくことが肝要といえます。

第2章　特殊な希望の実現等　－付言事項等－　　255

55　不動産を売らないでほしいという希望がある場合

ケース　遺言者には財産として自宅がありますが、これは先代が苦労して買い取った物であり文化的価値もあるので、家を継ぐ者に相続させますが、売らないで維持していってほしいと思っています。どうすれば実現できますか。

作成例1　希望として伝える方法

【付言】

　自宅は全部〇〇〇〇に相続させるからちゃんと守っていってほしい。この家は、私のお父さんが苦労して買った物で、市の有形文化財に指定する話が出たこともあり、今では貴重なものです。後世に残したいから、これは売らないで維持していってください。

作成例2　期間を限定して売却等を禁止する方法

第1条　遺言者は、遺言者の長男甲野一郎（昭和〇〇年〇〇月〇〇日生）に別紙不動産目録〔省略〕記載の不動産（自宅）を相続させる。甲野一郎は、上記相続の負担として、5年間上記不動産について売却その他の処分をしないこと。

第2章 特殊な希望の実現等 －付言事項等－

視　　点

① 　相続した物を売らないように、相続人に強制することはできません。ですから、強制力のない付言等により、思いを伝えることになります。
② 　これに対し、事情によっては一定期間だけの売却禁止は有効であると思われます。
③ 　一定期間信託すれば、その間は相続人が売却することはできなくなります。

解　　説

1　処分を禁止する遺言

　永久に売却等の処分を禁止する趣旨の遺言をしても、それは無効であり、相続人はその遺言に拘束されません（大判明45・5・9民録18・475参照）。ですから、遺言で財産を売らないように強制するということはできません。しかし、家産を維持したい希望はあり得ることですし、家によっては、家柄を示すような歴史的価値のある建物や動産が伝わっていることもあり、維持が必要な場合もあるでしょう。そのような場合には、維持の必要性を理解している適切な相続人を選び、その人に相続させ、当該相続人には、強制力のない付言として、維持の必要性を説明しておくのが適切な方法と思われます。

2　一時的な売却禁止期間の指定

　これに対して、合理的な理由がある場合には、期間を定めて売却を禁止することはできるように思われます。一般に土地の売買契約において、5年間ないし10年間転売禁止の特約があることがありますが、そ

第2章　特殊な希望の実現等　－付言事項等－　　257

れは一般に有効と解されていますし、使用収益権を確保させるために、土地の名義を移して転売を禁止したことは不法ではないとされており（大判大6・10・10民録23・1564）、事情によっては、一定期間の売却を禁止する遺言は有効であろうと思われます。土地売買で5年間の転売禁止特約を有効とした裁判例もあります（東京地判平25・5・29（平23（ワ）41371））。

3　信　託

　当該不動産を信託して、その受益権を相続させるという方法をとれば、相続人は、信託契約継続中は売却ができなくなります。もちろん、信託契約の期間には限度がありますし、不動産を受託してくれる人が必要になりますので、簡単ではありません。信託については前掲ケース24～ケース26を参照してください。

参考判例

○永久に処分を禁止する旨の負担を付けた不動産の贈与契約について、その負担は公益に反する無効なものであるから、負担のない贈与契約として有効とされた事例。
　（大判明45・5・9民録18・475）
○親族間で、A所有の不動産についてBに使用収益権を確保させるために所有権移転登記をする際に、Bが終身の間所有権を移転しない義務をAに対して負担する約款は、親族関係を有する者の間において親族の一方が他方に対しその終身を期して物の使用収益権を確保せんとする場合に必要にして、相手方に物の所有権を永久他人に移転しない義務を負担させる約款とは全然その趣を異にするものであるから、何ら不法なものではないとされた事例。
　（大判大6・10・10民録23・1564）
○不動産売買の際に、5年間転売禁止とした特約が有効とされた事例。
　（東京地判平25・5・29（平23（ワ）41371））

56 先祖から受け継いだ不動産を子から孫へと順番に相続させたい場合

> **ケース** 　遺言者甲野太郎には先祖から受け継いだ不動産があります。これを長男甲野一郎に相続させるつもりですが、長男甲野一郎には、この不動産を守り、分散させることなく更にその長男である甲野和夫に相続させてもらい、更に子々孫々にそのまま引き継いでいってもらいたいと思っています。どのようにしたらよいですか。

作成例1　付　言

第1条　遺言者は、遺言者の有する別紙不動産目録〔省略〕記載の不動産を遺言者の長男甲野一郎（昭和〇〇年〇〇月〇〇日生）に相続させる。

〔中略〕

【付言】

　別紙不動産目録記載の不動産は、甲野家が先祖代々守り伝えてきたもので、私の名義になっていますが、子孫のための預かり物だと思っています。一郎も、この不動産についてはこのことをよく考えて、売ったり相続で分割したりすることなく、遺言などの手続をして、できる限り甲野家の次の当主に相続させ、その後も代々引き継がれるようにしてください。

第2章　特殊な希望の実現等 －付言事項等－

> **作成例2**　後継ぎ遺贈型信託契約による方法

第1条（信託の目的）

　　委託者兼受益者甲野太郎（以下「甲」という。）は受託者乙山次郎（以下「乙」という。）に対し、甲、受益者甲野一郎（昭和〇〇年〇〇月〇〇日生、住所：〇〇県〇〇市〇〇町〇丁目〇番〇号、以下「丙」という。）及び受益者甲野和夫（昭和〇〇年〇〇月〇〇日生、住所：〇〇県〇〇市〇〇町〇丁目〇番〇号、以下「丁」という。）に対する生活費等の給付を目的として別紙〔省略〕記載の不動産（以下「信託不動産」という。）を管理運用させることを信託し、乙はこれを引き受けた。

第2条（受益者）

　　本信託の第一順位の受益者を甲、第二順位の受益者を丙、第三順位の受益者を丁とする。この場合、各受益者の死亡によってその受益権は消滅し、甲が死亡したときは丙が、丙が死亡したときは丁が受益者として順次その受益権を取得する。ただし、丙が甲の死亡以前に死亡していた場合は、丁が受益者として受益権を取得する。

第3条（信託期間）

　　本契約の信託期間は、本日から甲及び丙のうち、遅く死亡した者が死亡した日の翌日までとする。

第4条（権利帰属者）

　　本契約が終了したときは、残余財産は終了時の受益者に帰属する。

〔以下は、前掲ケース25の第5条から第8条までの条項を参照〕

260 第2章 特殊な希望の実現等 —付言事項等—

作成例3 後継ぎ遺贈1
（負担付遺贈型後継ぎ遺贈）

第1条　遺言者は、遺言者の有する別紙不動産目録〔省略〕記載
　の不動産（以下「本件不動産」という。）を遺言者の長男甲野一
　郎（昭和〇〇年〇〇月〇〇日生）に相続させる。
2　甲野一郎は、前項の相続の負担として、本件不動産を遺言者
　の孫甲野和夫に相続させ、又は遺贈すること。

作成例4 後継ぎ遺贈2
（条件又は期限付遺贈型後継ぎ遺贈）

第1条　遺言者は、遺言者の有する別紙不動産目録〔省略〕記載
　の不動産（以下「本件不動産」という。）を遺言者の長男甲野一
　郎（昭和〇〇年〇〇月〇〇日生）に遺贈する。
2　遺言者は、甲野一郎が死亡した時に本件不動産の所有権が甲
　野一郎にあることを条件として、本件不動産の所有権を、遺言
　者の孫甲野和夫（昭和〇〇年〇〇月〇〇日生、住所：〇〇県〇
　〇市〇〇町〇丁目〇番〇号）に移転させる。

視　点

①　孫甲野和夫に本件不動産を渡すことについて、長男甲野一郎の裁
　量を認めるかどうかを決める必要があります。
②　裁量を認める場合には、付言で希望を伝えるに止め、認めない場
　合には、信託契約をするか、又は後継ぎ遺贈をすることが考えられ

第2章　特殊な希望の実現等　－付言事項等－　　　261

ますが、信託は適任の受託者を得ることが必要であり、後継ぎ遺贈
は実効性や有効性が問題となります。

解　説

1　後継ぎ遺贈

　遺言者Ａ（本ケースでは甲野太郎）から第一次受遺者Ｂ（本ケース
では甲野一郎）に引き継がせた財産を、更にその者の死後には第二次
受遺者Ｃ（本ケースでは甲野和夫）に移転させたいという場合は、本
ケースのように親から子へ、子から孫への承継のほかにも次のような
例があります。

　①子がいないので、配偶者Ｂに財産全部を相続させるが、Ｂの死亡
後は、Ｂの相続人ではなく、自分の親族Ｃに承継させたい、②子のい
ない後妻Ｂの生活安定のためにＢに自宅を相続させるが、後妻死亡後
は先妻との間の子Ｃに承継させたい、③配偶者Ｂの生活を確保するた
めにＢに自宅を相続させるが、Ｂ死亡後は確実に子Ｃに承継させたい、
④事業の承継のために、後継者Ｂに株式を承継させるが、次の後継者
Ｃも決めてあり、確実にＢからＣに株式を引き継がせたい等の場合も
あります。これらの希望を実現するためには、第一次受遺者Ｂ（最初
の相続人。長男・配偶者・事業の後継者等）が遺言をしてくれればよ
いのですが、遺言は後から書き換えることもできます。そこで、自分
の遺言によりこれを実現する方法が考えられるのです。このような遺
言は後継ぎ遺贈と呼ばれます。なお、平成30年の民法（相続法）改正
（令和2年4月1日施行）では、①～③の場合は、自宅については配偶者
居住権を設定する方法も考えられます。前掲ケース32を参照してくだ
さい。

　後継ぎ遺贈には、大別して負担付遺贈型と条件又は期限付遺贈型が
あるとされます。

262　　第2章　特殊な希望の実現等 －付言事項等－

2　後継ぎ遺贈の有効性

　後継ぎ遺贈の類型について判示した判例（最判昭58・3・18家月36・3・143）は、㋐妻に不動産を遺贈するが、㋑妻の死後は遺言者の弟妹及び妻の弟妹（Ｘら）が一定の比率で権利分割して所有するという内容の遺言について、①㋐は妻への単純な遺贈で㋑は単なる希望である、②㋐は妻に㋑の義務を課した負担付遺贈、③㋑は妻死亡時に妻に所有権があったことを条件とする条件付きの遺贈、④妻は不動産の処分を禁止され、妻の死亡を不確定期限とする遺贈と解釈する余地があるとし、①以外は認められないとした原判決を破棄しています（後掲参考判例参照）。ただ、この判例は、このような遺言の有効性について直接は判示していません。

　後継ぎ遺贈については、肯定説（蕪山嚴ほか『遺言法体系』267頁（西神田編集室、1995）、米倉明『家族法の研究』323頁（新青出版、1999）、二宮周平『家族法〔第3版〕』401頁（新世社、2009））と、否定説（中川善之助＝泉久雄『相続法〔第4版〕』577頁（有斐閣、2000）、伊藤昌司『相続法』133頁（有斐閣、2002））があり、どんな内容でも有効となるものではないと思われます。後記3(3)(4)は最高裁判決が示した内容に即したもので比較的問題が少ないと思われますが、実務の扱いが確立されていない場合があるので、慎重にすべきです。

3　財産を順次承継させる方法

　Ａが、Ｂに相続させ又は遺贈した財産を更にＢからＣへと順次承継させるには、次の(1)～(4)の方法が考えられ、作成例はそれぞれに対応した条項です。

　(1)　付言による方法（作成例1）

　Ａが遺言の中で、付言として財産をＣに承継させるように希望しておく方法です（作成例1）。この付言はあくまでも希望であり、Ｂに対

第2章　特殊な希望の実現等　－付言事項等－　263

する拘束力はなく、Bが付言に従うかどうかはBに委ねられますし、Bが従わなくてもペナルティはありません。ただ、Bは遺言者の死後も相当期間生き続け、その間社会経済情勢も変化していくのですから、遺産をどのように活用するかは最終的にはBが判断できるようにしておいた方がよい場合もありますので、付言に止める方がよいことも多いでしょう。

(2)　信託による方法（作成例2）

遺言によらず、信頼できる人物（作成例2では乙山次郎）を受託者として本件不動産を信託し、遺言者、遺言者の長男甲野一郎、その長男甲野和夫へと、順次受益させていき、最終的に甲野太郎又は甲野一郎のうち遅く死亡した者が死亡した段階で信託を終了させて、その時点の受益者（甲野和夫）に取得させるという方法です。収益不動産の場合は、収益を得ながら第二次受益者（長男甲野一郎）に所有権を取得させず、甲野和夫に所有権を移転することになるので、特に有効です。問題は、受託者に適任者を得られるかということです。信託会社に委託する方法はありますが、費用面の問題があります。信託会社以外の者については、家族・親族以外の者は、信託業法違反となる可能性があるため、避けるべきです。

この類型の信託の作成については、前掲ケース26を参照してください。

(3)　負担付遺贈型後継ぎ遺贈（作成例3）

第一次受遺者（甲野一郎）に目的物を遺贈しつつ、同人の死亡により、第二次受遺者（甲野和夫）にその目的物を移転する義務を負わせる内容のもので、前掲最高裁昭和58年3月18日判決の判示の②に対応するものです。権利は、遺言者から第一次受遺者へ、更に第二次受遺者へと順番に移転します。この類型の有効性は問題が少ないと思われますが、この場合に最初の受遺者が遺言に反して次の者に遺贈しなかったときにどうなるのかは問題が残ります。

264　　第２章　特殊な希望の実現等 －付言事項等－

(4)　条件又は期限付遺贈型後継ぎ遺贈（作成例４）

　第一次受遺者（甲野一郎）に目的物を遺贈するが、その遺贈は、一定の条件又は期限（甲野一郎の死亡等）を解除条件又は終期とし、第二次受遺者（甲野和夫）に対する遺贈は、その条件又は期限を停止条件又は始期とする内容のもので、前掲最高裁昭和58年３月18日判決の判示の③に対応します。権利は、遺言者から第一次受遺者へ、次いで条件成就又は期限到来により遺言者の相続人に復帰し、直ちに第二次受遺者に移転することになります。この場合、第一次受遺者が、目的物を処分して所有権を失っている場合には、第二次受遺者に移転することはありませんので、その意味では第一次受遺者は、目的物を処分することもできることになります。これを阻止するためには、第二次受遺者に仮登記を認めることで解決されるとの考え方がありますが（稲垣明博「いわゆる『後継ぎ遺贈』の効力」判例タイムズ662号47頁）、実務に定着しているとまではいえません。

参考判例

○本件不動産を妻（Ｙ）に遺贈するが（第一次遺贈）、妻の死後は遺言者の弟妹及び妻の弟妹（Ｘら）が一定の比率で権利分割して所有する（第二次遺贈）という遺言について、①第一次遺贈は単純な遺贈であり、第二次遺贈は単なる希望を述べるものにすぎない、②第一次遺贈は不動産の所有権をＸらに対して移転すべき債務をＹに負担させた負担付遺贈であると解するか、③Ｘらに対しては、Ｙ死亡時に本件不動産の所有権がＹに存するときには、その時点において本件不動産の所有権がＸらに移転するとの趣旨の遺贈であると解するか、④Ｙは遺贈された本件不動産の処分を禁止され実質上は本件不動産に対する使用収益権を付与されたにすぎず、Ｘらに対するＹの死亡を不確定期限とする遺贈であると解するかの各余地があるとされた事例。
　（最判昭58・３・18家月36・３・143）

第2章　特殊な希望の実現等　－付言事項等－　　265

57　家訓を受け継ぐように指示する場合

> **ケース**　　遺言者は、名家の当主として、先祖代々の家訓を大切に守って生きてきました。子々孫々にも、家訓を受け継いでほしいと願っています。遺言を作成するに当たって、遺言中に、家訓を受け継ぐように指示するにはどうすればよいでしょうか。

作成例

【付言】
　ここに先祖代々の佐藤家の家訓を記しておきます。
1.心に物なき時は心広く体泰なり
2.心に我儘なき時は愛敬失わず
3.心に欲なき時は義理を行う
4.心に私なき時は疑うことなし
5.心に驕りなき時は人を教う
6.心に誤りなき時は人を畏れず
7.心に邪見なき時は人を育つる
8.心に貪りなき時は人に諂うことなし
9.心に怒りなき時は言葉和らかなり
10.心に堪忍ある時は事を調う
11.心に曇りなき時は心静かなり
12.心に勇みある時は悔やむことなし

266　　第2章　特殊な希望の実現等 ―付言事項等―

13. 心賤しからざる時は願い好まず
14. 心に孝行ある時は忠節厚し
15. 心に自慢なき時は人の善を知り
16. 心に迷いなき時は人を咎めず
　長男である一郎は、佐藤家の当主として自覚と責任をもって、この家訓を大切に守り、子々孫々にも、この家訓を受け継いでいくよう、父から強く願うものです。

視　点

　遺言として法律上の効果が生じる事項は、原則として、民法その他の法律に限定的に定められていて、これを法定遺言事項といいます。家訓を守って伝えていくことはもちろんこの法定遺言事項には当たりません。しかし、遺言者としては、他の何よりも増して相続人に伝えておきたいことでもあります。このような遺言者の願いを遺言中に遺しておく方法とその効果について検討することになります。

解　説

　家訓とは、家父・家長が子孫や家臣に与えた訓戒（広辞苑）や、家の存続と繁栄を願って親が子孫に残した訓戒（日本大百科全書）と言われています。法律上の効果が生じる法定遺言事項として、遺言中に、家訓を記載する方法は、考え難いように思われます。例えば、作成例を変えて、「長男佐藤一郎に全ての遺産を相続させる負担として、佐藤家の家訓を子々孫々に受け継いでいくこと」という負担付相続という方法が浮かびます。しかし、ここで命じた負担は、余りにも抽象的で

第2章　特殊な希望の実現等　－付言事項等－　　　267

履行の請求・確保が困難であるというほかありません。いわば、実質的には、命じた意味がない負担になってしまいます。

　やはり、家訓であるという点をそのまま反映して、付言中に遺言者の強い意思であり、受け継ぐことを大切に願うことを遺しておくことが良いと思います。

　もちろん、付言中の家訓であっても、遺言を解釈する上の指針の一つとなることはいうまでもありません（最判昭58・3・18判時1075・115）。

　遺言のほかに、信託目的を前記佐藤家の家産を将来にわたって守り殖やすこと及び子々孫々に円滑に財産を承継することとして、代々継承されている不動産を信託するような場合に、上記家訓を考え方の中心において判断し、その事務を遂行するという条項を設けることもあります。この場合にも、信託目的等と相まって、各条項を解釈する上で指針の一つとなります。

268   第2章　特殊な希望の実現等　－付言事項等－

58　遺言を作成するに至った趣旨等を説明する場合

> **ケース**　遺言者は、戦前に上京し、亡き夫と共に鮨屋を営み、苦労して財産を築きました。子供がいないので、養子をもらいましたが、近頃寄り付きません。何かと面倒を見てくれる甥に財産をあげる遺言を作ることにしました。しかし、養子は、この遺言について、いろいろ異議を唱えると思います。遺言のとおり実現できるように、遺言が私の意思であることを明らかにしておく良い方法はありませんか。

作成例

【付言】

　この遺言を作成するについて、私の考えを述べておきます。

　私は、高等小学校卒業後、上京し、小料理屋で住み込みをして働きました。女将の紹介で、鮨屋に奉公していた夫を紹介され、結婚し、独立して鮨屋を二人でやってきました。朝から晩まで、本当に休みなく働き、蓄えをして、貸アパートを建て、今では、三棟の貸アパートを持ち、月に200万円以上家賃が入ります。私たち夫婦には、子供がいないので、遠縁の子の一郎を養子に貰い、育ててきました。近頃、私は身体が不自由になり、一人ではどこにも行けません。それなのに、一郎は、家に寄り付かず、財産は全部貰うから、早く財産を寄こせというばかりで、愛想が尽きました。私は、戦争中、長野に疎開しましたが、そのころ本当に食

第2章　特殊な希望の実現等　－付言事項等－　　　269

べるものがなく、苦労しました。長野では、地元の人は川魚や山菜・キノコを採って食べていましたが、なぜか私はアレルギーで川魚や山菜・キノコを食べることができずに、じゃがいもしか食べられませんでした。痩せてしまい、栄養失調で倒れそうでした。こんなに苦労して蓄えた財産を、一郎に全部あげることは到底できません。兄の子で甥の甲野太郎が、ここ数年、高齢で身体が不自由になった私のことをとても心配して、1か月に1回の通院も付き添ってくれたり、泊まりで温泉に連れて行ってくれたりよく面倒を見てくれます。その恩に報いるため、私の財産の半分を甲野太郎に遺してやることにしました。一郎は、不満に思うでしょうが、これは私が亡夫と共に苦労して蓄えた財産を誰にやるのが一番良いかと何度も考えた上で決めたことです。一郎は、私の最後の意思を大切にして、遺産のことで争わないように、お願いします。

視　点

　推定相続人が予想もしていない内容の遺言については、必ずと言ってよいほど推定相続人から異議が唱えられ、紛争が生じます。その際、問題となるのは、遺言者の意思能力であり、真意かどうかになります。その判断に際しては、精神状態及び日常生活の状況であり、遺言者自らがどのように判断し、考えたかが客観的資料により裏付けられていることが重要になります。この意味から、付言中に、遺言者自らの意思に基づいて、この遺言を作成したことが分かるようにしておくことを工夫したものです。

270　　　第２章　特殊な希望の実現等 －付言事項等－

解　説

1　遺言意思能力について

　遺言者が遺言をするには、その時に意思能力、すなわち遺言内容及びその法律効果を理解して判断するのに必要な能力を有することが必要とされています（民963）。また、遺言意思能力の程度は、遺言の内容との関係で相対的、つまり遺言内容が例えば全ての財産を長男に相続させるという極めて単純なものであれば、この内容を理解して決定する程度であればよいとされています。

2　遺言意思能力の判断資料

　遺言作成前後の遺言者の精神状態及び日常生活の状況に関する事実を踏まえて判断されます。

　その事実を認定する客観的資料として、入院、通院、老人介護サービス診療録、介護サービス記録、入所記録等、介護保険の受給等のための要介護認定記録、その添付資料としての主治医意見書、担当者の報告書、親族等に係る質問表（回答書）の記載内容、遺言者の頭部画像検査の結果、長谷川式認知症評価スケール（ＨＤＳ－Ｒ）、医師の診断ないし所見等があります。

3　付言に記載する事項について

　作成例は、遺言者しか知り得ないいわゆる秘密の暴露（疎開中、食物アレルギーで苦労したこと、苦労して蓄財した遺産であること）に当たる事情が遺言作成の背景にあること、この事情を踏まえて遺言者自らの意思でこのような遺言を作成するに至ったことを明らかにしています。このような遺言者自身の遺言に至るまでの判断の過程を明らかにすることによって、遺言作成時において、遺言者自ら判断できる

意思能力、つまり遺言意思能力があったことを客観的に裏付ける一つの資料として扱われるようにしたものです。

作成例では触れていませんが、付言中に、遺言者としては、遺留分権利者に対し、遺留分侵害額請求を行使しないように希望することを記載することもあります。法的効果は直接生じませんが、事実上の遺言者の意向として意味があります。上記の希望をする事情の説明として、遺言者から特定の子に対し、生前贈与がされていること、つまり従前十分な援助をしたことを具体的に記載することもあります。もっとも、この場合には、付言で記載するよりも、具体的に通帳等の客観的証拠を添付した宣誓供述書を作成しておく方が後の遺留分侵害額請求が行使されたときには、適切な証拠として提出しやすいとも言えるでしょう。

参考判例

遺言意思能力の有無に係る参考となる裁判例については、以下に挙げられているものを参照してください。
・梶村太市＝雨宮則夫編『現代裁判法大系(12)相続・遺言』199頁以下（新日本法規出版、1999）
・野田愛子＝梶村太市編『新家族法実務大系(4)相続Ⅱ』52頁以下（新日本法規出版、2008）

その後の遺言意思能力を否定した裁判例については、以下のものがあります。
○公正証書
　（東京高判平25・3・6判タ1395・256）
○秘密証書、自筆証書
　（京都地判平25・4・11判時2192・92）
○自筆証書
　（東京高判平26・5・21（平26（ネ）532））

59 特定の団体又は法人に不動産を遺贈する場合

> **ケース** 遺言者には、相続人として甥甲野太郎がいますがあまり交流がありません。そこで、遺産を、以前から活動方針に共感している公益財団法人〇〇協会に寄付したいと思っています。ただ、遺言者の主な財産としては自宅不動産しかありません。自宅不動産を寄付することはできるでしょうか。

作成例1 不動産を遺贈する場合

第1条 遺言者は、別紙不動産目録〔省略〕記載の財産を公益財団法人〇〇協会に遺贈する。
第2条 前条の遺贈に伴って発生する租税公課については前記公益財団法人〇〇協会が負担すること。
第3条 遺言者は本遺言の遺言執行者として〇〇〇〇を指定する。

作成例2 財産を換金して遺贈する場合

第1条 遺言者は、別紙不動産目録〔省略〕記載の財産を含め、遺言者の有する財産の全部を換価し、その換価金から遺言者の一切の債務を弁済し、かつ、遺言の執行に関する費用（手続を第三者に依頼した場合の手数料、報酬、不動産売却による税金を含む。）を控除した残金を全部公益財団法人〇〇協会に遺贈する。

第2章　特殊な希望の実現等　—付言事項等—　　　273

　第2条　遺言者は、前記公益財団法人○○協会に、本遺言の遺言
　　執行者を指定することを委託する。この場合、遺言執行者の報
　　酬は遺言者の遺産から支払うものとする。
　2　前記公益財団法人○○協会が遺言執行者の指定をしないとき
　　は、同協会は、速やかに家庭裁判所に遺言執行者の選任の請求
　　をすること。

視　点

① 　不動産の寄付を受け付けてくれない団体、法人（以下「法人等」
　といいます。）もありますので、当該法人等が不動産の寄付を受け付
　けてくれるかどうかを確認する必要があります。
② 　不動産を法人等に寄付した場合、相続人に譲渡所得税が課税され
　ることがあります。
③ 　公益法人等への不動産の寄付については、税負担なくできる特例
　がありますが、要件や手続が複雑なので、慎重に確認して行う必要
　があります。
④ 　遺言執行者に不動産を売却してもらい、諸費用や税を支払った残
　金を遺贈する方法が簡明です。作成例2はその場合のものです。
⑤ 　受遺者又は遺言執行者が遺言を知らない場合には、間違いなく知
　らせるように手はずを整えておくべきです。

解　説

1　特定の法人等への寄付

　特定の法人等（本ケースでは公益財団法人○○協会）へ金銭を遺贈
（寄付）する場合は、普通に「遺言者は、公益財団法人○○協会に金
○○円を遺贈する。」とすれば足ります。本ケースの問題は、遺贈する

274　　第2章　特殊な希望の実現等 ―付言事項等―

財産が不動産であることです。まず、金銭以外の寄付を受け付けない法人等もありますので、お金以外の物を寄付しようとする場合には、相手方の法人等に確認する必要があります。

2　法人等（国や地方公共団体を除く。）への寄付と税金

　一般に、国や地方公共団体以外の法人等に不動産を遺贈（寄付）した場合、受遺者（法人等）は、不動産の時価が利益となり、相続税ではなく法人税がかかります。他方、遺贈者は、不動産を時価で譲渡したものとみなされて譲渡所得税が課税され、その税負担を相続人が相続します。全財産の包括遺贈では包括受遺者が負担しますが、特定遺贈の場合には相続人（本ケースでは甥の甲野太郎）が負担することになります。また、この譲渡所得税を後から受遺者が負担すると、受遺者から遺贈者の相続人に対する贈与ではないかとの指摘を受け、贈与税の問題が生じることがあります。**作成例1**の第2条は、このような問題を避けるために、負担付遺贈として受遺者に譲渡所得税等を負担させ、相続人に過大な負担がないようにするものです。

3　公益法人への遺贈の特例

　公益法人等への遺贈のうち、①公益の増進に著しく寄与すること、②遺贈から2年を経過する日までに公益目的事業の用に直接供すること、③相続税等の不当減少がないことという要件を満たしたものとして国税庁長官の承認を受けたものについては、譲渡所得が非課税とされます。承認を受けるためには、遺贈のあった日から4か月以内に申請書等を提出する必要があります（租特40①、租特令25の17①⑤）。これらの要件を満たした場合には、所得税の課税を受けることなく不動産を公益法人等へ移転でき、さらにその不動産に対する税負担も回避できますが、要件も手続も複雑であり、遺贈対象となる公益法人等ともよく打合せをした上で、慎重な検討が必要です。この問題が解決された場合、税負担の問題もなく単に不動産を遺贈することができます。

第2章　特殊な希望の実現等　－付言事項等－　　　275

4　不動産を売却換金して寄付する方法

　税負担の回避を狙わない場合には、遺言執行者に、不動産を売却して換金してもらい、費用や税金を支払った残額を寄付することが簡明です。それが作成例２です。弁護士や信頼できる人がいれば、その者を遺言執行者に指定するのが適切ですが、そのような候補者がいない場合には、寄付する相手方の法人等に遺言執行者を選任してもらう方法があります（民1006①）。また、当該法人等が遺言執行者の適任者を知らないときは、家庭裁判所に請求して遺言執行者を選任してもらうことができます（民1010）。作成例２第2条第2項は、そのことを確認的に記載したものです。いずれにせよ、遺言執行者が選任されるように手当てを講じておく必要があります。

手　続

1　受遺者への通知

　遺贈は、誰かが受遺者又は遺言執行者に遺言があることを知らせなければ実現できません。ですから、本ケースの場合には、①あらかじめ遺言執行者を選任しておく、②信頼できる友人知人等に、法人等に遺言の存在を連絡するよう依頼しておく、又は、③公正証書遺言をしておき、その存在をあらかじめ法人等に知らせておくことを考えておくべきです。

2　譲渡所得等の非課税の承認を受けるための手続及び書式

　公益法人等に対する財産の寄附（遺贈）について、譲渡所得等の非課税の国税庁長官の承認を受けるための手続及び書式は、国税庁のホームページから見ることができます。
https://www.nta.go.jp/taxes/tetsuzuki/shinsei/annai/joto/annai/23300007.htm，（2019.11.20）

第2章　特殊な希望の実現等　－付言事項等－

60　身寄りがないので、遺体の引取り、葬儀、家財の処分などで周囲の人や遠い親戚に迷惑をかけたくない場合

ケース

遺言者には身寄りがなく、遺産があれば、お世話になっている友人と遠い親戚に遺贈したいと思っていますが、遺体の引取りや葬儀、家財の処分などについては迷惑をかけたくないと思っています。迷惑をかけずにする方法はありませんか。

作成例

第○条　遺言者は、遺言者の有する全ての預貯金、有価証券等の金融資産から、①遺言者の葬儀の費用及び②遺言者の未払の公租公課、入院費用、その他一切の債務を弁済し、かつ、本遺言の執行費用を控除した残金を、○○○○（昭和○○年○○月○○日生、住所：○○県○○市○○町○丁目○番○号）に遺贈する。

第○条　遺言者は、本遺言の遺言執行者として前記○○○○を指定する。

〔中略〕

【付言】

　私の葬儀や家財の片付けは、△△△△に申し込んでおり、費用も支払済みですので心配しないでください。ただ、お手数をかけ

第2章　特殊な希望の実現等　－付言事項等－　　　277

ますが、公共料金や治療費等の未払があれば、私の遺産の中から
精算しておいてください。

視　点

①　遺言は、本来、遺産の承継について定めるものであり、遺体の引
　取り、葬儀や家財の処分などは、遺言の執行とは異なります。です
　から、生前に、そのような事務の処理を誰か特定の人や組織に依頼
　しておく必要があります。
②　弁護士等の専門家に遺言執行を依頼し、遺言執行者に指定すると
　ともに、死後事務委任契約をして、死後事務委任も依頼しておくと
　いうのが一つの方法です。そのような人が見つけられない場合に
　は、葬儀や家財の片付け等のサービスをしている団体があるので、
　事前にこれに依頼して必要費用を預けておき、公共料金や治療費等
　の未払金の精算などは遺産を承継する人に遺産の中から支払っても
　らうことになります。

解　説

1　死亡後の手続

　人が亡くなった後には、様々な事務的な手続が必要です。主には、
①遺体引取り、②役所への死亡届提出、戸籍関係の諸手続、③死亡し
たことなどの親族や友人などへの連絡、④通夜、告別式、火葬、納骨、
埋葬手続、⑤医療費、入院費、税金などの未払分の精算、⑥住居の借
家契約・老人ホームの入所契約の解約・退所手続、家財の処分と明渡
し、⑦各種公共サービス（電話、インターネットなど）の解約と料金

精算、⑧健康保険、公的年金等の資格抹消手続、⑨永代供養の依頼などが考えられます。

　遺言は、本来、遺産の承継について定めるものであり、これらの手続は、遺言の執行とは異なります。もちろん、遺産を承継する人が相続人や親しい友人であり、遺族として様々な手続を行うときに、遺言執行者が、これを援助するという意味で手続の一部をすることも行われていますが、周囲の人や疎遠な親族に迷惑をかけたくない等の理由で、これらの手続を他人に全面的に依頼するためには、遺言執行では足りず、別の契約をしておく必要があります。

2　別の契約として考えられる方法

(1)　死後事務委任契約

　弁護士その他の専門家に遺言執行を依頼し、遺言中で遺言執行者に指定するとともに、別途、死後事務委任契約をしておく方法があります。このような遺言者は、身近に頼れる親族等がいないことが多いでしょうから、併せてその専門家を受任者とする見守り契約や任意後見契約を締結しておくことも考えられます。死後事務委任契約の書式例を後掲参考書式に示しておきます。なお、同書式の第1条(5)は、別途任意後見契約をしたために、その残務処理を死後事務委任としてする趣旨で加えられているものです。

(2)　自治体などのサービス

　死後事務委任について適当な受任者を見つけられない場合、例えば、東京都では、公益財団法人東京都防災・建築まちづくりセンターが、日常生活の見守りに加えて、数十万円程度の預かり金で葬儀（通夜・告別式を除きます。）や賃貸住宅の残存家財の片付けを行う「あんしん居住制度」というサービスを提供しており、他県でも、公益社団法人かながわ住まいまちづくり協会等同様のサービスを提供する組織が存

第2章　特殊な希望の実現等 —付言事項等—　　279

在しますので、そのようなサービスを使う方法も考えられます。前記
「あんしん居住制度」のことは、東京都住宅政策本部のホームページ
でも紹介されており（http://www.juutakuseisaku.metro.tokyo.jp/
juutaku_seisaku/846kouraisya-sien.htm，（2019.11.20））、同様のサービ
スについて、住所地の県庁や公共機関等に問い合わせるとよいでしょ
う。こうしたサービスは、入院費等の未払金やその他の料金の精算に
は及びませんので、それについては、遺産（特に現金預貯金等）を承
継する人を遺言執行者に指定し、預貯金等を払い戻して取得する中か
ら、支払をしてもらうようにしておく必要があります。作成例は、こ
のような場合のもので、本文で、○○○○が、遺言執行者として未払
金や料金の精算をし、残りを○○○○が取得するようにし、併せて、
葬儀や家財片付けの心配はないことを付言で知らせたものです。

280　　第2章　特殊な希望の実現等 －付言事項等－

参考書式

○死後事務委任契約

死後事務委任契約

　委任者△△（以下「甲」という。）と受任者○○（以下「乙」という。）
とは、以下のとおり死後事務委任契約を締結する。
（委任事務の範囲）
第1条　甲は、乙に対し、甲の死亡後における次の事務（以下「本件死
　後事務」という。）を委任する。
　(1)　葬儀、埋葬に関する事務
　(2)　未受領債権の回収及び医療費、施設利用費、公租公課その他一切
　　の債務弁済事務
　(3)　身辺整理
　(4)　年金等、行政官庁等への諸届事務
　(5)　別途締結した任意後見契約の未処理事務
（連　　絡）
第2条　甲が死亡した場合、乙は、速やかに甲があらかじめ指定する親
　族等関係者に連絡するものとする。
（費用の負担）
第3条　乙が本件死後事務を処理するために必要な費用は、甲の負担と
　する。
2　乙は、前項の費用につき、その支出に先立って、乙が管理している
　甲の財産より、支払を受けることができる。
（報　　酬）
第4条　甲は乙に対し、本件死後事務の報酬として、金○○円（消費税
　別）を支払うものとし、乙は、本件死後事務終了後、甲の遺言執行者、
　甲の相続人又は甲の相続財産管理人への財産の引渡しに先立ち、乙が
　管理している甲の財産より、支払を受けることができる。

第2章　特殊な希望の実現等 －付言事項等－

（報告義務）

第5条　乙は、甲の遺言執行者、甲の相続人又は甲の相続財産管理人に対し、本件死後事務終了後1か月以内に、本件死後事務に関する次の事項について書面で報告する。

(1)　本件死後事務につき行った措置

(2)　費用の支出及び使用状況

(3)　報酬の収受

（委任者の死亡による本契約の効力）

第6条　甲が死亡した場合においても、本契約は終了せず、甲の相続人は、委任者である甲の本契約上の権利義務を承継するものとする。

2　甲の相続人は、前項の場合において、乙が本件死後事務を遂行することが困難であるなど、特別の事情がある場合を除いては、本契約を解除することはできない。

（契約の終了）

第7条　本契約は、次に掲げる事由により終了する。

(1)　乙が死亡し、又は破産手続開始決定を受けたとき

(2)　甲と乙が締結した「生前事務の委任契約」及び「任意後見契約」が解除されたとき

（守秘義務）

第8条　乙は、本件死後事務に関して知り得た秘密を、正当な理由なく第三者に漏らしてはならない。

〔以下省略〕

282　　第2章　特殊な希望の実現等 ―付言事項等―

61　死因贈与を撤回する場合

> **ケース**　死因贈与をしましたが、その後、気が変わってこれを撤回する（取り消す）遺言をしたいと思っています。そのようなことは可能でしょうか。

作成例1　死因贈与が公正証書以外の書面による場合

> 第○条　遺言者は、平成○○年○○月○○日付けで書面によってした死因贈与契約を撤回する。

作成例2　死因贈与が公正証書による場合

> 第○条　遺言者は、平成○○年○○月○○日Ａ地方法務局所属公証人○○○○作成の同年○号死因贈与契約公正証書により、△△△△（昭和○○年○○月○○日生）に対し次の不動産を死因贈与したが、これを取り消す。
> 〔以下省略〕

視　点

　判例上、死因贈与は撤回できるとされていますが、相手方のいる契約ですので、負担付死因贈与で負担の先履行があった場合や、契約締

結の経緯・態様その他の具体的事情によっては、自由な撤回が認められないとされたケースがあります。

解　説

1　死因贈与の意義及び遺贈との異同等について

死因贈与は、財産の死後処分である点で遺贈に類似しますが、遺贈が単独行為（要式行為）であるのに対し、贈与者の死亡によって贈与の効力が生ずるものとされた契約（諾成・不要式行為）です。両者は、法律行為としての性質を異にします。

また、遺贈については、遺言者生存中、受遺者は何ら権利を有しておらず、順位を確保するために仮登記をすることはできませんが、死因贈与については、「始期付所有権移転仮登記」をすることができます。同仮登記については、死因贈与者と受贈者の共同申請によるのが原則ですが（不登60）、仮登記義務者の承諾があれば、仮登記権利者が単独で申請することができます（不登107①）。この点、死因贈与契約公正証書を作成し、その中に仮登記申請に関する認諾条項があれば、受贈者はその公正証書をもって（贈与者の印鑑証明書を添付する必要はありません。）、単独で自己を権利者とする仮登記の申請をすることができます。

なお、相続税法上、死因贈与は遺贈と同様に取り扱われますので、死因贈与と遺贈は、相続税の税率は同じですが、登録免許税については、死因贈与の場合が固定資産税評価額の1,000分の20、相続人に対する遺贈及び「相続させる」旨の遺言の場合が同評価額の1,000分の4となっています（登録免許税法別表第1一（二）イ・ハ）。不動産取得税については、相続の場合（相続人に対する遺贈を含みます。）は非課税ですが（地方税法73の7一）、死因贈与の場合は課税されます。

284 第2章 特殊な希望の実現等 —付言事項等—

　そして、遺贈ではなく、死因贈与をすることが適当なケースとしては、①贈与者の生前に受贈者の負担を履行してほしい場合（負担付遺贈の場合は、負担の履行は遺言者の死亡後になります。）、②受遺者が遺贈を放棄するおそれがある場合（死因贈与の場合、受贈者は死因贈与を放棄することはできません。）、③不動産等について仮登記をつけて順位を保全しておきたい場合などが挙げられるでしょう。

2　遺贈に関する規定の準用について

　死因贈与と遺贈は、前記のとおり類似しますので、行為者の意識としては両者を明確に区別しない場合が多いと思われます。そして、死因贈与については、その性質に反しない限り、遺贈に関する民法の規定が準用されます（民554）。ただし、遺言の方式に関する規定（民960）、遺言能力に関する規定（民961）、遺贈の承認・放棄に関する規定（民986～989）は準用がないと解されています。

　死因贈与は、遺贈の規定が準用されることから、遺言執行者に関する規定も準用され、死因贈与執行者を指定することが可能とされています。

3　死因贈与の撤回について

　死因贈与に遺言の取消し（撤回）に関する規定（民1022）が準用されるかどうかについて、学説は分かれていますが、最高裁昭和47年5月25日判決（民集26・4・805）は、肯定説をとって、「死因贈与については、遺言の取消に関する民法1022条がその方式に関する部分を除いて準用されると解すべきである。」と判示し、その理由につき、「死因贈与は贈与者の死亡によって贈与の効力が生ずるものであるが、かかる贈与者の死後の財産に関する処分については、遺贈と同様、贈与者の最終意思を尊重し、これによつて決するのを相当とするからである。」と述べています。

第2章　特殊な希望の実現等 －付言事項等－　　285

　判例は、このように基本的に肯定説の立場をとっていますが、次の
二つのケースでの判断をみると、具体的事案に即して準用の可否を決
していると考えられます。

　まず、裁判上の和解によって死因贈与が成立した事案に関し、最高
裁昭和58年1月24日判決（民集37・1・21）は、贈与者は自由に死因贈与を
取り消すことはできないとしています。この判決は、死因贈与に至る
経緯、それが裁判上の和解でされたという特殊な態様、死因贈与の効
力発生前から受贈者に耕作権を認め、しかも、これを失わせるような
一切の処分をしない旨が和解条項で約定されていたという内容等を総
合して、取消しを認めないことが事案の解決として事理に適合してい
ると判断したものと考えられます。この判決に対しては、死因贈与の
取消しを認めるかどうかについては、事案の具体的内容、つまり死因
贈与の背景的事実が重要な意義を持つ、との調査官解説があります（法
曹会『最高裁判所判例解説　民事編　昭和58年度』19頁（法曹会、1988））。

　さらに、負担の履行期が贈与者の生前と定められた負担付死因贈与
と抵触する遺贈がなされた事案について、最高裁昭和57年4月30日判
決（民集36・4・763）は、「死因贈与契約に基づいて受贈者が約旨に従っ
て負担の全部又はこれに類する程度の履行をした場合には、贈与者の
最終意思を尊重する余り受贈者の利益を犠牲にすることは相当ではな
いから、その契約締結の動機、負担の価値と贈与財産の価値との相関
関係、契約上の利害関係者間の身分関係その他の生活関係等に照らし、
その契約の全部又は一部を取り消すことがやむを得ないと認められる
特段の事情のない限り、民法1022条、1023条の各規定は準用されない。」
旨を判示しました。

4　撤回が認められるか否か

　死因贈与契約の撤回が認められるかどうかは、前記のとおり、具体

的事情によって結論が異なる可能性があります。

　例えば、負担付死因贈与のケースで、母親が長男との間で、長男が母親の世話・介護と一定額の生活費の給付をしてくれれば、母親所有の自宅土地建物を長男に死因贈与するとの契約を締結し、長男が母親と同居して上記負担を履行していたところ、両名の関係が悪化したため、母親がこれを撤回したいと考えた場合、長男の扶養・介護の状況、虐待等の有無、給付する生活費の合計額と自宅土地建物の価額の関係などの諸事情を考慮して、判例が指摘する、撤回がやむを得ないと認められる「特段の事情」の存否を判断することになります。

　この点の判断は難しい場合が多いと思われますので、疑義があるときは、法律専門家に相談するとよいでしょう。

5　撤回の方法
　死因贈与契約の撤回の方法については、作成例のように、まず、遺言の方式で明示的に行う方式が挙げられます。

　そのほかにも、内容証明郵便等で受贈者に撤回の意思表示をすることや、当該死因贈与契約と抵触する内容の遺贈や贈与（売買）契約の締結をすることなどが考えられます。

6　仮登記の抹消
　前記の始期付所有権移転仮登記がある場合、死因贈与契約を撤回したとしても、同仮登記が当然に抹消されるわけではありません。抹消には仮登記名義人の承諾が必要です。抹消に応じない場合、最終的には訴訟によるしかありません。

第2章　特殊な希望の実現等 －付言事項等－　　　287

62　受遺者の選定を遺言執行者に委託する場合

ケース

遺言者は、公共性の高い有意義な活動をしている団体に寄付（遺贈）したいと思っていますが、遺言の時点ではどうしても寄付先（遺贈先）を決めることができません。信頼できる遺言執行者に寄付先（受遺者となる団体）を選んでもらう遺言は可能でしょうか。その場合、どのような点に注意すればいいですか。

作成例

第○条　遺言者は、この遺言の遺言執行者として、次の者を指定する。

　　　東京都○○区○○町○番○号

　　　甲野太郎

　　　昭和○○年○○月○○日生

2　遺言者は、遺言執行者甲野太郎が選定する障害者を対象とする第一種社会福祉事業を行う社会福祉法人に、現金○○万円を遺贈する。

視　点

①　受遺者の選定を遺言執行者に委託することができるとする明文規定はありませんが、判例は、遺言執行者が選定権を濫用する危険が

認められない場合にはそのような委託をした遺言を有効であるとしています（最判平5・1・19民集47・1・1）。

② もっとも、上記濫用の危険があるとしてこの点の遺言が無効とされないように、寄付の趣旨・目的のほか、どのような活動をしているどのような性質の団体に寄付をするのかなどが明らかになるように、具体的に記載しておくべきでしょう。

解　説

1　遺言代理禁止の原則

遺言は、遺言者自身の最終意思の実現を図るものですから、その代理（遺言代理）は禁止されており、遺言者自らその内容を確定させる必要があると解されています（遺言代理禁止の原則）。もっとも、遺言の内容に関し、民法が明文で第三者に委託することを認めている事項があります。①相続分の指定（民902①）、②遺産分割方法の指定（民908）及び③遺言執行者の指定（民1006①）の三つです。これらは、いずれも相続開始時までの事情等に適切に対応するため、その指定を第三者に委託する必要性が存在する場合があり、むしろ遺言者の意思にも沿うことから、認められたものです。

2　受遺者の選定を遺言執行者に委託することに関する判例の見解

受遺者の選定を遺言執行者に委託することができるとする明文規定はありませんので、形式的にはそのような遺言は許されないとも考えられます。

この点、前記判例は、遺言者が、遺言執行者を指定する自筆証書遺言を作成した上、「遺産は一切の相続を排除し」、「全部を公共に寄与す

第2章　特殊な希望の実現等 －付言事項等－　　289

る」と自筆証書遺言書に記載した事案に関し、遺言者自らが具体的な
受遺者を指定せずにその指定を遺言執行者に委託する遺言の必要性が
あることは否定されないとした上、「本件遺言は、公益目的を達成する
ことができる団体等（国・地方公共団体をその典型とし、民法34条に
基づく公益法人又は特別法に基づく学校法人、社会福祉法人を含む。）
にその遺産の全部を包括遺贈する趣旨と解するのが相当」であるとし
た上、「遺言執行者にそのような団体等の中から受遺者として特定の
ものを選定することを委ねる趣旨」であり、「遺産の利用目的が公益目
的に限定されている上、被選定者の範囲も前記の団体等に限定され」、
「選定者における選定権濫用の危険も認められない」として、受遺者
の選定を遺言執行者に委託する遺言を有効としました。

3　受遺者の選定を委託する遺言が無効とされる場合

　明確な条件を示さずに、単に遺贈義務者や遺言執行者に受遺者の選
定を委ねる遺言は、遺言代理禁止の原則に反して無効です。代表的な
学説も、遺言執行者が受遺者を恣意的に選定することによって、遺言
者の最終意思を歪めることになるような受遺者選定権が濫用される危
険性がある場合は、遺言の効力が否定される、としています（潮見佳男
『詳解相続法』451頁（弘文堂、2018））。

4　条件の限定

　受遺者の選定を遺言執行者に委託する遺言が有効となるには、条件
を限定することが必要であり、どのような趣旨・目的で寄付をするの
か、どのような活動をしているどのような性質の団体に寄付をするの
かなどが明らかになるように、具体的に記載すべきことになります。
適宜、付言事項として寄付の趣旨・動機などを明らかにすることも考
えられます。

作成例では、受遺者を「障害者を対象とする第一種社会福祉事業を行う社会福祉法人」と限定する記載をしており、この程度の限定で足りるものと思われます。社会福祉法人・社会福祉事業については、厚生労働省ホームページ「社会福祉法人の概要」(https://www.mhlw.go.jp/seisakunitsuite/bunya/hukushi_kaigo/seikatsuhogo/shakai-fukushi-houjin-seido/01.html，(2019.11.20))を参照してください。

63 特定人（弁護士）に遺贈し、同人の選択した相手方に寄付させる場合

ケース 遺言者は、一人暮らしで、特に親しい親族もいません。遺言者は、お世話になった方や赤十字社等の公益活動をしている団体に遺産を分けてあげたいと思っていますが、誰にどのように分けるか迷っていて決めることができません。体調も芳しくないので、信頼できる山川二郎弁護士に遺産の分け方を一任する旨の遺言を作成しておきたいのですが、遺言には、どのように記載するとよいのでしょうか。

作成例1 負担付遺贈

第○条　遺言者は、弁護士である山川二郎に遺言者の有する財産を全て遺贈する。ただし、前記山川二郎は、上記遺贈を受ける負担として、遺言者の一切の債務を弁済し、かつ、遺言の執行に関する費用、遺贈に伴う公租公課及び○○円（前記山川二郎の報酬相当分）を控除した残金を、公益活動をしている団体、遺言者の知人らに贈与しなければならない。各受贈者に対する具体的な贈与額については、前記山川二郎に一任する。前記山川二郎は、遺言者の生前の意思、遺言者と受贈者との交際の程度、受贈者の生活状況等を総合して、これを定めること。

292 第2章 特殊な希望の実現等 —付言事項等—

作成例2 遺言執行者に一任する方法

第○条 遺言者は、遺言者の有する財産の全部を換価し、その換
価金の中から遺言者の一切の債務を弁済し、かつ、遺言の執行
に関する費用、遺言執行者の報酬等を控除した残金を、次のと
おり遺贈する。各受遺者に対する具体的な遺贈額については、
遺言執行者において、遺言者の生前の意思、交際の程度、受遺
者の状況等を総合して、これを定める。
(1) 2分の1につき
医療に関して公益活動事業を行う団体で、遺言執行者に
おいて相当と認める法人1ないし数社
(2) 残りの2分の1につき
遺言者の知人である親しく交際をした甲野太郎（昭和○
○年○○月○○日生、住所：〔省略〕）、乙野一郎（昭和○○
年○○月○○日生、住所：〔省略〕）、山野桜子（昭和○○年
○○月○○日生、住所：〔省略〕）、川野鮎（昭和○○年○○
月○○日生、住所：〔省略〕）、磯野貝（昭和○○年○○月○
○日生、住所：〔省略〕）
第△条 遺言者は、この遺言の遺言執行者として弁護士山川二郎
を指定する。

視 点

① 〔作成例1〕弁護士等の専門家に遺産を一旦全部負担付遺贈し、
その後、第三者である受贈者に対する配分を一任するという方法で
す。この方法は、㋐負担の受益者を具体的に特定しないままでもよ
いか、㋑専門家への包括遺贈自体が権利の濫用に当たらないかとい

第2章　特殊な希望の実現等 －付言事項等－　293

う問題があります。

② 〔作成例2〕遺言は、本人しか作成できず、代理は許されていません。また、遺贈する際には、受遺者及び遺贈する財産の内容を特定しておかないと遺言が無効となるおそれがあります。そうならないように条項を検討することになります。

解　説

1　遺贈と受遺者、遺贈内容の特定

遺贈とは、遺言により遺言者の財産の全部又は一部を無償で譲与することを言います（民964）。受遺者及び遺贈する財産については、特定して明記することが求められています。しかしながら、遺言者がこのことを決めかねている場合や公益活動をしている法人のうち、具体的な法人名やその活動内容をよく知らないこともあります。そうした場合には、受遺者及び遺贈する財産の内容が不特定となると遺言が無効となるので、そうならないように記述する必要があります。

相続人の場合には、相続分の指定の委託（民902）、遺産分割方法の指定の委託（民908）という規定があります。遺言者は、作成時点ではいまだ遺産の配分についての方針が確定していないときに、信頼できる受託者に、遺産の効力発生時及び遺産分割実施時に、遺言者の意向を反映させ、その状況に即応した公正公平な分割を実施させることができます。

本ケースは、第三者に遺産を配分する場合にも、信頼できる受託者（作成例1は弁護士、作成例2は遺言執行者）にその配分を委ねる遺言をしようとするものです。

2　第三者に配分を委ねる遺言について

問題点は、大きく二つあります。第1は、受遺者やその遺贈の対象物

が具体的に特定されていない遺言は、許されるかどうかです。第2は、遺言者が自分以外の第三者に受遺者の選定を委託する旨の遺言を認める規定がないので、遺言の代理が禁止されていることに反して無効とならないかということです。

この問題は、遺言の解釈の問題になります。つまり、遺言者の意思として、無限定で全てを受託者に一任したことになっているか、それとも合理的に解釈すると、限定されており、受託者において権利の濫用のおそれがないといえるかという点です。

遺言については、遺言者の意思を尊重して合理的にその趣旨を解釈すべきであり、可能な限りこれを有効となるように解釈することがその意思に沿うゆえんであり、そのためには、遺言書の文言を前提にしながらも、遺言者が遺言書作成に至った経緯及びその置かれた状況等を考慮することになります（最判平5・1・19民集47・1・1）。

3　作成例1について

弁護士等の専門家に遺産を一旦全部負担付遺贈し、その後、第三者である受贈者に対する配分を一任するという方法です。

負担の受益者は、負担の内容に応じて定まり、特に制約がありません。負担の対象となる受贈者やその受贈する金銭等が特定しないときでも有効になります。

しかし、負担付遺贈は、受遺者である弁護士等の専門家が負担を実行しないときには、その履行を請求することが難しいといえます。仮に催告をして負担付遺贈に係る遺言の取消しをしても、その対象財産は、相続人に帰属することになり（民995）、遺言者の意思は実現されません。よほど、信頼できる弁護士等の専門家（場合によっては、複数又は法人）を慎重に選任することが大切です。また、課税の点からすると、一旦受遺者に相続税が課された後、それぞれの受贈者にも贈与

第2章　特殊な希望の実現等　－付言事項等－　　　295

税が課されることになり、負担が多くなる可能性があります。このような点を考えると、緊急性が高く、とりあえず遺言を作成しておかないと困る等という特別な事情がない限り、**作成例1**は避けた方がよいと思います。

4　作成例2について

　作成例2において、権利の濫用に当たるかどうか問われるのは、「医療に関して公益活動事業を行う団体で、遺言執行者において相当と認める法人1ないし数社」という文言です。この場合、「医療に関して公益活動事業を行う団体」という限定がありますので、少なくとも1社であれば、問題はないものと思われます。数社の場合であっても、遺贈先の団体はある程度限定されており、その金額もその中の配分にすぎませんから、配分に相応の理由がある限り、よほど偏った配分がされない限り権利の濫用にはならないと思われます。

　また、作成例2の第○条(2)については、趣旨は、知人である5人に対し遺言執行者において適宜配分するということになります。この場合も、「各受遺者に対する具体的な遺贈額については、遺言執行者において、遺言者の生前の意思、交際の程度、受遺者の状況等を総合して、これを定める。」とされていますので、遺言執行者において、配分する際の基準は大まかには示されているといえます。なぜなら、遺言執行者において、分配する際に、この基準に基づいて分配の根拠を説明できるからです。

　なお、上記のとおり、遺言執行者に具体的な受遺者及び受遺内容を委ねることになりますので、それにふさわしい適任の遺言執行者を指定することが最も大切です。作成例2では、信頼できる弁護士山川二郎を指定することにしました。

296　　第2章　特殊な希望の実現等 －付言事項等－

5　目的信託・公益信託による方法

　遺言により、信託財産を預け、不特定の者に何らかの受益を与える方法として、医学の発展に功績をもたらした者に奨励金を与えるという目的信託あるいは学術研究を助成する目的で行う公益信託があります。

参考判例

○遺言書中の特定の条項の解釈。
　　（最判昭58・3・18判時1075・115）
○受遺者の選定を遺言執行者に委託する旨の遺言が有効とされた例。
　　（最判平5・1・19民集47・1・1）
○「弁護士であるＸに遺産のすべてを遺贈する」旨記載した自筆証書遺言等が高齢及び病気のため判断能力が低下した遺言者の信頼を利用して私益を図ったもので、公序良俗違反と認め、無効とされた例。
　　（大阪高判平26・10・30（平25（ネ）1687））

第 3 章

祭祀承継等

298

概　説

1　遺言事項と葬儀や祭祀

　遺言を考えるとき、遺言者は必然的に自分の死と死後の問題に直面することになります。そうすると、多くの人は、自分の葬儀、法事、遺骨、墓、先祖の祀りなどを思うことになりますし、死に方、臓器提供、献体などについて様々な考えを持つ人もいます。遺言の相談を受けていると、墓地、祭祀の相談や希望がよく出てきますし、その内容は、先祖からのお墓に誇りを持ち、ステイタスシンボルと考えられていたり、祭祀用財産の経済的価値が高かったり、逆にお墓の押し付け合いがあったりなど、遺言者の死生観、宗教・信仰や家族の事情も絡んで多種多様なものです。ところが、この点に関し、法律は、遺言事項として、遺産相続とは別に、祭祀承継を規定していますが（民897）、これは、系譜（家系図）、祭具（仏壇、位牌、神棚等）及び墳墓（お墓）等の祭祀財産の承継と祖先の祭祀を主宰する者の定めのことで、遺言者の臨終や、葬儀、法事等死後の様々な出来事を全部カバーする内容のものではありません。

　したがって、単に遺言事項を書くという考えで相談を受けているだけでは、遺言者のこれらの希望は、無視するか、せいぜい付言事項として、単なる希望を書いておくだけというアドバイスになりがちです。

　しかし、それでは遺言者の希望が実現されるかどうかは不確かで、遺言者は心配しながら暮らしていくことになるでしょう。そこで、遺言者から、死に方や死後の事柄についての相談を受けたときは、それをできるだけ実現する手立てを、遺言と遺言外の両方の手段により講じるようにすべきです。

　なお、これまでに述べたことから分かるとおり、葬儀と祭祀の承継は別のもので、葬儀の主宰者（喪主）が必ずしも祭祀承継者となるものでもありません。両者は別に考えておいた方がよいでしょう。

2 遺言外の手段による実現

例えば、死に瀕したとき、見込みのない延命だけの治療を拒否して尊厳死を選択することを実現する手段として、あらかじめ尊厳死宣言公正証書を作成しておき、これを家族等から医師に提示して尊厳死の意思が堅いことを理解してもらうという手段があります。また、死後の処理については、適当な人と死後事務委任契約をしておき、実行してもらうという手段があります（ケース60参照）。これらは、単に「宣言」したり、「委任」したりするだけではなく、宣言後、いざというときに実現するための手立てや、適切な受任者を見つける手段、受任者が心得ておくべきことなどが分かっていてこそ実現されるものです。

第3章では、そうした手立てや手段を含めて、遺言者の希望に沿うことができるような方法を紹介します。

3 宗教や祭祀にまつわる問題

前述したとおり、遺言により祭祀承継者を指定することはできますが、祭祀承継者は、祖先の祭祀を主宰する者ではありますが、祭祀承継者が祭祀の方法（墓地の管理や法事等）をどのようにするかは、承継者の判断に委ねられており、遺言で承継者を指定したことによって、特定の方法を強制できるものではありません。極端なことをいえば、祭祀承継者が遺言者とは全く別の宗教に基づいて遺言者を祀ったり、祭祀財産を破棄、売却したりしても、法的な問題はないものです。しかも、祭祀にはお金もかかり、承継者本人の宗教・信仰についての意見もあるでしょうから、これらの点をよく配慮して遺言者の希望を実現できる方法を考えることになります。

現代は、インターネット等で対策についてのヒントやアクセス先を見つけることもできる時代ですが、遺言者は年齢的に情報弱者が多く、しかも、その情報の信頼性の判断は難しいため、相談に携わる者も、自ら多岐にわたる情報や知識を集めておくことが求められます。

第3章　祭祀承継等　　301

64　祭祀承継者の指定をする場合

ケース

遺言者には子供が四人います。財産は、争いが生じないように平等に相続させたいと思っています。ただ、先祖代々の墓や仏壇等は、財産の相続とは別に、長男に全て承継させたいと思います。どうすればよいでしょうか。

作成例

第○条　遺言者は、祖先の祭祀を主宰すべき者として、遺言者の長男甲野一郎（昭和○○年○○月○○日生）を指定する。

2　万一、前項で指定した者が、遺言者よりも先に死亡した場合は、遺言者は、祖先の祭祀を主宰すべき者として遺言者の二男甲野次郎（昭和○○年○○月○○日生）を指定する。

視　点

　祭祀承継者を指定する方法は、遺言に限られないので、具体的状況の下で適切な指定方法を考える必要があります。長男に承継させるにしても、万一長男が先に死亡した場合は、誰に承継させるかということも検討しておくことが望ましいと思われます。

302　第3章　祭祀承継等

解　説

　相続人は、相続開始の時から被相続人の財産に属した一切の権利義務を承継します（民896）が、系譜、祭具及び墳墓の所有権は、一般の相続の対象とはならず、祖先の祭祀を主宰すべき者が承継することになります。その主宰者を被相続人が指定していれば、その指定により主宰者は定まり、指定がなければ、慣習により定まることになります（民897①）。その慣習が明らかでないときは、家庭裁判所における調停又は審判によって承継者を定めることになります（民897②、家事39・別表2⑪）。

　被相続人が祭祀主宰者を指定する方法について、法律は特に定めていません。作成例は、遺言で指定する場合の例ですが、方法は、遺言に限られるわけではありません。また、祭祀承継は、法定の遺言事項でもありません。したがって、遺言で祭祀主宰者（祭祀承継者）を指定した場合でも、財産の相続のように、遺言としての効力により祭祀承継が生じるというのではないのです。遺言に記載されていることが、民法に定められた被相続人による指定がなされたことになり、その指定としての効力が認められ、被相続人の死亡と同時に祭祀用財産を承継・取得するということになるのです。

　そのため、遺言以外の生前の行為でも祭祀主宰者を指定することは可能です。しかし、財産の相続に関して、遺言書を作成するのであれば、その遺言書に祭祀主宰者（祭祀承継者）を指定する条項を入れておくことが、相続人にその指定の存在を明らかにする観点からも、確実かつ効率的な方法といえるでしょう。

　ただし、遺言で指定した場合、遺言作成時と遺言者死亡時の間に相当の年数が経過することが想定されます。その場合、遺言者よりも先

に祭祀主宰者として指定した者が死亡するという事態も生じかねません。そのような場合、再度、祭祀承継者を指定する遺言を作成し直せばよいのですが、手間もかかりますし、その時点で遺言者が再度遺言書を作成できる状態にあるとは限りません。したがって、祭祀承継者の指定を確実に行うには、**作成例**のように予備的な指定もしておく方が望ましいといえるでしょう。

65　祭祀承継財産について個々に承継者を定める場合

> **ケース**　遺言者は、夫甲野一夫と先妻の死亡後に結婚しました。夫と先妻の間には、長男太郎がおり、結婚して、孫一郎がいます。遺言者と夫の間にも子供次雄が生まれました。先般、夫が亡くなり、夫の意向を受けて、遺言者が夫の先祖の祭祀を承継しています。将来遺言者が亡くなったのちは、夫の祖先の祭祀は、孫一郎に承継させ、亡夫と遺言者の祭祀は、遺言者の子供次雄に承継させたいと思っています。円滑にそのような承継が実施できるようにするには、どうすればよいでしょうか。

作成例

第○条　遺言者は、祖先の祭祀を主宰すべき者として遺言者の亡夫甲野一夫の孫甲野一郎を指定し、祭祀財産を承継させる。ただし次に記載する祭祀財産は、遺言者の子甲野次雄に承継させる。
　(1)　○○県○○市○○町所在○○霊園の遺言者の亡夫甲野一夫の墳墓
　(2)　遺言者の自宅にある卓上型仏壇とその付属品
【付言】
　甲野家の祖先の祭祀を主宰する者として、甲野一郎を指定しました。それは、一郎に甲野家の長男の子として、○○市○○町所在○○寺墓地にある甲野家先祖代々の墳墓や自宅にある大きな仏壇等ご先祖のお祭りに関する祭祀財産を承継してもらい、お参り

第3章　祭祀承継等　　305

や管理をお願いしたいという気持ちからです。ただし、第○条の
(1)に記載したお墓は、私が建てて、夫の遺骨を分骨してもらい埋
葬しています。私の遺骨は、このお墓に埋葬してください。そし
て、第○条(2)に記載した仏壇等は、私が購入したものです。この
お墓と仏壇だけは、夫と私の実の子供である甲野次雄に承継させ、
次雄にお参りや管理をしてもらいたいという気持ちから祭祀承継
についてこのような遺言をしました。どうか私の気持ちを尊重し
てよろしくお願いします。

視　点

　祭祀財産を複数の者に分けて承継させる場合、どの祭祀財産を誰に
承継させるか、明確に記載しておくことが必要です。また、なぜ、そ
のように分割するのか、気持ちが分かるようにしておくことも、承継
する者等関係者の理解を得るためには、配慮すべきでしょう。

解　説

　一般的に、民法897条の趣旨や文言からして、祭祀承継者は一人であ
ることが原則といえます（大阪高決昭59・10・15判タ541・235。特段の事情が
ある場合は例外を認めます。）。しかし、被相続人が祭祀承継者を指定しな
かった場合の審判例でも、具体的事情を考慮して分割承継を認めたも
のがあり（後掲**参考判例**参照）、実情に応じて、複数人に分割して承継
することも可能であると解されています。

　分割承継を指定する場合、祭祀財産の内、どれを誰が承継するのか、
疑義が生じないように具体的に定めておくことが必要です。上記作成

例は、範囲としては限定されている遺言者の実子次雄に承継させる祭祀財産を例外的に限定列挙することにより、それ以外の祭祀財産は、祭祀主宰者に指定した一郎に承継させることで、どちらに承継させるか不明な祭祀財産が生じないようにしています。三名以上に分割して承継させる場合、全てを網羅的に記載することは、実際問題として難しいと思われますので、それぞれ承継させる祭祀財産を具体的に列挙しつつ、記載から漏れた物があった場合にその物の承継者を定めておくという工夫も考慮に値すると思われます。

　作成例では、付言で、なぜそのような指定をしたのか、遺言者の気持ちを記載しています。このような気持ちを記載することにより、承継者にその趣旨がより理解されると思われます。

参考判例

　審判において祭祀財産の分割承継を認めた例として、例えば、以下のものがあります。
○一般的には系譜、祭具及び墳墓の承継者は一人に限られるが、特別の事情があるときは、これらを分けて指定しても差し支えないとして、墳墓及び墳墓地の承継者と系譜、祭具の承継者を別に定めた事例。
　（東京家審昭42・10・12家月20・6・55）
○祭祀財産の承継者を共同指定した事例。
　（仙台家審昭54・12・25家月32・8・98）
○祭祀財産の一部の承継者を被相続人の先妻の子に、一部を後妻に指定した原審判の判断を肯定した事例。
　（東京高決平6・8・19判時1584・112）
○当事者の状況等を考慮し、祭具の承継者を長男、墳墓の承継者を三男と定めた事例。
　（奈良家審平13・6・14家月53・12・82）

第3章　祭祀承継等　　307

66　祭祀の方法を定める場合

ケース　遺言者は、宗教法人○○が主宰する○○教の信者です。遺言者が死亡した場合、財産の一定額はこの宗教法人に寄付し、遺言者の葬儀・埋葬、その後の祭祀は、○○教の作法に従って行ってほしいと思っています。その希望を実現してもらうためには、どのようにすればよいでしょうか。

作成例1　遺言による例

第○条　遺言者は、遺言者の有する次の財産を、宗教法人○○（本部所在○○県○○市○○町○丁目○番○号、代表者○○○○）に遺贈する。

〈財産の表示〉

(1)　〔省略〕

(2)　〔省略〕

第○条　遺言者は、前条に記載した財産以外の遺言者の有する財産については、以下の通り相続させる。

〔相続させる財産と相続人を記載〕

第○条　遺言者は、祖先の祭祀を主宰すべき者として遺言者の○○甲野一郎（以下「一郎」という。）を指定し、祭祀財産を承継させる。

第○条　遺言者は、本遺言の遺言執行者として、一郎を指定する。遺言執行者は、第○条記載の預貯金等の金融資産から、随時次の債務・費用の支払に充てることができる。

(1)　遺言者の未払の公租公課、入院費用、その他一切の債務

（2）　遺言者の葬儀・埋葬の費用
（3）　本遺言の執行に関する費用

【付言】

　一郎には、この遺言の執行とともに、私の葬儀・埋葬を含めて祭祀のことを全て託します。私は、人生で〇〇教に出会い、その信者になりました。

〔①　一郎も〇〇教の信者の場合〕

　　一郎も私と同様〇〇教の信者ですから、〇〇教のことは、よく分かっていると思います。

　　私の葬儀・埋葬、その後のご先祖を含めての祭祀は、〇〇教の教えにのっとって行ってください。お願いします。

〔②　一郎が〇〇教の信者ではない場合〕

　　祭祀のことは、一郎に託します。私は、私の葬儀・埋葬、その後のご先祖を含めての祭祀は、〇〇教の教えにのっとって行ってほしいと強く希望します。どうか、私の希望に沿って執り行ってください。その方式等は、〇〇教の本部の△△係（連絡先〔省略〕）に問い合わせてもらえば、親切に教えてくれますし、葬儀も葬儀屋と連絡をとって段取りしてくれます。

作成例２　　死因贈与及び死後事務委任契約書の例

死因贈与及び死後事務委任契約

第１条　贈与者・甲野太郎（以下「甲」という。）は、甲の死亡によって効力が生じ、死亡と同時に所有権（権利）が受贈者宗教

第3章　祭祀承継等　　309

法人○○（以下「乙」という。）に移転するものと定め、甲の有する次の財産を無償で乙に贈与することを約し、乙はこれを承諾した。

〈財産の表示〉　〔省略〕

第2条　甲は、次の者を死因贈与契約の執行者に指定する。

住所　○○県○○市○○町○丁目○番○号

職業　○○

氏名　丙野次郎

生年月日　昭和○○年○○月○○日

第3条　甲は乙に対し、甲の死後の次の事項を委任し、乙はこれを引き受けた。

(1)　甲の葬儀、埋葬に関する事務

(2)　甲の永代供養の実施

乙は、本件受任にかかる事務の実施に際しては、乙の主宰する○○教の作法に基づき行うものとする。

視　点

特定の宗教による祭祀を実施してくれる人物（同宗教の信者である親族等）がいるのか、相続人が信者ではなく、その特定宗教による祭祀を期待することが困難なケースなのか、状況を的確に判断することが必要です。

解　説

祭祀主宰者に指定された者は、被相続人の死亡と同時に、祭祀用財産の権利を承継取得することになります。しかし、法律上、祭祀の義

務まで負わされるものではないと解されています。また、祭祀を行う
にしても、どのような法式により行うかは、祭祀主宰者の自由な判断
によるものであり、強いることはできません。

　上記作成例1は、一郎に託することで、目的を達成することが期待
できる場合の作成例です。法的な義務付けはできないので、付言でそ
の希望を記載するという方法をとっています。

　一郎も○○教という特定宗教の信者であれば、具体的な法式等を分
かっていると思われますので、同人が遺言者の希望に沿って行動する
ことは期待できるでしょう。しかし、一郎が当該特定宗教の信者でな
い場合は、○○教の作法に従った法式がどういうものか、分からない
ことが想定されます。そのような場合は、どこに問い合わせて連絡す
れば、遺言者の希望する法式が分かるか、具体的に記載しておくこと
が、祭祀主宰者としても、助かることになります。上記付言は、場合
を分けて、例を示しています。

　一方、相続人が○○教の信者ではなく、相続人にその宗教による祭
祀を期待することが困難な場合もあり得ます。そのような場合の方法
として、当該特定宗教法人が寄付を受けるとともに引き受けることが
前提ですが、本人が生存中に、当該宗教法人と直接契約を締結すると
いうことが考えられます。作成例2は、その例です。財産の寄付につ
いて死因贈与契約という契約を交わす方式ですが、この点は、遺言で
遺贈するという方法でも達成することは可能です。死後の祭祀等を契
約で当該宗教法人に依頼することから、合わせて契約で行う形にした
ものです。契約を締結することにより、当該宗教法人には、契約内容
を履行する契約上の義務が生じることになります。

　死因贈与では、贈与者の死後に履行義務が生じることから、贈与者
の意思を簡易かつ確実に実行するために、執行者を定めておくことが、
相続人による贈与物件の処分を防止する観点からも有用です。作成例
2では、そのような観点から死因贈与の執行者を定めています。

第3章　祭祀承継等　　311

67　自分の法要について定める場合

ケース　　遺言者の家は歴代仏教○○宗乙寺（住職乙野次郎）の檀家です。遺言者は、法事・法要というものを大切に思っています。遺言者の死後の法要について、一般に弔い上げと言われる三十三回忌まではしてほしいと思っています。そのような希望を実現してもらうためには、どのようにすればよいでしょうか。

作成例 1　　遺言の付言による例

第○条　遺言者は、遺言者の有する下記財産を遺言者の○○である甲野一郎（昭和○○年○○月○○日生、以下「一郎」という。）に相続させる〔又は遺贈する〕。
　　　　　　　　　　　　　記
〈財産の表示〉
(1)　〔省略〕
(2)　〔省略〕
第○条　遺言者は、祖先の祭祀を主宰すべき者として一郎を指定し、祭祀財産を承継させる。
【付言】
　一郎には、私の葬儀・埋葬を含めて祭祀のことを全て託します。
　葬儀のあとの法要については、初七日、四十九日、一周忌、三回忌、七回忌、十三回忌、十七回忌、二十三回忌、二十七回忌、

三十三回忌を営んでいただき、三十三回忌で弔い上げとしてください。私の希望は、一郎の相続人で祭祀を承継する者にも引き継がれることを希望します。

よろしくお願いします。

作成例2　死後事務委任契約書による例

死後事務委任契約

委任者　甲　甲野太郎
受任者　乙　乙寺住職　乙野次郎

第1条　甲は乙に対し、甲の死後の次の事項を委任し、乙はこれを引き受けた。

(1)　甲の葬儀、埋葬に関する事務

(2)　甲の初七日、四十九日、一周忌、三回忌、七回忌、十三回忌、十七回忌、二十三回忌、二十七回忌、三十三回忌の法要実施に関する事務

第2条　乙は、本件受任にかかる事務を乙の判断で、第三者に委任することができる。

視　点

依頼者の法要に関する希望がどの程度強いものかをまず把握し、希望を伝えてあとは、承継者に任せることでよいのか、三十三回忌まで

第3章　祭祀承継等　　313

の法要の実施に向けた可能な限りの対応を求めるのか、見極めること
が大切です。その上で、実施を託する適任者の年齢その他の状況等を
把握し、状況に応じた方法を考えることが必要です。

解　説

1　付言による対応

　祭祀主宰者に指定された者は、被相続人の死亡と同時に、祭祀用財
産の権利を承継取得することになります。しかし、法律上、祭祀の義
務まで負わされるものではないと解されています。したがって、祭祀
承継者に指定しただけでは、年忌法要をその者が営む義務まで法律上
生じるものではありません。それでは、遺言で、祭祀主宰者と指定す
るだけでなく、その者に、三十三回忌まで法要を行うことを負担とし
た、負担付遺贈として一定の財産を遺贈する遺言を作成した場合は、
どうでしょうか。財産を取得する負担として、受遺者にそのような法
要を行うことを義務付けることができるでしょうか。まず、一般論と
して、負担付遺贈の「負担」は、受遺者の行為を内容としますが、公
序良俗に反することや一身専属的な法律上強制できないことを内容と
する負担は、無効と解されています。そこで、法要を実施することが
遺贈の負担として法律上強制できるか否かが問題になります。この
点、法要を行うかどうか、どのように行うかは、個人の信教の自由に
属する問題であり、自ら合意していない以上、法律上、他から強制さ
れないと解される可能性が十分あると考えられます。

　裁判例を見ると、下級審の一事例ですが、祭祀を主宰する者と指定
した相手に一定の財産を遺贈した事案で、一方当事者が、負担付遺贈
を受けた相手方が祭祀の義務を果たさないと主張し、遺言の取消しを
求めた事例があります。この事例で裁判所は「祭祀を主宰する者と指

定された者は、死者の遺産のうち系譜、祭具、墳墓のように祭祀に関係あるものの所有権を承継することがあるだけでそれ以上の法律上の効果がないものと解すべきである。すなわち、その者は被相続人の道徳的宗教的希望を託されたのみで祭祀を営むべき法律上の義務を負担するものではない。その者が祭祀を行うかどうかは一にかかってその者の個人的信仰や徳義に関することであってこれを行わないからといって法律上これを強制することはできない。」旨判示し、受遺者は負担付遺贈を受けた者とはいえないとして、遺言の取消しを認めませんでした（宇都宮家栃木支審昭43・8・1家月20・12・102）。遺言で負担付遺贈と明記されていない事案での判断ですが、裁判所は、祭祀の実施は法律上強制することはできないと述べていることから、作成例1は、法律上の義務付けではない、遺言者の希望として、付言で記載するものとしました。

2 死後事務委任契約

　作成例2は、生存中に、法要の内容について、実施主体との間で委任契約を締結しておくものです。相談者が強く三十三回忌までの法要の実施を希望し、その実施を法律上の義務としたいというのであれば、このような契約を締結することが考えられます。受任者が了解・合意して契約を締結するわけですから、意思に反して強制するものではなく、契約の効力として、履行義務が生じると解されます。

3 その他の配慮

　三十三回忌までとなると、相当先のことであり、祭祀主宰者なり、受任者がそれまでに死亡することも想定される場合もあります。そのような場合の手当として、作成例1では、付言に、祭祀主宰者の相続人にも引き継がれることを希望する旨記載しています。作成例2で

は、受任事務の復任規定を置いています。また、乙寺に、依頼する法要に相応する一定の寄付（布施）を行った上で、**作成例2**のように、乙寺との間で、乙寺の住職を受任者とする契約を締結しておけば、法要は確実に行われるでしょうし、受任者死亡の問題も、次の住職に義務が引き継がれるので、解決されるといえるでしょう。

68 一定期間経過後、墓じまいをするかどうか判断を委ねる場合

ケース　遺言者は、甲野家先祖代々の墓を承継しています。この墓は、長男に承継して、遺言者も死後この先祖の墓に埋葬してもらいたいと思っています。

　ただし、長男は外国も含めて転勤が多い上に、孫たちも、どこに住みどのような人生を歩むかわかりません。長男には、遺言者の死後○○回忌の法要が終わったら、その時点での状況を見て墓じまいをするかどうか、判断を委ねたいと考えています。どうすればよいでしょうか。

作成例

第○条　遺言者は、遺言者の有する次の財産を、遺言者の長男甲野一郎（以下「一郎」という。）に相続させる。

　　〈財産の表示〉

　　(1)　〔省略〕

　　(2)　〔省略〕

第○条　遺言者は、祖先の祭祀を主催すべき者として一郎を指定し、祭祀財産を承継させる。

第○条　遺言者は、本遺言の遺言執行者として、一郎を指定する。

【付言】

　私は、甲野家の長男として、甲野家先祖代々の墓を私の父親から引き継ぎました。幸い私は、転居する必要もなく、墓から比較

第3章　祭祀承継等　　317

的近い現在の住居に長年居住し、亡くなった私の両親もこの墓に埋葬して、墓の管理をしてきました。

　この遺言では、祭祀主宰者として、一郎を指定し、甲寺にある甲野家先祖代々のお墓など祭祀財産は、一郎に託します。私の遺骨もこの甲野家先祖代々のお墓に一旦納骨してください。やはり、自分がしてきたことを自分もしてほしいという気持ちがあるからです。でも、一郎は、その仕事柄、転勤がこれからも多いと思います。そのような中で、大変でしょうが、私の○○回忌の法要までやってもらえれば、弔い上げとして、私は十分です。それまでは、お墓の管理とお世話をお願いしたいと思っています。そのころになると、孫たちの将来の生活もある程度見えてくるのではないかと思います。以後は、一郎の生活状況や孫たちの生活状況など、その時の状況に照らして、この先祖代々の墓をどうするかの判断を一郎に委ねたいと思います。墓じまいをするかどうか、一郎が自由に判断してください。祖父母をはじめ、ご先祖様も理解してくださると思います。

　墓じまいをする場合、私の遺骨を含め、このお墓に埋葬してある遺骨をどうするかを考え、決めなければなりません。判断は、一郎に任せますが、私は、菩提寺である甲寺にある永代供養塔に合祀してもらうのが、よいのではないかと思っています。

　墓じまいをする場合は、○○叔父さん（万一、その時点で亡くなっておられる場合は、従兄弟の○○君）には、前もって事情を丁寧に説明し、了解をもらってから進めてください。叔父さんにとっても両親の遺骨（○○君にとっても祖父母の遺骨）が納められた墓のことですから、親戚でもめることがないように配慮してください。

視　点

　そもそも墓じまいを検討する背景、検討する時期とその理由、墓じまいをした場合の遺骨の処理についての希望の有無とその内容を聴取し、その内容を必要な手続や作業と共に承継者に伝えることが大切と思われます。

解　説

　墓じまいとは、一般的に説明すると、墓石等現在ある墳墓を撤去して埋葬されている遺骨を取り出し、墓地を更地にして、当該墓地を管理している寺院等管理者に返却することをいいます。墓じまいをするかどうかは、もともと当該墳墓を所有している祭祀承継者の判断に委ねられているといえます。現在の墓の所有者が行うのではなく、祭祀財産の承継者にその判断を委ねるのであれば、祭祀主宰する者を指定しておくのみで、ほかに何ら対応をしなくても、法的には、墳墓等祭祀財産を承継する祭祀主宰者に、墓じまいをするかどうかを含め、祭祀の内容は委ねていることになります。

　いずれにしても、最終的な判断は、祭祀承継者の判断によることになりますが、遺言で、単に、「○○年経過したら判断を委ねる。」とだけの記載にとどめるのではなく、判断を委ねる背景や気持ち、その際の留意事項や希望等を付言で記載しておけば、祭祀承継者も、判断の参考になり、有用だと思われます。上記付言はそのような観点からのものです。

　さらに、後述の手続の内容なども、付言に付加して記載しておくことも承継者の参考になり有用かと思われます。

第3章　祭祀承継等　　319

手　続

　墓じまいを行う場合、検討すべき事項や必要な手続等の概要はおよそ次のような流れになります。

1　遺骨の処理方法の選択

　墓じまいをする場合、埋葬されている遺骨をどうするかを決めなければなりません。その方法に応じた段取りを進めることになります。

　遺骨の処理・供養の方法として、行われている方法としては、およそ次のようなものがあります。

① 　公営墓地への改葬合祀

② 　寺院等の永代供養塔への合祀

③ 　散　骨

④ 　納骨堂への納骨

⑤ 　手元供養

　①と②は合祀場所の管理者の違いであって、いずれも一般的に「永代供養」と言われている方法です。通常、最初に費用はかかりますが、その後の費用は発生せず、将来にわたり供養がされることになっています。③の散骨は、海や山などに遺骨（遺灰）をまくもので、墓地、埋葬等に関する法律に規定されていない行為であり、禁止はされていませんが、関係者とトラブルが生じないよう配慮が必要です（散骨については後掲ケース75の解説を参照）。④の納骨堂は、墓地とは異なり、お堂に収める方法ですが、通常、永代供養料のほか、年間の維持管理費がかかります。⑤の手元供養は、遺族の手元に遺骨をおいて自由に供養するものです。④は、管理費を支払う人、⑤は、手元で供養する人がそれぞれいることを前提とした方法ですから、そのような人

がいなくなった場合はどうするかを考えておく必要があるといえます。

2　親戚の同意

　法律的な義務ではありませんが、お墓に寄せる思いがあるので、親戚間でトラブルが生じないよう丁寧に説明し、納骨されている方の子や孫に当たる親戚の了解を得た上で、進めることが推奨されます。

3　各種手続

(1)　墓地管理者に対する手続

　現在の墓地の管理者に、説明・申請して「埋葬（納骨）証明書」（現在遺骨が埋葬されていることの証明）を発行してもらうことが必要です。近時のマスコミ報道等によると、檀家が減少する寺院等が、離檀料等高額の費用を請求する事例もあるようです。そのような場合、消費生活センターや専門家に適宜相談しつつ、納得いくまで管理者側とよく話し合うことが必要と思われます。

(2)　納骨先に対する手続

　遺骨の受入先（改葬先）での申込み等の手続を行い、受入証明書（墓地の使用許可証や永代供養許可証等新しい墓地等受入先で発行される使用許可証）を発行してもらうことが必要です。

(3)　改葬許可申請手続

　現在、墓がある地域の市区町村の役場から、改葬許可申請書の用紙を入手し、必要事項を記入して、同役場に(1)(2)で発行を受けた証明書と一緒に提出して、改葬許可申請を行い、同市区町村の改葬許可を得る必要があります（墓地2③・5①）。散骨や手元供養の場合は、改葬ではないので、不要とも考えられますが、遺骨の移動を伴うので、同許可申請書の提出を求められる場合もあるようです。いずれにしても、

墓の所在する市区町村の担当窓口で、相談確認されることをお勧めします。

4　墓じまい作業の実施と遺骨の処理

　石材店等業者を決め、墓石撤去等の作業を実施して、更地にして墓地の管理者に返却します。その後、上記1で選択した方法により、遺骨の処理を行います。

69 特定の相続人を先祖代々の墓に入れたくない場合

> **ケース** 　遺言者には、妻と長男と二男の二人の子供がいます。二男はまじめで親孝行な息子ですが、長男は、これまで遺言者に様々な迷惑をかけた上、遺言者を罵倒侮辱する行為を続け、たびたび暴力まで振るいます。このような長男に財産を相続させたくありません。先祖代々の墓は、二男に引き継がせ、遺言者や妻は、この墓に納骨してもらいたいですが、将来、長男を同じ墓に入れないようにしてもらいたいです。どうすればよいでしょうか。

作成例

第〇条　遺言者は、遺言者の有する次の財産を、遺言者の妻甲野花子に相続させる。

　　〈財産の表示〉

　(1)　〔省略〕

　(2)　〔省略〕

第〇条　遺言者は、遺言者の有する前条記載の財産以外の全ての財産を、遺言者の二男甲野次郎（以下「次郎」という。）に相続させる。

第〇条　遺言者は、祖先の祭祀を主宰すべき者として次郎を指定し、全ての祭祀財産を承継させる。

第〇条　遺言者は、推定相続人である遺言者の長男甲野一郎を廃除する。その理由は以下の通りである。

第3章　祭祀承継等　　323

　〔省略〕

第〇条　遺言者は、本遺言の遺言執行者として、次郎を指定する。

【付言】

　長男一郎は、私に対して、これまで様々な迷惑をかけた上、私を罵倒侮辱する行為を続け、たびたび暴力まで振るいます。次郎には、遺言執行者として、一郎に対する相続の廃除手続をお願いします。

　次郎には、祭祀主宰者として、甲野家の先祖代々の墓を引き継ぎ、私や妻花子の葬儀・埋葬も主宰して行ってください。次郎の次は、次郎の長男、孫の孫一に引き継いでもらうことを希望します。埋葬は、次郎に任せますが、私や妻の遺骨は、先祖代々の墓に納めてもらえれば結構です。

　墓のことで強い希望があります。将来、一郎が亡くなったときに、一郎の遺骨を先祖代々の同じ墓に入れることだけは、絶対ないようにしてください。甲野家のご先祖も一郎の行状からして、一郎を受け入れがたいと思っておられるでしょうし、私は、私の埋葬されている墓に一郎も入ってくることだけは、受け入れられません。手数をかけますが、この気持ちを尊重した対応をお願いします。将来、しかるべき時期にこの気持ちを孫一にも伝えてください。一郎は、生涯独身を通し、相続人は、次郎だけとなる可能性が高いです。そうすると、一郎の埋葬の負担を次郎か孫一にかけてしまいますが、よろしくたのみます。永代供養塔にでも埋葬してください。

視　点

　祭祀主宰者を指定してその者に祭祀財産を承継させることは、法律

的に可能ですが、祭祀財産承継後の祭祀の内容に関する希望について、具体的に伝える工夫を検討することになります。また、その際、実際の状況や祭祀承継者の負担を十分考慮した上で、希望を伝えることが大切と思われます。

解　説

　推定相続人の廃除については、前掲ケース20・ケース21の解説を参照してください。祭祀主宰者を指定し、その主宰者に墓等の祭祀財産を承継させることは、法律上可能です。しかし、承継後、墓等の祭祀を実際どのように行うかは、祭祀承継者の判断であり、法律的に強制できるものではありません。したがって、将来、長男の遺骨を先祖の墓に入れたくないとの気持ちを実現できるかどうかは、その時点での、祭祀財産の承継者の判断となります。

　祭祀の主宰者として、二男を指定することにより、墓等祭祀財産は、二男に承継されます。その後、先祖代々の墓に、誰の遺骨を埋葬するかを含め、当該墓をどのように管理し祭祀を行うかは、専ら二男の判断によることになります。そこで、遺言としては、付言において、理由と共に具体的にその希望を記載しておくことが、遺言者の希望について二男の理解を得るための方法ということになります。もちろん生存中に、二男にその気持ちをよく伝えておくことも、二男の理解を得る方法の一つです。

　付言の内容を検討する際、実際上の問題として、留意しておくべき点があります。一つは、現実に納骨が問題となるのは、通常、相当先であるということです。二男を祭祀主宰者に指定しておいても、二男が長男よりも先に亡くなるということも起こり得ます。遺言者よりも先に二男が死亡した場合の予備的な指定は、可能ですが、二男が承継

第3章　祭祀承継等　　325

した後の祭祀主宰者の指定は、二男の権限となり、遺言者が指定することはできません。指定はできませんが、付言で、希望を伝えることは自由です。作成例はそのような観点から、次は孫に継いでもらいたいという希望を伝える内容になっています。

　さらに、留意しておくべき点として、長男を先祖代々の墓に入れないとしても、その遺骨の埋葬をどうするかという問題が生じるということです。長男に妻子がいれば、通常、妻又は子供が葬儀・埋葬を行うことになると思われます。妻又は子供から、先祖代々の墓への埋葬の申入れがあった場合、それを受け入れるかどうかは、その時点での墓の承継者の判断になります。祭祀承継者が、遺言者の意向を受けてこれを拒めば、妻又は子供は、長男の遺骨の埋葬を別途行うことが必要になります。しかし、長男が生涯独身で相続人は二男のみという場合は、結局、長男の埋葬を二男が行うことにならざるを得ません。遺言者は、そのようなことまで考えが及んでいない場合もありますので、説明の上、意向を確認して、付言に反映するようにした方がよいでしょう。

第3章　祭祀承継等

70　先祖代々の墓に入りたくない場合

ケース　　遺言者には、妻との間に長男がいます。妻とは、事情があって既に離婚しています。当家には先祖代々の墓があり、両親の遺骨もその墓に埋葬しています。現在この墓は、遺言者が承継して管理していますが、遺言者は、死後この先祖代々の墓には、入りたくありません。事情があって入籍はしていませんが、一緒に生活している女性がおり、この女性と一緒の墓に入りたいと思っています。どうすればよいでしょうか。

作成例

第○条　遺言者は、遺言者の有する次の財産を遺言者の長男甲野一郎（昭和○○年○○月○○日生、以下「長男一郎」という。）に相続させる。
　　〈財産の記載〉　〔不動産、預貯金等金融資産を記載　省略〕
第○条　遺言者は、次の債務・費用を長男一郎に承継又は負担させるものとし、遺言執行者は、前条記載の預貯金等金融資産を随時その支払に充てることができる。
　①　遺言者の未払の公租公課、入院費用、その他一切の債務
　②　遺言者の葬儀、埋葬等の費用
　③　本遺言の執行に関する費用
第○条　遺言者は、祖先の祭祀を主宰すべき者として、長男一郎を指定し、遺言者の有する祭祀財産を全て承継させる。

第3章　祭祀承継等

第○条　遺言者は、この遺言の執行者として、長男一郎を指定する。

【付言】

　長男一郎には、相応の財産を相続させるとともに、甲野家先祖代々の墓を承継させます。しかし、私の遺骨は、甲野家先祖代々の墓に埋葬するのではなく、○○県○○市○○町にある○○霊園に、私が自分の墓として既に建立している墓に埋葬してください。長男一郎には、この○○霊園の墓も承継させます。長男一郎には、墓については、その管理等二重の負担をかけることになりますが、どうか父のわがままを聞いてください。そして、もう一点、お願いがあります。私が一緒に生活している乙山美子さんが亡くなられたら、美子さんの親族の了解を得て、美子さんの遺骨を私と一緒に埋葬してください。この墓地では入籍していない女性を合祀することも可能であることは確認しています。美子さんもその旨希望していて、その希望を記した公正証書遺言を同時に作成しました。美子さんの親族は次の○名です。もし、美子さんの親族が、どうしても美子さんを乙山家の墓に納骨するとおっしゃるのであれば、分骨をお願いしてください。

　　乙山美子の親族

　　　住所　○○県○○市○○町○丁目○番○号

　　　氏名　乙山太郎

　　　住所　○○県○○市○○町○丁目○番○号

　　　氏名　乙山次郎

　　　〔以下省略〕

視　点

相談者（本ケースでは遺言者）が、先祖代々の墓に入りたくないと

しても、自ら承継している先祖代々の墓の承継をどうするかの問題と、自分の墓についてどうするつもりか、その具体的な状況及び意向をよく聴取して、検討する必要があります。

解　説

1　墓地・埋葬に関する希望の実現について

　祭祀主宰者を指定することにより、祭祀財産の権利をその者に承継することは可能ですが、祭祀をどのように行うかは、承継者自身の判断、意思に委ねられることになります。死後の埋葬、お墓の問題は、墓地の使用権や墓の所有権の帰属の問題や、「墓地、埋葬等に関する法律」による行政的な規制という法律上の問題もありますが、当事者や関係者の気持ちや考え方、宗教心等法律の定めがなく、理屈では割り切れない様々な問題が関わります。先祖代々の墓がある場合に、様々な事情から自分はその墓には入りたくないと思われる事案は相当数あるでしょう。しかし、自分の遺骨の埋葬は、基本的には、遺族や祭祀財産承継者の判断に委ねられる事項であり、遺言等法的な手続で全て思い通りになるものでないことを理解してもらう必要があります。その上で、事案ごとの具体的な事情のもとで、希望を実現できる方策を検討し、祭祀承継者にその意向を伝えることになります。

　作成例は、まず自分が先祖代々の墓に入らない方法の具体的方策として、自分の埋葬のために、生存中に自分の墓を建立・確保していることにしています。そして、遺言で、相応の財産並びに遺言者の債務及び埋葬の費用等を長男に相続又は承継・負担させつつ、長男を祭祀主宰者及び遺言執行者に指定し、遺言執行の一環として、相続財産から埋葬の費用の支出ができるようにします。その上で、付言で、埋葬の具体的な方法を記載しています。このようにすることで、長男に金

銭的な負担をできるだけかけずに、自分の希望の実現可能性を高めることができると思われます。付言ではなく、自ら建立確保した墓地への埋葬を内容とする死後事務委任契約を長男と締結する方法もありますし、そうすれば、長男にその履行の法的義務が生じます。しかし、その義務が履行されるかどうかは、長男の意思次第です。不履行であっても強制する手段はありません。実質的に付言とそれほど変わりはないので、作成例は、付言に記載する方法を採っています。

　なお、生前墓の購入は、何も手当てせずに希望だけを子供に伝えるよりは、希望の実現可能性を高める一つの方法として例示したにすぎず、本書として推奨するものではありません。そもそも、生前墓の購入については、「寿陵」と呼んで縁起の良いこととのとらえ方がある一方、子孫に障りが生じる縁起の悪いこととする考え方など理屈ではない様々な考え方があります。生前墓の購入には、現実面でも、後述のメリット、デメリットがあります。相談を受けた場合、両面を説明し、当該事案でどうするのがよいか、最終的には、相談者に判断してもらうしかないと思われます。その際、相談者は、自身の感情、希望で物事を進めるのが通常です。先祖代々の墓以外に新たに墓地を持つことは、墓の承継者に2倍の負担をかけることになるということも合わせて説明し、総合的に判断をしてもらうようにすることが望ましいと思います。作成例の付言で、「……二重の負担をかけることになりますが……」との記載は、そのことも分かった上での判断であることを示す趣旨です。その記載があることで、負担を負う承継者の受け取り方や感情も多少和らぐ可能性があると思います。

　次に、入籍していない女性を自分の墓に合祀することを希望する場合、遺言者の考えだけで、解決する問題ではありません（後掲ケース71の解説を参照）。作成例は、墓地の規則等では、法律上の夫婦や親族でない者との合祀も可能であることを確認して新たな墓を建立してい

ること、その女性（乙山美子）本人（以下「乙山」といいます。）の意思とも合致していること、祭祀承継者（本ケースでは長男）も了解していることを前提に、作成しています。その場合でも、乙山の親族の意向との調整が必要となります。**作成例では、関係親族を示し、その調整を祭祀承継者兼遺言執行者である長男に託しています。**

　しかし、仮に、長男が、父親と乙山の関係を実質夫婦とは認めず、父親の墓に乙山を合祀したくないと考えれば、この作成例の内容では、実現は困難です。そのような場合になお、実現しようとすると、乙山を新しい墓の祭祀承継者に指定し、同人が本作成例類似の遺言を作成し、当該墓への埋葬を希望する方法が考えられます。しかし、そのためには、乙山は遺言者の長男以外に、その意向を受け入れてくれる者を祭祀承継者に指定する必要があります。乙山の身辺にそのような人物がいなければ、実現困難となります（そのような場合については後掲ケース72参照。）。

2　墓の生前購入のメリットとデメリット

　一般的に以下のような点が、メリット・デメリットとして言われています。これらに限定されるものではありません。

　(1)　メリット

①　デザイン、場所等自分の希望する墓で永眠できる。

②　万一のとき、精神面及び金銭面で家族の負担を減らすことができる。

　　墓探しから、購入、工事、完成まで、相当の時間と労力や費用がかかります。そのような負担をかけずに済みます。

③　相続税の節税につながる（具体的な事案で保障するものではありません。）。

　　墓等祭祀財産は、相続税については非課税になっています。した

がって、生前購入した墓については、非課税で承継できます。埋葬費用にと金銭でお金を残し相続させ、そのお金で相続人が墓を購入した場合、金銭は、相続財産に含まれ、相続税の課税対象となります。

(2) デメリット

① 公営の墓地や霊園、納骨堂では、難しい。

公営の墓地等は、費用が安く人気があるため、応募条件の中に「遺骨が手元にあること」を条件にして、すぐに納骨することを条件にしているところが多いといわれています。

② 生前から、清掃その他管理を行う必要があるとともに、管理費を負担しなければならない。

332　　第3章　祭祀承継等

71　特定の人（例えば傍系の親族）も墓に入れたい場合

ケース　　遺言者は、両親、祖父母等直系の夫婦が代々
埋葬されている先祖代々の墓を承継しています。遺言者の死
後は、長男にこの墓を引き継ぎ、妻と共にこの墓に埋葬して
もらうつもりです。遺言者の妹は、結婚して夫の姓に変わり、
子供が生まれました。しかし、その後、夫の不倫が原因で離
婚し、現在妹は、親権者として小学生の子供を監護養育しつ
つ、働いています。子供の関係で、妹は離婚後も夫の姓を名
乗っています。妹は再婚しないと言っており、将来、妹が遺
言者の死後再婚せずに亡くなった場合は、妹も同じ墓に入れ
たいと思っています。どうすればよいでしょうか。

作成例

第〇条　遺言者は、遺言者の有する次の財産を遺言者の長男甲野
　　一郎（昭和〇〇年〇〇月〇〇日生、以下「長男一郎」という。）
　　に相続させる。
　　〈財産の記載〉　〔不動産、預貯金等金融資産を記載　省略〕
第〇条　遺言者は、次の債務・費用を長男一郎に承継又は負担さ
　　せるものとし、遺言執行者は、前条記載の預貯金等金融資産を
　　随時その支払に充てることができる。
　　①　遺言者の未払の公租公課、入院費用、その他一切の債務

② 遺言者の葬儀、埋葬等の費用

③ 本遺言の執行に関する費用

第○条 遺言者は、祖先の祭祀を主宰すべき者として、長男一郎を指定する。

第○条 遺言者は、この遺言の執行者として、長男一郎を指定する。

【付言】

甲野家先祖代々の墓は、長男一郎に承継します。私の遺骨は、この墓に埋葬してください。その先、お母さん（遺言者の妻）についても同様です。

一郎の叔母さん（私の妹）乙野花子は、一郎も知ってのとおり、離婚して子供を育てつつ働いて頑張っています。叔母さんは、再婚しないと言っています。叔母さんが再婚せずに亡くなった場合は、叔母さんの遺骨も甲野家先祖代々の墓に入れてあげてください。墓の管理をしている○○寺に確認しましたが、寺としては問題ないとのことです。叔母さんとも話し合いましたが、叔母さんも親元の甲野家先祖代々の墓に入ることを希望しています。叔母さんには、叔母さんの祭祀主宰者として一郎を指定するように話してあります。叔母さんも了解され、遺産の一部を一郎に遺贈し、一郎を祭祀主宰者に指定する遺言書を作成すると言っています。親だけでなく、叔母さんのことまで負担をかけますが、よろしくお願いします。

ただ、もし叔母さんが再婚したら、叔母さんのお墓のことは、再婚相手に任せてください。叔母さんは、万一そのような場合は、一郎を祭祀主宰者に指定する遺言は取り消すそうです。

将来、叔母さんが亡くなった時に、叔母さんの子供の一男君が、「母親の墓は自分で建てる。」と言ってくるかもしれません。そ

の場合一男君の気持ちも分かるので、従兄弟同士話し合ってくだ
さい。親元の墓に入りたいという叔母さんの気持ちと一男君の気
持ち両方を考えて分骨することも一つの選択肢かと思います。判
断は、一郎に委ねます。

視　点

　墓地の規則上、制限がないかを確認するとともに、妹本人、遺言者
の長男、妹の子供等関係者それぞれの意思が関わる問題であることを
留意して検討する必要があります。

解　説

　他のケースの解説で、繰り返し説明しているように、民法が定めて
いるのは、祭祀財産の所有者が、祭祀主宰者を指定すれば、墓地、墓
等祭祀財産は、指定した祭祀主宰者に承継されます（民897①）が、祭祀
財産を承継した者が、実際に祭祀を行うかどうか、またどのような祭
祀を行うかは、祭祀承継者の自由であり、内容を強制することはでき
ません。また、「○○家代々之墓」や「○○家之墓」と刻されたいわゆ
る「家墓」に誰の遺骨を埋葬するかについて、法律上の定めや制限は
ありません。本ケースは、妹という傍系親族を墓に入れたいという事
例ですが、親族でない親しい人と一緒の墓に入りたい等、様々なケー
スがあると思います。家墓に限らず、墓に誰の遺骨を納めるかは、関
係者が全て合意すれば、法律的には、自由であるといえます。しかし、
自由とはいっても、墓と埋葬の問題は、当事者、関係者の気持ちや考
え方、宗教心等理屈では割り切れない様々な問題が関わります。その

ため現実問題として、相談者が遺言等の方法で、自分だけで自由に決めることはできないことをまず理解していただく必要があります。その上で、事案ごとの具体的状況の下で、希望を実現できる方策を検討し、祭祀承継者にその意向を伝えることになります。

当該墓地の管理者が寺院等である場合、その宗派の考え方に基づき、あるいは、墓地の管理上の観点から、墓に埋葬する人の範囲について同じ姓の親族に限定したり、血族と配偶者に限ったりなど、規則で一定の範囲に制限している場合があります。その規則を了承して、墓地を入手し墓を建立している以上、それに反することは、原則受け入れられないと考えるべきでしょう。まずは、当該墓地の規則上、入れたい人の納骨が可能であるかどうかを確認する必要があります。**作成例**は、当該墓地の管理者は、姓の異なる妹を合祀することを認めていることを前提としています。希望する人の合祀が規則上できない場合は、例外の容認に向けて管理者と交渉するか、そのような規制のない別の墓地を探すことになると思われます。

次に、本人（本ケースでは妹）自身の意思がどうであるかです。遺骨の所有権は、祭祀財産に準じて、祭祀主宰者に帰属すると解されます（大阪家審昭52・8・29家月30・6・102、東京高判昭62・10・8家月40・3・45、最判平元・7・18家月41・10・128、東京家審平21・3・30家月62・3・67）。妹を先祖代々の墓に入れるためには、まず妹がそのことを望んでいることが必要です。そして、当該先祖代々の墓の所有・管理者を、妹が、自分の遺骨の祭祀主宰者として指定することが必要となります。**作成例**は、遺言者が妹と話し合い、妹が親元の先祖代々の墓に入ることを希望し、当該墓の祭祀承継者である遺言者の長男（自分の甥）を妹が自らの祭祀主宰者に指定する前提で作成しています。もし、妹が自分の子供を祭祀主宰者に指定した場合は、その子供が祭祀主宰者になります。妹が祭祀主宰者を特に指定しなかった場合でも、事案ごとの判断

になりますが、慣習で甥よりも子供が祭祀主宰者とされる可能性があります。妹の子供が祭祀主宰者となれば、遺骨は妹の子供に帰属し、埋葬は妹の子供の意思によって行われることになります。

さらに、甥（遺言者の長男）が叔母の祭祀主宰者に指定されていたとしても、叔母（遺言者の妹）の遺骨の埋葬をどうするかは、甥（遺言者の長男）の意思、考えによります。実現に向けて出来ることは、付言で、祭祀主宰者にその希望を伝えることです。本ケースでは、遺言者が付言でその希望を伝えるとともに、別途、叔母も同趣旨の遺言を作成する意向であることにしています。

また、遺骨の埋葬が現実化した段階では、妹の子供も成人になっているでしょうし、子供として母親の墓を建てて供養したいと主張する可能性もあります。そのような場合は、話合いにより円満に解決されることが望まれます。作成例の付言はその点も配慮した内容になっています。

このように、法律的には自由であっても、ある人を同じ墓に入れるには、関係者全ての合意が調ってはじめて実現されるということになります。

第3章　祭祀承継等　　337

72　墓の世話をしてくれる人がいない、祭祀承継者がいない場合

ケース　　遺言者は、生涯独身で、子供はいませんし、両親も他界し、兄弟姉妹もいません。財産は、世話になった人などに遺言で遺贈することにしますが、先祖及び両親の墓、そして自分の死後の埋葬をしてくれる身内がいません。一定の手順で、墓を整理し、特定の寺の永代供養墓に自らも含めて埋葬することを希望していますが、自身の存命中にどこまでできるか分かりません。どうすればよいでしょうか。

作成例

第○条（祭祀財産承継）

1　遺言者は、祭祀財産承継者として次の者を指定し、遺言者の有する又は管理する墓地、その使用権、墓、位牌、系譜及び祭具その他祭祀に関する全ての財産を承継させる。

　　住所　　○○県○○市○○町○番○号

　　職業　　○○

　　氏名　　乙山太郎

　　生年月日　　昭和○○年○○月○○日

2　(1)　令和○○年○○月末日の時点で遺言者の関与している遺言者の父母及び祖先の埋葬等の祭祀の状況は以下のとおりである。

① 遺言者の父故甲野一郎（平成〇〇年〇〇月〇〇日死亡）

    ⑦ 遺骨を〇〇県〇〇市〇〇町〇番地甲寺の墓地内の墓に埋葬

    ⑦ 上記甲寺の墓の遺骨を分骨の上、〇〇県〇〇市〇〇町〇番地乙寺の永代供養墓に埋葬

② 遺言者の母故甲野花子（平成〇〇年〇〇月〇〇日死亡）

    上記①⑦及び⑦と同じ

③ 上記故甲野一郎の祖先

    上記①⑦と同じ

(2) 遺言者は、(1)の一部の埋葬を以下のとおりに改葬することを望んでおり、上記故甲野一郎の三十三回忌法要を予定している西暦〇〇〇〇年以降にその改葬を実施する意向である。

（改葬の内容）

    上記甲寺の墓地内の墓に埋葬されている上記故甲野一郎、上記故甲野花子及び上記故甲野一郎の祖先の遺骨を同寺の永代供養塔等に移管し、永代供養する。

(3) 遺言者は、遺言者本人の祭祀について、遺言者の上記父母と同様に上記乙寺の永代供養墓に埋葬されることを望んでいる。

3 遺言者は、祭祀財産承継者に対し、前項(2)に定める改葬の未履行部分及び同(3)に定める埋葬を行う権限を付与する。

4 遺言者は、祭祀財産承継者に対し、承継させる祭祀財産を本条2項に記載した事情を踏まえ、適切と認める方法で処理する権限を付与する。

第3章　祭祀承継等　　　339

5　遺言者は、祭祀財産承継者がその判断において本条2項(2)及び(3)並びに本条3項に定める埋葬及び改葬並びに本条前項に定める祭祀財産の処理につき、将来費用の生じない方法に変更することを認める。

第〇条（遺言執行者）

　遺言者は、本遺言の遺言執行者として、次の者を指定する（祭祀承継者と同一人物）。

　　住所　〇〇県〇〇市〇〇町〇番〇号

　　職業　〇〇

　　氏名　乙山太郎

視　点

　親族等相続人がいない場合、希望する祭祀の承継及びその後の墓地等の改葬手続を親族外の方に託することになるので、まずそのような方を見つけることが必要です。その上で、墓地等管理者に、親族でないその方が、そのような権限を有することを証明し、手続を進めるために必要な手法を検討することになります。

解　説

　墓等の祭祀財産は、前掲ケース64で説明したとおり相続財産には含まれず、祭祀承継者に承継されますが、生涯独身であった方、子供がいない方等祭祀財産を引き継ぐ身内の方がいない場合も珍しくはありません。引き継ぐ人のいない場合や、引き継ぐべき子がいる場合であっても、祭祀承継者の仕事をその負担等を考え、子にはさせたくない

と考える場合など、あくまでその方が判断されることですが、永代供養墓への改葬を考える方がいます。お墓は一般的に代々引き継ぐことを前提としていますが、永代供養墓は引き継ぐことを前提にしていません。

作成例も、遺言者が、永代供養塔等への改葬を考え、その手続を行うつもりではあるものの、自分が存命中に全て終えられない場合、その後の手続を知人の方に託した場合の作成例です。知人の方を遺言執行者に指定するだけでなく、その方を祭祀承継者にも指定する内容にしています。

遺言執行者は、相続人に代わって遺言の内容を実行する立場の方です。祭祀承継の関係でいえば、遺言で祭祀承継者の指定がないと、祭祀承継は、その遺言の執行の範疇に入ってこないことになります。祭祀承継者は、法律上、その資格に特別の制限を加える規定はなく、その資格に制限はないと解されています。また、墓に埋葬されている遺骨を永代供養墓に移す手続の主体は、当該墓の権利者です。すなわち、遺言者が生存中は、遺言者本人であり、遺言者死亡後は、祭祀財産の承継者ということになります。そこで、作成例では、遺言執行者の方を、同時に祭祀財産承継者に指定し、墓地等祭祀財産についての権利主体者とした上で、遺言者が希望する墓の処理や手続の内容及びその権限を祭祀承継者に与えることを明記しています。こうすることにより、氏の異なる親族でもない者が、墓地を移す等の手続をするに当たり、寺など墓地の管理者等に対しても、その権限及び遺言者の意向を説明しやすくなると思われます。

遺言ではなく、同内容を委任する死後事務委任契約を締結する方法も選択肢として考えられます。本ケースでは、相続人が誰もいない場合ですが、一般的には、墓地の管理や法要等については、事情の変化や関係者の意向と異なる可能性等もあるので、死後事務委任契約は、

死後、短期間に終了する事項に限るのが相当であると思われます。墓の整理等について、管理者が同じである墓地内で行う場合は、まずは、希望される内容を当該墓地の管理者に具体的に相談されるのがよいと思われます。

342　　第3章　祭祀承継等

73　葬儀や告別式を行わない希望がある場合

> **ケース**　　遺言者は、一人暮らしで、故郷にいる相続人らとは深い付き合いがなく、友人知人も高齢なので、自分の死後、葬儀や告別式を執り行わないことを望んでいます。遺言にはどのように記載すればいいでしょうか。

作成例

【付言】
　遺言者は、遺言者の死後、宗教的、習俗的な儀式としての葬儀（又は社会通念上の葬儀）及び告別式を執り行うことは希望しない。

視　点

　葬儀や告別式を執り行わない「直葬」を希望するケースです。

　法定の遺言事項ではなく、付言事項としての記載です。

　葬儀等に関する希望が、葬儀等終了後に明らかになっては意味がないので、遺産についての遺言とは別に遺言を作成し、死後これがすぐに見つかり、内容が分かるように、信頼できる人にそのような遺言の存在と保管場所等を伝えておくなどの工夫が必要でしょう。

第3章　祭祀承継等　　343

解　説

　経済的な理由のほか、高齢化社会、核家族化、近隣地域との関係性の希薄化などを背景として、葬儀や告別式を執り行わない「直葬」を希望する人が増えているといわれています。直葬では、葬儀や告別式などの儀式が省かれ、ごく親しい方で火葬のみを行うことになります。

手　続

　直葬の場合、具体的には、亡くなった後、遺体を安置し（墓地、埋葬等に関する法律3条により死後24時間以内は埋葬又は火葬することができません。直葬でも安置は必要です。）、出棺・火葬場への移動となります。

　直葬は、通常の葬儀と比べて大幅に費用を抑えることができます（葬祭業者によって異なるでしょうが、一般的には20万円から30万円とされているようです。）。

74 自分の信仰する宗教・宗派での葬儀を行ってもらいたい場合

ケース 遺言者は、自分の死後、自分自身が信仰する宗教・宗派での葬儀を執り行ってほしいと願っています。この点、遺言にはどのように記載すればよいでしょうか。

作成例1 付言としての例

【付言】
　遺言者の葬儀は、遺言者の信仰する○○宗の儀礼、方式にのっとって執り行ってください。
　遺言者の遺骨は、○○宗が○○市において設営する○○納骨堂に納骨してください。

作成例2 負担付遺贈としての例

第○条　遺言者は、遺言者の有する下記預金債権を、○○○○（平成○○年○○月○○日生）に遺贈する。
記
　　A銀行B支店　普通預金　口座番号（○○○○○○○）
2　○○○○は、前項の遺贈の負担として、遺言者の葬儀・埋葬を以下のとおり実施するものとする。

第3章　祭祀承継等　　345

> (1)　遺言者の葬儀は、遺言者の信仰する○○宗○○派の儀礼、
> 方式にのっとって執り行う。
> (2)　遺言者の遺骨は、○○宗が○○市において設営する○○
> 納骨堂に納骨する。

視　点

　遺言者自身が信仰する宗教・宗派と、相続人・遺族の信仰する宗教・宗派が異なる場合、遺言者の希望する宗教・宗派の儀礼・方式とは異なる宗教の方式等によって葬儀が実施されてしまうおそれがあります。特に、相続人・遺族の信仰する宗教・宗派が、既存宗教等と対立関係にある場合などでは、そのおそれがますます高まるでしょう。

　したがって、上記のおそれが高い場合などでは、遺言の内容に一定の拘束力を持たせる工夫が必要と思われます。負担付遺贈がその一例です。

　また、特定の宗派による葬儀を行うためには、遺言者本人の死後、速やかに葬儀業者等にその旨を知らせて手配や準備をしてもらう必要があります。前掲ケース73と同様に、遺産についての遺言とは別に遺言を作成し、死後これがすぐに見つかり、内容が分かるように、親族らにそのような遺言の存在と保管場所等を伝えておくなどの工夫も必要です。エンディングノートの活用も考えられます。

解　説

1　葬儀の方式等に対する希望と付言事項又は負担付遺贈
　通常は、作成例1のように付言事項として記載することで目的を達

成する場合が多いと思われますが、**視点**に記載したとおり、遺言者の
希望する宗教・宗派の儀礼・方式とは異なる宗教の方式等によって葬
儀が実施されてしまうおそれが高い場合は、**作成例2**のように、遺言
者が希望する葬儀の方法等の実施を負担とする負担付遺贈によって、
受遺者に対して一定の拘束力を持たせることができます。この場合、
受遺者が負担の内容を履行しないときは、相続人（遺言執行者がある
場合は、相続人又は遺言執行者）において、受遺者に対して相当の期
間を定めて履行の催告をすることができ、履行がないときは当該遺言
の取消請求権を行使することができます（民1027）。しかしながら、受
遺者側が放棄することによってこうした死後事務処理の負担を免れる
ことは原則として自由と解されますので、その場合は、遺言者の思い
が実現しないことになりかねません。

2　死後事務委任契約の締結

　そこで、葬儀の方式等に対する希望内容を、信頼できる人を受任者
とする死後事務委任契約の委任事項に含ませることが考えられます。

　この点、通常は葬儀・埋葬の具体的方法までを盛り込む必要はあり
ませんが、委任者が希望する葬儀の方法等を具体的に記載してこれを
委任事項とすることにより、特定の宗教・宗派による葬儀等の実現を
図ることができます。

　その場合の記載例は、後掲**参考書式**のとおりです。

第3章 祭祀承継等

参考書式

○死後事務委任契約書

死後事務委任契約書

委任者甲及び受任者乙は、甲の死後の事務に関し、次のとおり委任契約を締結する。

第1条（契約の趣旨）

甲は、乙に対し、甲の死亡後における事務を委任し、乙はこれを受任する。

第2条（委任事務の範囲）

甲は、乙に対し、甲の死亡後における次の事務を委任する。

① 葬儀及び埋葬に関する事務

ただし、葬儀は、甲の信仰する○○宗○○派の儀礼、方式にのっとって執り行うものとし、甲の遺骨は、○○宗が○○市において設営する○○納骨堂に納骨するものとする。

② 医療機関等に対する一切の債務の弁済及び入院保証金、入居一時金等医療機関等からの弁済の受領

③ 〔省略〕

〔以下省略〕

348　　第3章　祭祀承継等

75　散骨・樹木葬を希望する場合

> **ケース**　遺言者は、自分の死後、散骨（又は樹木葬）を希望しています。この点、遺言にはどのように記載すればいいでしょうか。また、注意すべき点がありますか。

作成例1　散骨の場合

【付言】

　私は、遺骨を灰にして、思い出深い○○の沖合の海上に散骨することを希望します。

　なお、散骨の実施については、下記業者に予約済みです。

記

　○○市○○町○丁目○番○号

　株式会社○○

　電話番号　○○○－○○○－○○○○

　メールアドレス　○○＠○○○○

作成例2　樹木葬の場合

【付言】

　私は、樹木葬を希望します。

　なお、樹木葬の場所は下記霊園としてください。既に予約をしてあります。

第3章　祭祀承継等　　349

```
                           記
　○○市○○町○丁目○番○号
　○○霊園
　電話番号　○○○－○○○－○○○○
　メールアドレス　○○@○○○○
```

視　点

付言事項として記載します。

散骨については、方法や場所などについて留意が必要です。

樹木葬についても、墓地として許可された場所以外の区域で行うことはできません。

解　説

1　散骨とは

散骨とは、「自然葬」の一種で、火葬場で焼いた遺骨（焼骨）を、粉状（遺灰）にして、海や大地に撒いて自然に還す葬送の一方法とされています。

自然回帰に対する願望や、費用が掛かる葬儀への不満のほか、核家族化と少子化が進む日本社会で家族に墓の世話等で迷惑をかけたくないという思いなどから、散骨に関心を持ちこれを希望する者が増えつつあり、これを扱う業者も増えています。

2　適法性について

ところで、遺骨に関しては、墓地、埋葬等に関する法律4条1項は、

「埋葬又は焼骨の埋蔵は、墓地以外の区域に、これを行つてはならない。」と規定し、また、刑法190条は遺骨（死体）の遺棄を禁じています。散骨とこれらの法令との関係が問題となりますが、これまでに司法判断は示されていません。墓地、埋葬等に関する法律において散骨を禁止する規定はなく、この問題については、結局、社会的習俗としての宗教的感情を害することがなく、かつ、社会的な常識の範囲内で節度をもって行われる限り、葬送の一方法として許容されると考えられます。

3 場所の選定について

上記の観点では、特に散骨の場所を指定する際には注意が必要です。他人の私有地はもちろん、公共の河川や湖、水源に近い場所、海水浴場・養殖場・漁場の近くなどは避けるべきでしょう。また、条例で散骨を禁止している自治体もあります。

この点、東京都福祉保健局のホームページ「散骨に関する留意事項」において、「散骨は『墓地、埋葬等に関する法律』に規定されていない行為であるため、法による手続きはありませんが、念のため、地元の自治体に確認することをお勧めします。」「海や川での散骨では、水産物などへの風評被害が生じるおそれがあります。また、山での散骨では、土地所有者や近隣の人とのトラブルが生じた例、撒かれた骨を目にした人からの苦情や農産物への風評被害のおそれがあります。こうしたトラブルが生じないよう、人々の宗教的感情に十分に配慮することが必要です。」とされているのが参考になるでしょう。

なお、海外、宇宙なども選択肢として考えられます。

4 海上散骨について

トラブルになりがちな陸地より、沖合で行う海上散骨を選ぶ人が多

第3章　祭祀承継等　　351

いようです。上記の作成例1では、海上散骨の方法を取り、無用なト
ラブルを避けるために信頼できる業者に予約を取り、その実施を委ね
ることとしています。

5　樹木葬とは

　樹木葬とは、墓地として許可された場所に遺骨を埋め、樹木を墓標
として埋葬する方法です。墓園全体を樹木葬専用とする霊園と、一般
墓地の一区画を樹木葬墓地とする霊園があります。墓地として許可さ
れた場所以外の区域で行うことはできません。

　あらかじめ、希望する霊園側に埋葬区域や費用等を確認しておくと
よいでしょう。作成例2では、霊園に予約をしている形にしてありま
す。

352　　第3章　祭祀承継等

76　身寄りがないため、お寺に永代供養してもらいたい場合

> **ケース**　遺言者は、身寄りがなく、お墓参りをしてくれる人もお墓を管理してくれる人もいません。お寺に永代供養してもらいたいと思いますが、この点、遺言にはどのように記載すればいいでしょうか。また、遺言以外に方法がありますか。

作成例1　永代供養信託の場合

第〇条　遺言者は、次のとおり、信託を設定する。
　①　信託の目的
　　　遺言者の菩提を弔うための永代供養料（法要料・墓地管理料等）を受益者に対して支払うこと
　②　受託者
　　　〇〇信託銀行株式会社（〇〇支店扱い）
　③　受益者
　　　主たる事務所　〇〇県〇〇市〇〇町〇丁目〇番〇号
　　　名　　称　　　宗教法人〇〇寺
　④　信託元本
　　　金〇〇〇万円
　⑤　信託の種類
　　　合同運用指定金銭信託（一般口）

⑥　信託の期間

　　25年間。ただし、受託者の判断で信託期間を5年ずつ延長することができる。

　　本信託は、信託財産が零になったときに終了する。

⑦　法要料等の支払

　　受託者の判断により、相応の法要料及び所定の墓地管理料を支払う。

　　受託者が上記法要料を支払うときは、本供養をするように受益者に通告するものとする。

⑧　受益権の譲渡・質入れの禁止

　　本受益権は、譲渡、質入れをすることができない。

⑨　信託財産の帰属

　　信託契約が終了した場合において、残余財産があるときは、これを受益者に帰属させる。

⑩　その他

　　本条項に定めがない事項は受託者の合同運用指定金銭信託約款に従う。

⑪　遺言執行者

　　遺言者は、この遺言の遺言執行者として、前記〇〇信託銀行株式会社（〇〇支店扱い）を指定する。

作成例2　負担付遺贈の場合

第〇条　遺言者は、宗教法人〇〇寺（主たる事務所：〇〇県〇〇市〇〇町〇丁目〇番〇号）が遺言者の永代供養を25年間にわた

第3章　祭祀承継等

って行うことを条件として、同寺に対し、遺言者の預貯金の中から金〇〇〇万円を遺贈する。

作成例3　付言事項の場合

【付言】
　私は、〇〇県〇〇市〇〇町〇丁目〇番〇号所在の「〇〇寺」で永代供養されることを希望します。そのための費用は、第〇条に記載したとおり、〇〇が負担してください。

視　点

　永代供養は、祭祀承継者がいない場合にも契約することができ、近年、お墓を持たない供養方法として注目されていますが、その形態は様々であり、寺院や霊園から十分説明を受けておくことが必要です。

解　説

1　永代供養とは

　永代供養とは、寺院や霊園が遺骨を預かった上、その供養や管理を行う供養方法のことをいいます。少子化等の影響によりお墓を管理承継する者がいなかったり、供養に対する意識が希薄したりといった事情から、近年、お墓を持たない供養方法として注目されています。永代供養は、大きく分けて、個別に供養する「分骨型」のものと、他の方と一緒に供養する「合祀（ごうし）型」の2種類があります。合祀の

場合は費用負担が小さくなりますが、一度、遺骨を納めてしまうと取り出すことができないことに注意すべきです。分骨型についても、一定の期間が過ぎると、合祀されるところが多いと思われます。これらについては、各寺院等に事前によく確認しておくことが必要です。

2　信託の利用

作成例1は、遺産である預貯金の一部を信託財産とし、宗教法人○○寺を受益者とする信託を設定して、法要料・墓地管理料等の支払を行うものです。「永代」との名称を用いていますが、永久という意味ではなく、30年程度の期間とする場合が多いと思われます。本作成例では、信託期間を25年とし、その後は状況に応じて5年ずつ延長することにしています。墓地管理等を委託する委託者が事前に寺院や霊園との間で供養料等を取り決めておき、金銭の信託をするのが通常です。

3　負担付遺贈の利用

作成例2は、負担付遺贈の形式で作成した例です。この場合も、事前に寺院や霊園との間で供養の方法や回数及び供養料等を取り決めておくことになります。

4　付言事項として

作成例3は、付言事項として記載する場合です。費用負担の少ない「合祀型」を想定しており、遺言事項の中で永代供養料の負担者（預貯金の取得者等）を決めておき、付言の中で寺院を特定する形のものです。この場合、例えば、友人や知人等に預貯金を遺贈し、その者を永代供養料の負担者とした上で、永代供養の手続を頼んでおくことになるでしょう。

5 方法の選択等について

　上記三つの方法の中で、信託を利用する場合が最も確実といえますが、受託者である信託銀行に対する費用が別途必要になります。負担付遺贈の場合も、寺院・霊園側と事前に供養の方法や回数及び供養料等を取り決めることになりますので、寺院等が遺贈の放棄をすることは考え難く、確実な方法といえるでしょう。なお、万一、寺院等が負担の内容を履行しないときは、遺言執行者において、相当の期間を定めて履行の催告をすることができ、履行がないときは当該遺言の取消請求権を行使することができます（民1027後段）。付言事項とする場合は、法定の遺言事項ではありませんので、拘束力はありませんが、費用負担は抑えることが可能です。

　その他の方法としては、死後事務委任契約の委任事項に含ませることも考えられます。死後事務委任契約については、前掲ケース74の解説を参照してください。

第3章　祭祀承継等　　357

77　身体の献体を希望する場合

> **ケース**　　遺言者は、以前から「医学発展のために、死亡後の身体を献体してほしい。」との気持ちをもっていました。そこで、遺言に身体の献体の意思表示をしたいと思っていますが、どのように記載するとよいのでしょうか。
> また、その意思に従った際の手続は、どのようになるのでしょうか。

作成例1

【付言】
1　遺言者は、その死後、遺言者の身体を、医学に役立てるために〇〇医科大学に献体します。遺言者は、同医科大学に献体登録を済ませていますので、同医科大学による献体の同意を求められた場合、遺言者の親族全員はこれに同意してください。
2　返還された遺言者の遺骨は、遺言者の妻〇〇〇〇に引き渡してください。

作成例2　遺骨を引き取る親族がいない場合

【付言】
1　遺言者は、その死後、遺言者の身体を、医学に役立てるため

358 第3章　祭祀承継等

> に〇〇医科大学に献体します。
> 2　遺言者の遺骨の取扱いは、〇〇医科大学にお任せします。

視　点

① 遺言者の身体を損壊する行為ですので、一般的な感情からすると敬遠される行為ですが、遺言者の強い意思であることがわかる記述にします。
② 遺言者の死後、相続人が反対することで遺言者の意思が実現できないことを避けるため、「献体登録申込み」の際にも、推定相続人らの合意を得るようにした上で、遺言を作成するほうがよいでしょう。
③ 遺骨の引渡先を決めておく必要があります。

解　説

　遺言者が、自身の身体を死後医学又は歯学の教育として行われる身体の正常な構造を明らかにするための解剖の解剖体として提供することを希望する場合があり、本ケースはそのための条項例です。

1　献体とは

　献体とは、医学・歯学の大学における解剖学の教育・研究に役立たせるため、自身の身体を無条件・無報酬で提供することをいいます。
　献体については、医学及び歯学の教育の向上に資することを目的として「医学及び歯学の教育のための献体に関する法律」（献体法）が定められています。
　献体を行うには、生前のうちに、献体を希望する大学又はこれに関

連する献体篤志家団体（献体の会）に氏名等の登録を行う必要があります。

2　遺族の理解

　献体法3条は「献体の意思は、尊重されなければならない。」と定めていますが、本条項は法定遺言事項ではなく、付言事項であり、法的拘束力はありません。

　また、死体解剖保存法7条は「死体の解剖をしようとする者は、その遺族の承諾を受けなければならない。」と定めていますが、献体法4条は、死亡した者が献体の意思を書面により表示している場合で、かつ、①解剖を行おうとする者の属する医学又は歯学に関する大学（学部を含みます。）の長が、死亡した者が献体の意思を書面により表示している旨を遺族に告知し、遺族がその解剖を拒まない場合、②死亡した者に遺族がない場合は、その死体の解剖を行おうとする者は、死体解剖保存法7条の規定にかかわらず、遺族の承諾を受けることを要しない、と規定しています。

　したがって、遺言者が望んでも遺族が献体を拒む場合には遺言者の意思を実現することはできません。可能な限り遺言者の意思を実現するためには、遺言者としては、生前、家族らに献体を希望する旨を伝えて十分話し合い、家族らの理解を得ておくことが望ましいといえます。

3　遺骨の所有権・引渡先

　判例は、被相続人の遺骨は祭祀主宰者に帰属するとしています（最判平元・7・18家月41・10・128）。遺言で祭祀主宰者の指定をしている場合は、返還された遺骨の引渡先として、その者を指定することになると思われます。祭祀主宰者の指定がない場合は、その地方の慣習によっ

て、慣習も明らかではない場合は家庭裁判所の調停・審判によって祭祀主宰者が決められます。

　祭祀主宰者以外の者を遺骨の引渡先として指定することも可能ですが、祭祀主宰者らとトラブルにならないように配慮が必要です。何故その者に遺骨を引き渡してほしいのかについて理由を記載しておくことも考慮すべきでしょう。

手　　続

1　献体の登録

　献体を希望する大学又はこれに関連する献体篤志家団体に氏名等の登録を申し込みます。

　申込みの際には、「献体登録申込書」に必要事項を記入し、捺印した上、提出します。その際、「肉親の同意」が不可欠です。

　生前、献体登録をしていても、死後、実際にその意思を実行できるのは、遺族（肉親）であって、申込者本人ではありません。したがって、遺族の中に一人でも反対があると献体は実行されず、その意思が生かされないことにもなりかねません。

　そのため、献体登録をするときにあらかじめ肉親の同意を得ておくことが大切です。また、登録後も、できるだけ多くの身近な人たちに理解しておいてもらうよう、機会を設けて、その旨を伝えておくことが必要です。

　なお、献体登録に当たって同意を得ておく肉親とは、配偶者及び同居別居を問わず親、子、兄弟姉妹などを指します。特に、親族の中で発言力の強い方の同意を得ておくことが重要と思われます。

　肉親の範囲については、大学又はこれに関連する献体篤志家団体に確認しておくとよいでしょう。

申込みが完了すると献体登録証がもらえます。そこには、献体先の大学名と死亡時の連絡先が記載されています。

2 死亡の連絡

献体登録者である遺言者が死亡した際には、献体登録をした大学又はこれに関連する献体篤志家団体に連絡します。その際、遺体引取りの日時・手順等の打合せや必要書類等の説明を受けますが、①死亡診断書、②火葬許可書は必ず求められますので、準備しておく必要があります。

3 献体手続（献体～返骨）

遺族宅（葬儀式場）に大学等から委託された業者が赴き、①献体承諾書、②死亡診断書、③火葬許可書の受領と共に、献体（遺体の引渡し）を受けます。

その後、大学等において防腐処理がなされ、安置（3〜4年）、合同慰霊祭、解剖実習、火葬を経て、遺族に対し遺骨が返還されます（返骨）。

78　身体の臓器移植への提供を希望する場合

> **ケース**　遺言者は、以前から「身体を臓器移植に提供したい。」との気持ちを持っていました。臓器提供の意思表示は書面で行うことになっていますが、この意思表示について遺言書を利用することはできるのでしょうか。

作成例

【付言】
1　私は、関連の法規が定める基準に基づいて脳死と判定された場合、私の身体から、心臓、肺、肝臓、腎臓、膵臓、小腸、眼球を摘出し、それを必要としている患者に移植することを承諾し、かつ、希望します。また、遺言者は、上記の臓器摘出の前に、関連の法規による脳死の判定を受けることを承諾するとともにその判定に従います。
2　私の心臓が停止したと判断された場合、心臓と肺を除く前項記載の臓器及び眼球（角膜）、皮膚、血管、骨その他移植が可能な身体各部位の臓器その他があれば、関連の法規に基づいてこれを摘出し、移植を必要とする患者に移植することを承諾します。

第3章　祭祀承継等　　363

視　点

　一応作成例を挙げましたが、遺言書は、臓器提供の意思表示をする書面としてふさわしくなく、遺言書で臓器提供に関する意思表示をすることは控えたほうがよいでしょう。

　その理由は、①遺言は遺言者の死亡後に効力が生じるもので、臓器移植が必要となる状況で速やかに提出されるものではないこと、②臓器提供の意思表示以外の遺言事項についても判明してしまうことで遺族に混乱を与えるおそれがあることなどです。

解　説

1　臓器移植法について

　平成9年に「臓器の移植に関する法律」（臓器移植法）が成立し、平成21年に大幅に改正され、平成22年7月17日に改正臓器移植法が全面施行されました。以下に示すとおり、生前に書面で臓器を提供する意思を表示している場合に加え、本人の臓器提供の意思が不明な場合も、家族の書面による承諾があれば臓器提供できるようになりました（これにより15歳未満の者からの脳死後の臓器提供も可能になりました。）。

　すなわち、臓器移植法6条では、①死亡した者が生存中に移植術に利用されるために当該臓器を提供する意思を書面により表示している場合であって、その旨の告知を受けた遺族が当該臓器の摘出を拒まないとき又は遺族がいないとき、②死亡した者が生存中に移植術に利用されるために当該臓器を提供する意思を書面により表示している場合及び当該意思がないことを表示している場合以外の場合であって、遺族が当該臓器の摘出について書面により承諾しているときは、医師が、

移植術に使用されるための臓器を死体（脳死した者の身体を含みます。）から摘出できるとしています（臓器移植6①）。「脳死した者の身体」とは、脳幹を含む全脳の機能が不可逆的に停止するに至ったと判定された者の身体をいいます（臓器移植6②）（判定方法・判定手続については、臓器の移植に関する法律施行規則2条ないし5条が定めています。）。

　また、移植にかかる脳死の判定についても、本人が書面で臓器提供の意思表示をし、かつ、脳死判定に従う意思がないことを表示している場合以外の場合であって、その旨の告知を受けた家族が当該判定を拒まないとき又は家族がないとき（臓器移植6③一）のほかに、本人の臓器提供の意思が不明の場合でも、本人が脳死判定に従う意思がないことを表示している場合以外の場合であって、家族が脳死判定を行うことを書面で承諾するときに、行うことができます（臓器移植6③二）。

　このように、本人の意思が不明な場合でも、遺族の書面による承諾があるときは脳死の判定と臓器の摘出ができるとされていますが、本人の意思が不明な場合に、残された家族が積極的に臓器提供等を承諾する事態はレアケースであると考えられ、本人が書面によって臓器提供の意思表示を明確にしておくことが重要ということができます。

　なお、平成21年の法改正により、臓器提供の意思表示に合わせて、書面により親族への臓器の優先提供の意思表示ができるようになりました（臓器移植6の2）。これが実際に行われるためには、親族が移植希望登録をしていること、医学的な条件を満たしていることが必要ですが、親族への優先提供を考えている場合は、その旨を臓器提供の意思表示と合わせて記載しておくとよいでしょう。

2　家族の理解
　さらに、献体と同様に、家族に対しては、臓器提供の意思表示をしていることを伝え、その理解を得ておくことが大切です。

第3章　祭祀承継等　　365

手　続

1　臓器提供の意思表示の方法

次の三つがあります。

①　インターネットによる意思登録（公益社団法人日本臓器移植ネットワークの臓器提供意思登録サイトを参照）

②　自動車運転免許証、健康保険被保険者証、マイナンバーカードの意思表示欄への記入

③　臓器提供意思表示カードへの記入

いずれも、提供する臓器の明示が必要です。

2　事実実験公正証書による方法

次に臓器提供の意思表示の方法として考えられるのは、尊厳死の場合と同様に、事実実験公正証書として、臓器提供の意思表示の公正証書を作成することです。

3　実際の臓器提供の流れ

脳死からの臓器摘出は、人工呼吸器によってまだ心臓が動いている状態のとき、病室で家族がお別れをしてから、手術室へ運ばれ、摘出が行われます。心停止後の摘出は、心臓が止まって、病室で医師が家族に「ご臨終です。」と告げてから手術室へ移しての摘出となります。

摘出後は、喉元からへその下まで摘出手術の痕が残りますが通常の手術痕と同様に、身体は礼意をもって丁寧に扱われ、傷口は縫合して、清潔なガーゼでおおわれます。臓器以外に骨や筋肉などの組織は残されているため、腹部がへこむなど、見た目に大きな変化はありません。

また、詰め物などを入れることもありません。

　身体を清めた後すぐに家族の元に戻され、一緒に退院することができます。自宅葬であれば、通夜や葬儀はその日のうちに執り行うことも可能です。

第3章　祭祀承継等　　367

79　相続人同士の仲が悪いので葬儀等でのトラブルが心配な場合

ケース　　遺言者の相続人ＡとＢの仲が険悪ですので、葬儀の際にトラブルが起きないか心配しています。これを防ぐための方法などを遺言書に記載することができるでしょうか。

作成例

【付言】
1　葬儀の参列者は、別紙名簿〔省略〕のとおりとし、名簿に記載されていない者から参列の希望があっても参列させないでください。
2　葬儀会場での控室及び席順を別紙〔省略〕のとおりとしてください。また、葬儀の主宰者甲は、他の者と協力してＡとＢ両名の位置関係や言動に注意し、必要に応じて声をかけるなどして両名が接触しないように配慮してください。

視　点

付言事項として記載します。
　葬儀に関する付言ですので、死後スムーズに内容が伝わるように配慮することが必要です。

解　説

　本ケースのような場合、付言事項として、まず、参列者の範囲を指定することが考えられます。A、B両名又はどちらか一方を参列させないとするものです。しかし、両名の参列がやむを得ない場合には、作成例の2のように、葬儀会場での席順などを指定し、さらに、葬儀の主宰者に対して、トラブルが起きないように配慮を求めるのも一方法でしょう。

ケース別
特殊な遺言条項　作成と手続のポイント
－補充事項・付言事項、祭祀承継等－

令和元年12月20日　初版発行

編　著　山　田　知　司
発行者　新日本法規出版株式会社
代表者　星　　謙一郎

発 行 所	新日本法規出版株式会社	
本　　社 総轄本部	（460-8455）	名古屋市中区栄１－23－20 電話　代表　052(211)1525
東京本社	（162-8407）	東京都新宿区市谷砂土原町2－6 電話　代表　03(3269)2220
支　　社	札幌・仙台・東京・関東・名古屋・大阪・広島 高松・福岡	
ホームページ	https://www.sn-hoki.co.jp/	

※本書の無断転載・複製は、著作権法上の例外を除き禁じられています。＊＊
※落丁・乱丁本はお取替えします。　　　　ISBN978-4-7882-8660-3
5100103　特殊遺言条項　　　　　　　©山田知司 2019 Printed in Japan